우리말과 글쓰기

인간과 통찰력

우리말과 글쓰기

인간과 통찰력

이화여자대학교 교양국어 편찬위원회 엮음

이화출판

책을 펴내면서

과학 기술이 발달하고 새로운 미디어가 등장하면서 우리의 생활은 시공간적 제약에서 자유로워지고 있다. 이에 따라 소통 방식은 다양해지고 말과 글의 영향력도 커지는 추세이다. 이런 사회일수록 정확하고 격식을 갖춘 표현이 더욱 더 필요하다. 즉, 우리는 말과 글을 통해 자신의 의사를 전달할 수 있는 의사소통 능력이 필수적인 시대에 살고 있는 것이다.

대학 교육은 기초 교양과 전공 지식을 갖춘 지성인 양성을 목표로 한다. 지성인이 되기 위해서는 인간과 사회에 대한 폭넓은 이해, 전공과 관련한 전문적 지식, 그리고 타인과의 의사소통 기술이 필요하다. 대학 졸업 이후 전문가로서 사회 각 구성원들과 소통하기 위해서도 말하기와 글쓰기 능력을 길러야 한다. 그런데 의사소통 능력은 단기간에 향상되지 않기 때문에 기초 지식을 습득한 후 상황에 맞게 적용하는 훈련을 해야 한다. 이것이 대학에서 교양국어 교육이 중요한 이유이다.

이번에 이화여대 교양국어 편찬위원회에서는 변화하는 시대 흐름에 맞추어 『우리말과 글쓰기』 교재를 전면 개정했다. 실제 수업 현장에서 교재에 대한 학습자의 의견을 귀담아 듣고, 학습자가 기대하는 바를 새 교재에 충실하게 반영했다. 또한 표현 능력뿐 아니라 사고력을 함께 기를 수 있도록 내용을 구성했다. 전반부에서는 나와 사회에 대해 성찰하고 생각의 지평을 확장하기 위한 활동을 배치했다. 새로운 생각을 발표하고 토론하는 기술을 터득한 후, 문제 해결을 위한 글쓰기 전략을 습득함으로써 말하기와 글쓰기 능력을 연계하여 계발하도록 했다. 후반부에서는 전반부에서 제시한 소통 기술을 다양한 글쓰기와 프레젠테이션에 적용해 나갈 수 있도록 유도했다. '비판적 듣기 및 읽기' 방법을 구체적으로 서술함으로써 학생들이 종합적인 의사소통 역량을 기를 수 있게 했다.

이와 같은 취지 아래 편찬된 『우리말과 글쓰기: 인간과 통찰력』 편은 1부와 2부로 나누어져 있다. 1부 '사고의 확장과 표현'은 각자의 전공 분야에서 말과 글의 중요성을 깨닫고 핵심적인 표현 기술을 익혀나가는 데 중점을 두었다. 이를 위해 말하기와 글쓰기 과정을 단계별로 제시했으며, 이제 막 대학교에 입학한 학생들이 어렵지 않게 학습할 수 있도록 다양한 예를 들어 기술했다. 전문 필자의 글은 물론, 학생의 글을 아울러 예문으로 활용하여 좋은 글의 특징을 여러 모로 생각해 볼 수 있는 기회를 제공했다. 각 장별로 연습 문제를 강화하여 교수자와 학습자, 학습자와 학습자 간 소통을 활성화하고자 한 것도 특징이다.

2부 '계열별 글쓰기의 실제'는 계열별 맞춤식 활동을 위해 마련된 부분이다. 인문과학대학, 사회과학대학, 국제학부, 경영대학, 사범대학 인문사회 계열 등의 전공 분야에서 공부하는 학생들의 관심사와 전공별 특성에 맞추어서 차별화된 글쓰기 과제를 수행하도록 했다. 1장 '나에 대한 질문'에서는 자기에 대한 진지한 성찰을 토대로 '자기소개서'를 써 보고, 나를 둘러싼 사회와 세계에 대한 탐구를 기반으로 '시론'을 써 봄으로써 '사회 일원으로서의 나'에 대해 생각할 수 있도록 구성했다. 이처럼 자기 자신에서 출발하는 글쓰기를 연습한 후, 인문 계열 학생들은 스토리텔링, 문화 비평, 관람평을, 사회 계열 학생들은 기사문, 광고문, 서평을 연습할 수 있도록 2장과 3장에 순차적으로 배치했다.

이와 같이 특화된 글쓰기가 학생들 각자의 전공 영역을 탐색하는 데 보탬이 되었으면 하는 바람이다. 또한 이 책이 대학 생활을 시작하는 신입생뿐만 아니라 인문사회 계열 학생들에게도 말하기와 글쓰기 전략을 참고하는 지침서가 되기를 바란다. 더불어 취업에 필요한 의사소통 능력을 훈련하는 데도 도움을 줄 수 있기를 기대한다.

『우리말과 글쓰기』를 위해 소중한 자료를 실을 수 있도록 허락해 주신 필자 여러분에게 깊은 감사를 드린다. 책을 집필하는 과정에는 김수연, 서승희, 이혜용, 전지니, 홍나래, 김소륜, 손달임 선생 등이 수고했다. 아울러 이 책이 나올 수 있도록 여러 가지로 배려해 주신 이화여자대학교출판문화원 여러분에게도 감사를 전한다.

2016년 1월

이화여자대학교 교양국어 편찬위원회

차례

1부

사고의 확장과 표현

2부

계열별 글쓰기의 실제

1부

사고의 확장과 표현

1장
생각의 힘, 말의 힘, 글의 힘

1. 글쓰기는 삶의 도구이다

호모 로퀜스, 핵심은 언어다

누구나 자신의 생각과 경험을 타인과 나누며 살아간다. 생각과 경험을 표현하는 수단에는 여러 가지가 있으나 그중에서도 말과 글은 가장 기본적인 의사소통 수단이다. 평소 이 점을 의식하고 있었는지 되돌아 보며 다음의 질문에 답해 보자.

함께 이야기해 봅시다

- **나에게 언어라는 단어는 어떤 느낌을 불러일으키는지 이야기해 보자.**
- **언어의 힘을 보여주는 사람 혹은 사례를 알고 있는가?**

인간을 흔히 생각하는 갈대라 표현하기도 하고, 사회적 동물이라 일컫기도 한다. 그러나 동물과 구별되는 근본적인 차이를 이야기할 때 '언어적 인간(homo loquens)'이라는 표현을 쓰곤 한다. 이 말에는 언어를 인간 존재의 본질적 조건으로 해석하는 뜻이 담겨 있다.

물론 동물의 세계에도 그들의 감정과 의사를 나타낼 수 있는 동물 언어(animal language)가 없는 것은 아니다. 새들은 서로의 짝을 찾기 위해 아름다운 소리로 지저귀고, 맹수들은 위험을 경고하기 위해 큰 소리로 울부짖는다. 벌들은 꿀의 위치를 알릴 수 있는 춤 언어를 가지고 있으며, 침팬지는 여러 가지 감정을 표현할 수 있는 몸짓 언어를 지니고 있다.

그러나 이러한 동물 언어를 우리는 '진정한 언어'라고 부르지 않는다. 동물 언어에는 객관적으로 대상을 지시하고 기술해 나가는 상징적 조작의 과정이 없다. 따라서 상호 의사소통을 하는 데 필수적으로 따르게 마련인 복잡한 사유의 과정을 필요로 하지도 않는다. 그것은 어디까지나 생물학적 조건의 굴레 안에서 이루어지는 본능적 행동의 반응일 뿐이다.

인간의 언어는 이와 같은 생물학적 반응 너머에서 펼쳐지는 무한한 의미의 세계 속에 그 참모습을 숨기고 있다. 그것은 외부 세계와의 상호 작용을 통해 끊임없이 대상을 개념화하고 추상화해 나가는 반성적 사고의 과정이다. '진정한 언어'란 인간의 정신 활동을 떠나서는 결코 생각할 수 없는 인간학적 개념인 것이다.

우리가 늘 사용하는 '선생님', '어머니'와 같은 구상적 언어에서 '선악', '가치'와 같은 추상적 언어에 이르기까지, 어떤 형태로든 화자의 생각이 개입되지 않는 발화란 있을 수 없다. 우리의 사유 작용도 특수한 경우를 제외하고는 언어를 떠나서 독립적으로 이루어질 수 없다. 언어와 사유는 자칫 두 개의 서로 다른 정신 활동으로 간주되기 쉽다. 사유의 과정이 앞서고, 그 다음에 생각을 말로 표현하는 언어가 뒤따르는 것으로 이해하는 경향이 그것이다. 그러나 언어는 생각을 거쳐서 나타나는 것이 아니라 생각과 더불어 나타난다.

물론 말없이 갖가지 상념을 펼칠 수 있다. 십 년 후의 내 모습을 상상으로 그려보기도 하고, 내일 해야 할 일을 생각하기도 한다. 그런데 이때 언어는 부재하는 것이 아니다. 말의 바깥에서 생각을 풀어갈 때에도 언어는 여전히 생각에 강한 영향력을 행사한다. 이런 언어를 일컬어 마음의 말, 곧 내적 언어라고 한다. 생각은 곧 이 마음의 언어가 마련해 주는 수로를 따라 흘러가는 물과 같은 것이다.

세계와의 만남에 있어서도 언어는 필수적이다. 인간은 누구나 언어를 통해 타인과 사귀고 언어를 통해 사물들을 익히며 언어를 통해 세상 쪽으로 걸음을 내딛는다. 언어는 마치 공기나 물과 같아서 우리가 미처 깨닫지 못하는 사이에 우리의 삶을 속속들이 채우고 있다. 우리는 언어를 통해서 생각할 뿐만 아니라 언어를 통해 객관적 세계를 이해하면서 끊임없이 현실을 새롭게 구성해 나간다.

따라서 언어에는 사물의 질서를 단순히 모방하고 재현하는 것 이상의 생산적이고 창조적인 힘이 있다. 이와 같은 언어의 힘을 깨닫고 언어를 통해 세계와 교섭해 나가는 방법에 대해 생각해 보자.

연습 문제 1

이제까지 살아오면서 언어의 한계 혹은 언어의 필요성을 절실하게 느낀 때가 있었는가? 언제 그러했는가? 또한 이를 어떻게 해결했는지 이야기해 보자.

글쓰기 지수(W.Q.)에 주목하자

우리는 이제까지 많은 글을 쓰며 살아왔다. 그럼에도 불구하고 또 다시 글쓰기에 대해 생각하고 배워야 하는 이유는 무엇일까? 이는 우리가 대학이라는 학술 공동체의 새로운 일원이 되었기 때문이다. 대학생답게 글을 쓰기 위하여, 그리고 나아가 사회의 일원으로서 원활한 의사소통을 수행해 나가기 위하여 나와 글쓰기의 관계에 대해 점검해 보자.

함께 이야기해 봅시다

- **SNS나 블로그를 하는가? 어떤 글을 주로 올리는지 이야기해 보자.**
- **각자의 전공 분야에서 어떤 글쓰기가 필요할지 생각해 보자.**

글쓰기는 인류의 역사에서 중요한 역할을 담당해 왔다. 인간이 획득한 정보와 지식을 축적하여 다음 세대로 계승하는 수단이 바로 글이기 때문이다. 바야흐로 디지털 미디어의 시대가 펼쳐지고 있으나 여전히 문자를 이용한 의사소통 방식은 중요한 비중을 차지한다. 그뿐 아니라 쓰기는 새로운 미디어와 결합하면서 그 주체와 기능과 양상이 더욱 다변화하는 추세이다.

우리의 일상을 돌아보자. SNS의 등장과 더불어 자기표현의 영역이 넓어지는 한편 사회 참여의 기회도 확장되고 있음을 확인할 수 있다. 독립 영화에 대한 관심이 크라우딩 펀드 참여로 이어지고, 정치에 대한 관심이 선거 독려로 이어지는 등 생각이 행동으로 이어지는 사례가 적지 않다. 한편 파워블로거라는 신조어가 생길 정도로 블로그 활동은 취미의 영역을 넘어서 수익 창출의 지평으로 연결된다. 기존 언론의 틈새를 파고드는 1인 미디어의 활약도 주목할 만하다. 이제 누구나 자신의 생각을 자유롭게 표현하고 소통할 수 있는 시대가 열린 것이다.

기업에서도 글쓰기는 중요하다. 직장인의 하루는 이메일을 확인하는 것으로 시작된다. 사내 커뮤니케이션 시스템을 이용한 각종 정보와 지식의 순환은 결국 읽기와 쓰기라는 행위를 바탕으로 이루어진다. 또한 각종 기획서나 제안서, 프레젠테이션의 성공 여부는 해당 내용을 얼마나 전략적으로 표현했는가에 달려 있다. 아무리 훌륭한 콘텐츠를 보유하고 있다 할지라도 그것을 제대로 전달할 수 없다면 무용지물에 불과하다. 고객과의 소통에 있어서도 기업의 스토리 구축은 매우 중요하다. 이렇듯 기업의 내부 소통이나 외부 소통에 있어 여전히 쓰기는 중요한 비중을 차지한다.

학문의 영역에서는 어떨까. 대학 생활은 쓰기 생활이라 해도 과언이 아닐 정도로 학술적으로 읽고 쓰는 활동이 일상적으로 이루어진다. 이는 고등학교 때까지 해 오던 활동의 연장선상에서 이루어지나 예비 연구자이자 전문가로서 새롭게 습득해야 할 규칙이 적지 않다. 그러므로 전공 분야의 서적이나 논문을 통해 학술적 글쓰기의 개념과 요건을 확인할 필요가 있다. 그런데 이제는 자신의 영역에만 머무르는 것이 아니라 누구나 쉽게 이해할 수 있는 글을 통해 대중과 소통하는 전문가들이 점차 늘어나고 있다. 지식을 널리 나누고 이로써 더 많은 사람들에게 도움을 주는 것은 지식인의 책무이기도 하다.

이처럼 일상과 기업, 학문의 영역을 돌아볼 때 여전히 글쓰기의 시대는 저물지 않았음을 알 수 있다. 오히려 21세기는 더 많은 사람들이 더 많은 영역에서 활동하는 '쓰기의 시대'라고 할 만하다. 이제 IQ와 EQ를 넘어 WQ(Writing Quotient) 즉 '글쓰기 지수'가 개인의 능력을 측정하는 기준이 되어 가고 있다. 이러한 흐름은 글쓰기가 문제를 해결하는 수단이 된다는 점을 적극적으로 인식함으로써 나오게 된 것이다.

새로운 지식과 정보를 생산하고 유포하는 전문가들에게는 그 영역을 불문하고 글쓰기가 사고 과정 자체가 된다. 글쓰기는 단순히 완성된 생각을 글로 옮기는 것이 아니기 때문이다. 글을 써 나가면서 생각을 정리하고 미처 하지 못했던 생각의 문을 열기도 한다. 그렇기 때문에 글쓰기는 의사소통이라는 일차적인 목적을 넘어 나와 타인 그리고 세계에 대한 성찰로 나아간다.

연습 문제 1 **다음은 글쓰기 능력 진단표이다. 해당되는 항목에 표시한 후, 내가 미처 생각하지 못했던 문제가 무엇인지 확인해 보자.**

준비하기	1	내 글의 주제를 정리해 본다.
	2	내 글을 누가 읽는지 생각한다.
	3	참고가 될 만한 자료를 찾아본다.
	4	좋은 생각이 떠오르면 바로 메모한다.
	5	참고 자료와 메모를 주제별, 유형별로 분류한다.
	6	글의 개요를 작성해 본다.
	7	주변 사람들과 주제에 대해 이야기해 본다.
	8	직접 쓰는 시간보다 준비하는 데 많은 시간을 투자한다.
쓰기	9	빨리 시작하고 천천히 마무리한다.
	10	타인의 표현을 가져다 쓰기보다는 내 말로 표현하려 노력한다.
	11	그냥 써내려가지 않고 앞뒤 관계를 생각하며 쓴다.
퇴고하기	12	제목이 적절한지 검토한다.
	13	세부적인 내용보다 전체적인 흐름을 먼저 검토한다.
	14	문단과 문단이 잘 이어지고 있는지 확인한다.
	15	문장의 자연스러움과 연결 관계를 생각한다.

퇴고하기	16	더 좋은 표현이 없을지 여러 번 생각해 본다.
	17	어법이 맞는지 사전을 확인한다.
	18	글자체, 글씨 크기, 줄 간격 등 편집 디자인을 고려한다.
	19	다른 사람에게 내 글을 읽어 보도록 한다.
	20	다른 사람의 조언에 마음이 상하지 않는다.

장미영(2010), 『백지공포증이 있는 대학생을 위한 글쓰기』, 북오션, 31쪽 표 응용.

연습 문제 2

각자의 전공 관련 주제 혹은 전공이 아니더라도 관심 있는 분야를 대중적으로 풀어 쓴 서적이 있는지 검색해 보자. 그리고 대략적으로 어떤 내용을 담고 있는지 확인한 후, 이에 대한 독자들의 평가를 확인해 보자.

책 제목	
책 내용	
독자들의 평가	

2.
생각의 지평을 넓혀라

'나'와 '우리'에 대해 생각하기

글은 생각을 담는 그릇이다. 같은 문제를 다루더라도 생각의 차이에 따라 글의 전개 방향과 결론이 달라진다. 그런데 이 중에는 분명 좋은 글도 있고 그렇지 않은 글도 있다. 좋은 글의 전제 조건은 생각의 독창성은 물론 논리의 타당성에서 마련된다. 따라서 글을 쓰기 전에 일단 나의 판단 기준이 온당한 것인지 점검해 보자.

함께 이야기해 봅시다

- **요즘 사회적으로 화제가 되고 있는 사안에 대한 각자의 생각을 제시해 보자.**
- **그와 같이 생각한 이유가 무엇인지 이야기해 보자.**
- **친구들과 생각이 일치하는지, 그렇지 않은지 확인해 보자.**

한 사람의 판단 기준은 자기가 속한 시대와 집단, 계층, 공간으로부터 큰 영향을 받는다. 이를테면 지금 이 자리에 앉아 있는 나는 대한민국의 국민, 이화여자

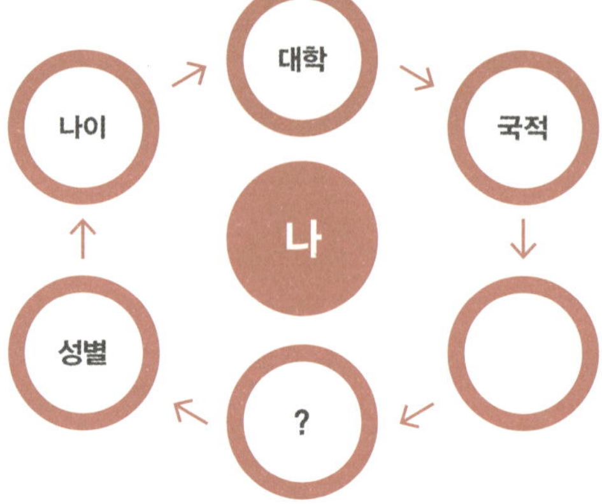

대학교라는 대학, 스무 살 언저리의 나이, 특정 신앙의 소유자, 그밖에 다양한 요인들이 결합되어 이루어진 존재이다.

그런데 나를 이루는 토대들을 절대적인 것으로 간주하여 무조건 나는 옳다고 주장하면 소통불능의 상태에 빠지게 된다. 예를 들어 생각해 보자. 2014년 9월 7일, 한국에서는 처음으로 공개 동성 결혼식이 열렸다. 이 부부는 자신들의 결혼식에 〈당연한 결혼식, 어느 멋진 날〉이라는 표제를 내걸었다. 많은 사람들이 결혼식장에 모여서 응원과 축하를 건넸지만, 한편에서는 오물을 끼얹으며 혐오감을 표시하기도 했다. 여러분은 동성 결혼에 대해 어떻게 생각하는가? 아마도 다양한 의견이 제시될 것이다. 이처럼 동일한 문제에 대한 여러 가지 입장이 공존하는 것은 매우 당연한 일이며 바람직한 일이기도 하다. 그러나 오물을 끼얹는 방식으로 자기 생각을 표출하는 것은 폭력 그 자체이다. 따라서 수많은 입장들 사이에서 자신의 주장을 논리적으로 제시할 수 있는 방법을 생각해야 한다.

이는 비단 개인의 경우에만 국한되는 것은 아니다. 개개인이 모여서 형성된 우리, 가령 국민과 같은 집단적 정체성의 경우에도 상대화 작업은 필요하다. 보통 애국심이라 하면 국민으로서 가지게 되는 당연한 마음이라고 생각한다. 그러나 당연하게 생각되는 것도 그것이 어떻게 구성된 것인지 그 맥락과 논리를 따져볼 필요가 있다.

가령, 일제 식민지 시대에 한국 민족의 애국심은 독립의 원동력으로 작용했다. 그러나 과거 제국주의 국가들에서 발견할 수 있는 것과 같이 타 민족을 무시하고 이용하는 가운데 표출된 애국심도 정당하다고 할 수 있을까? 우리는 그 예를 알퐁스 도데의 「마지막 수업」이라는 소설을 통해 확인할 수 있다.

알퐁스 도데(Alphonse Daudet, 1840–1897)의 〈마지막 수업(La dernière classe)〉이라는 것이 있지요? 여기(한국) 교과서에도 나오지요? 어떻게 가르쳐요? 어떤 교훈입니까? 그거 배우면서 동시에 같이 연상되는 게 일제 시대에 우리 말을 빼앗겼던 일과 우리 말에 대한 소중함이죠.

일본에서도 똑같이 〈마지막 수업〉을 가르쳐요. 그런데 〈마지막 수업〉의 역사적인 배경에 대해서는 잘 아시겠지만 보불전쟁(普佛戰爭), 즉 프로이센하고 프랑스가 벌인 전쟁 때문에 알자스(Alsace) 지방, 스트라스부르(Strasbourg) 지방이 독일 땅이 되어서 그때까지 가르치던 프랑스 말을 더 이상 가르치지 못하게 되자 마지막 수업을 한다는 것이죠. 그 전에는 그 지방이 어땠지요? 그 전에는 프랑스 말로 가르치고 있었던 것이 아니고 그 사람들의 모어인 알자스 말을 가르쳤습니다. 원래는 독일 말의 사투리라고 할 수 있는 알자스 말을 썼던 겁니다. 알자스 말을 쓰면서 살고 있는 사람들에게 프랑스 말을 국어로 강요했는데 더 이상 강요하지 못하게 되었다는 것이 〈마지막 수업〉의 진실입니다.

일제 때에 일본 말로 가르치는 마지막 일본어 교사의 이야기로 읽으면 더 정확합니다. '이때까지는 조선을 점령하고 조선 사람에게 일본 말을 가르쳐 왔는데 패전했기 때문에 더 이상 일본 말을 가르칠 수 없게 되었다.' 그런데 그 학생들도 이렇게 울고 말이에요. (청중 웃음) '일본 말도 이제 마지막이다.'하는 그런 모습이라고 대입하면 더 정확한 겁니다. 〈마지막 수업〉이라는 것이 말이죠. 그 전의 역사를 부정하면서 프랑스 말을 학교에서 가르치고 있는 장면으로부터 시작하니까 역사를 왜곡합니다. 이것이 바로 프랑스 국민주의의 하나의 기능입니다. 그렇죠? 프랑스 말을 배웠고 프랑스 말로 모든 것을 생각하게 되고 프랑스 말로 얘기하는 '우리'하고 '다른 언어를 사용하는 외국인'이라는 심리적인 장벽은 국민주의의 출생하고 아주 깊은 관계가 있습니다.

– 서경식(2009), 『고통과 기억의 연대는 가능한가?』, 철수와영희, 76–77쪽.

재일교포인 서경식은 일제 시대 일본인 교사와 한국인 학생의 관계를 예로 들며 「마지막 수업」에서 제시된 프랑스어에 대한 사랑이 알자스 지방의 언어를 말살시키고자 하는 의도 속에서 형성되었음을 지적한다. 이 사실을 알고 나면 알퐁스 도데가 말하는 '우리말' 사랑에 대해 더 이상 감동하기 어려울 것이다.

이와 같은 예는 글을 쓰고자 하는 우리에게 하나의 시사점을 안겨 준다. 좋은 글을 쓰기 위해서는 나의 생각을, 우리의 생각을 강조하는 것만으로는 부족하다. 이것이 타당한지 점검하는 작업이 필요하며 타인의 입장에서 문제를 되돌아보아야 한다. 나는 여성이지만 남성의 입장에서, 국민이지만 난민의 입장에서, 인간이지만 유기견의 입장에서 내가 아닌 타인 되기를 실천해 볼 때, 보다 폭넓은 사고와 소통의 가능성이 열리게 된다.

연습 문제 1 **지금부터 자기 내면의 자화상을 그려 보자. 최근 들어 자신이 가장 많이 생각하고 있는 주제가 무엇인지 다음의 그림처럼 표현해 보자. 그리고 가장 크고 중심된 항목이 무엇인지 이야기를 나누어 보자.**

〈예시〉 대학생의 뇌구조

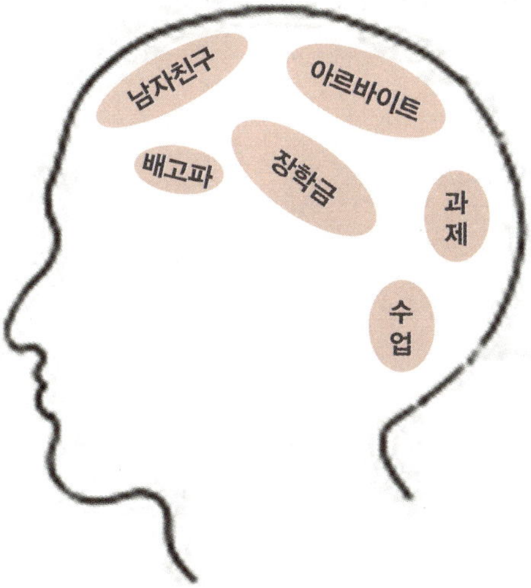

요즘 나는 무슨 생각을 하며 살고 있을까?

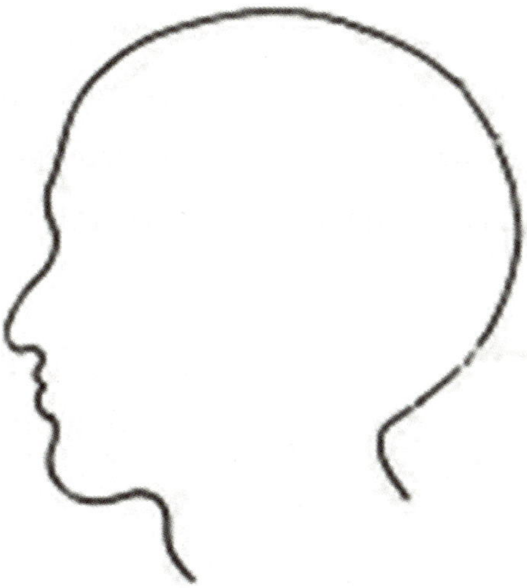

연습문제 2

앞서 자신이 생각하는 '나'에 대해 떠올려 봤다면, '나'를 둘러싼 관계에 대해서도 고민해 보자. 지금부터 자기 자신에 대한 리스트를 작성해 보자.

나를 기분 좋게 하는 것
1
2
3

나를 화나게 하는 것
1
2
3

과거로 돌아가면 바꾸고 싶은 것
1
2
3

1
2
3

연습문제 3

이제 주변으로 시선을 돌려 보자. 자신의 주변에 있는 사람들은 여러분을 어떻게 보고 있을까? 그들이 나에게 가장 많이 하는 '말'이나 '표정'을 떠올려 보자. 똑같은 '나'인데 다르게 보이는 이유는 무엇일까? 그리고 나는 누구의 시선에서 가장 편안함을 느끼고 있는가? 그 사람의 어떤 면이 그렇게 느끼게 하는 건지 생각해 보자.

가정	학교
이성 친구	동성 친구

고정관념에서 벗어나기

나의 생각이 어떠한 입장에서 나온 것인가를 고려할 때 새로운 생각을 열어 갈 수 있는 계기가 마련된다. 그러나 평소 무심코 받아들이던 인식의 체계나 생각의 습관에서 벗어나는 것은 결코 쉬운 일이 아니다. 이제부터 우리 사회의 고정관념, 그리고 나를 둘러싼 고정관념에 대해 이모저모 생각해 보자.

함께 이야기해 봅시다

- **내 안의 고정관념이나 편견을 자각했던 적이 있는가?**
- **타인의 고정관념에 부딪혀 고민했던 적이 있었는가?**

다음은 소설의 한 대목이다. 잘 읽고 어떤 여성이 등장할 것 같은지 상상해 보자.

안녕하세요…잘 부탁드립니다. 그리고 나도 모르게 낯선 얼굴들을 쭉 한번 훑어보았다. 모자를 쓴 사복 차림에 〈주차〉 완장을 찬 열댓 명의 남자애들과…원피스 형태의 유니폼을 입은 예닐곱 명의 여자애들이었다. 그리고 그녀가

그 사이에 서 있었다.

순간 몸이 얼어붙는 느낌이었다. 그 느낌을…어떻게 설명해야 할까? 늘 시청하는 토요일의 쇼프로에서…즉 정해진 공식처럼 아이돌과, 발라드 가수가 출연하는 무대를 보고 있는데…카레를 먹으며 보고 있는데…방청객의 박수소리도 여전한데…한결같은 MC에 늘 보던 무대인데…어떤 예고도 없었는데…느닷없이 요들송을 부르는 아저씨가 나와

요로레이리요 레이리요 레이요르리

하는 기분이었다. 뭐, 뭐야…카레가 식을 때까지 망연자실 눈을 떼지 못하는 사람처럼, 나는 그녀를 바라보았다.

– 박민규(2009), 『죽은 왕녀를 위한 파반느』, 예담, 82쪽.

한 남성이 한 여성을 보고 느낀 감정을 서술하고 있는 부분이다. 대부분 이 구절을 읽으면 정말 아름다운 여성이 나타날 것이라는 기대감을 가진다. 그러나 작가는 이어서 다음과 같은 구절을 서술하고 있다. "말하자면 그때까지도 꽤 못생긴 여자들을 봐왔지만 나는 그녀처럼 못생긴 여자를 본 적이 없었다." 이렇듯 기대를 배반하는 설정이 독자에게는 상당히 신선한 느낌으로 다가온다. 재자가인만이 주인공이 될 수 있다는 공식을 비틀고 있기 때문이다.

그런데 발상의 전환은 작가에게만 필요한 것이 아니라 우리에게도 필요하다. 물론 발상의 전환이라는 말 자체가 식상하게 느껴질 법도 하다. 혁신적인 발상을 하지 않으면 성공할 수 없다는 시대의 외침 속에서 우리는 성장해 왔기 때문이다.

그러나 단지 성공하기 위해 고정관념에서 벗어나라는 구호를 새삼 되새기자는 것은 아니다. 오히려 그와 같은 성공을 위해 달리는 와중에 잊기 쉬운 것들을 위해, 기성 체계에 편입하기 위해서만이 아니라 그 체계 자체를 성찰하기 위해 고정관념에서 빗겨 설 필요가 있다.

제주도 사람의 입장에서 남해(南海)는 틀린 말이다. 그들에게는 '북해(北海)'다. 왜 박완서는 '제3세계' 문학이고, 괴테는 '세계' 문학인가? '유색 인종'은, 흰색은 하나의 색이 아니라 색의 기준이 된다는 백인 우월주의의 표현이다. 왜 한국의 프로야구 최종 결선은 '코리안 시리즈'인데, 미국은 아메리칸 시리즈가 아니라 '월드 시리즈'인가? 한국어나 영어에서 만남(meet)은 본다(see)는 것을 의미하는데("또 봐요"), 이는 시각 장애인을 배제한 말이다.

남성에게 성교는 삽입이지만 여성에게는 흡입이다. 사례를 들자면 끝이 없다.

우리가 자연스럽게 사용하고 있는 거의 모든 말은 백인, 남성, 중산층, 성인, 비장애인, 이성애자, 서울 사는 사람의 시각에서 구성된 것이다. 중립적인 말, 누구에게나 적용될 수 있는 보편적인 언어는 존재하지 않는다. 특히, 남성의 관점은 가장 오랫동안 지속되어 왔고, '피해' 집단도 가장 광범위하다. 또한 성차별은 다른 사회적 억압의 모델을 제공하여, 사회적 약자는 여성으로, 강자는 남성으로 성별적으로 재현된다. 여성주의가 중요한 것은 성차별이 가장 중요한 모순이어서가 아니라, 지배-피지배의 관례를 제공하기 때문이다.(중략)

말 자체가 여성 혹은 남성에게만 해당하거나 여성 비하적이어서, 성별에 따른 역할 분리(차별)를 규정하고 당연시하는 경우도 많다. 미혼부라는 말은 없다. '걸레'는 남성을 의미하지 않으며, '영웅'은 여성을 뜻하지 않으며, '변태'는 이성애자를 가리키지 않는다. '연상의 여인'이라는 말은 있지만, '연상의 남성'이라는 말은 없다. '여성 상위'라는 말은 있지만, '남성 상위'라는 말은 없다. 남성이 연상이거나 상위인 것은 당연하기 때문이다. 한국 사회의 태아 성감별과 여아 살해는 세계적으로 악명 높은 인권 침해 사안인데도, 그 원인이 되는 남아 선호 악습을 '남아 선호 사상'이라고 부른다. 살인을 지지하고 정당화하는 폐습을 굳이 '사상'이라고 칭할 필요가 있을까?

여성은 흔히 '곰과 여우', '본처와 애첩', '성녀(聖女)와 성녀(性女)', '어머니와 창녀'로 구분되지만, 남성은 그렇지 않다. 가부장제 사회에서 남성의 계급과 정체성은 경제력이나 사회적 지위에 따라 결정되지만, 여성의 지위는 몸/성에 따라 정해지기 때문이다. 그래서 '정숙한 여성'과 '문란한 여성'이라는 말은 있지만, '정숙한 남성'과 '문란한 남성'이라는 말은 없다. 여성 사회운동가가 이혼했다고 해서 "통일의 꽃인가, 분열의 꽃인가?" 따위의 제목으로 실리는 신문 기사들은, 여성의 사생활은 남성의 경우보다 더 문제시되며, 이혼남보다는 이혼녀가 더 비난받아야 함을 노골적으로 드러내고 있다. 영어에는 존댓말이 없는데도, 외화 번역 자막에 남성은 반말로 여성은 존댓말로 표현하는 것도 성차별이다.

여성의 신체 기관은 공간화된 표현이 많은데, 이는 여성을 사물화하여 남성들 사이의 쟁취물로 보기 때문이다. '남자는 배, 여자는 항구'라는 노래처럼, 남성은 자신의 집을 가지고 있지만 여성은 집 그 자체가 된다. 여성은 남성 주체의 개척 대상인 자연의 한 형태로 간주되어 왔다. 신대륙을 발견한 유럽 남성 아메리고 베스푸치(Amerigo Vespucci)의 이름에서 비롯된 아메리카(America) 대륙은, 아메리고의 여성형이다. '자궁(子宮)'은 남아가 사는 곳이다. 여성의 질을 뜻하는 버자이너(vagina)는 남성의 성기를 상징하는 칼이 머무는 '칼집'을 뜻한다. 질의 한자인 '膣' 역시 방(室)이라는 글자를 포함하고 있다. '신여성'도 같은 경우다. '신여성'과 '구식 여성'이라는 구분은 있지만, 신남성과 구남성이라는 말은 없다. 이는 남성이 아니라 여성이 근대와 진보를 표상하는 장소가 되었음을 뜻한다.

'성매매'는 윤락(淪落) → 매춘(賣春) → 매매춘(賣買春) → 성매매(性賣買)로 변화해 왔다. 이 용어들은 지금도 말하는 사람의 관점에 따라 혼용되고 있는데, 그만큼 언어의 생산과 사용은 정치적이며 말의 변화 자체가 인권의 역사라는 것을 알 수 있다.

폐경보다는 완경, 처녀막이 아니라 질주름, 삽입 성교보다는 성기 결합, 미혼이 아니라 비혼이 듣기에도 좋고 상호적이지 않은가.

이처럼 여성 인권에 대한 사회적 인식이 확산됨에 따라 기존의 성차별적 언어들이 개선되고 있다. 이는 단지 개별 단어의 표현뿐만 아니라 문장 구조, 사유 방식의 변화까지 동반하는 새로운 삶의 양식이다.

—정희진(2013), 「여성주의, '가장 현실적인' 세계관」, 『페미니즘의 도전』, 교양인, 80—83쪽.

이 글은 우리가 아무렇지 않게 사용하는 일상어에 얼마나 많은 편견과 차별이 깃들어 있는가를 지적한다. 언어란 그 사회의 구조나 사유 방식의 결과물이며, 언어를 통해 그 사유 방식이 또다시 재생산되고 있다는 것이다. 그리고 성 차별을 비롯한 모든 차별을 해결하는 실마리는 언어를 바꾸는 것으로부터 시작된다고 강조한다.

이처럼 고정관념에 대해 생각한다는 것은 기존의 편견과 통념, 이분법이나 위계구조에 도전한다는 적극적인 의미를 지닌다. 그러므로 당연하게 여기던 것에 대해, 보편적이라 지칭되는 것에 대해 다시 한번 생각해 보는 기회를 가져 보자. 세상의 변화는 바로 이런 다른 생각에서 비롯된다.

연습 문제 1

다음은 여성다움/남성다움이라는 말을 들었을 때 연상되는 단어들의 목록을 조사한 결과이다. 자신이 생각하는 여성성(남성성), 여성다움(남성다움)의 정의를 내려 보고, 일반인들의 설문 조사 결과와 비교하여 정리해 보자.

여자가 생각한 여성다움	남자가 생각한 남성다움
치마	근육
긴 머리	힘
청순	자신감
분홍색	군대
상냥함	주먹
아름다움	지도력
꽃	거칠다
비너스	자동차
흰 피부	당당함
화장	의리
부드러움	지위
참함	자존심
애교	포용력
얌전	강인함
하이힐	노동(일)

– 〈한국인의 언어구조〉 수업 조별 발표 조사(여성다움 연상 조사) 결과

내가 생각한 여성다움	내가 생각한 남성다움

연 습 문 제 2 **다음의 예문은 "우리 시대의 상식이 된" 자기계발의 함정을 다루고 있는 글이다. 20대를 위한 자기계발서를 찾아서 "20대는 ―해야 한다"는 주장이 구체적으로 어떻게 전개되고 있는지 확인해보자. 그리고 이에 대한 자신의 생각을 밝혀 보자.**

이미 우리 시대의 상식이 된 자기계발의 복음에 따르면, 맨주먹으로도 성공할 수 있다. 집안의 도움을 받지 않고, 우수한 학벌이 없더라도 원하는 바를 이룩할 수 있다는 것이다. 윤리적 자기계발(성실한 노력)이건, 신비적 자기계발(긍정적 신념)이건 본질은 동일하다. 결국 성공과 실패는 나에게 달린 것이다. 자기계발의 원어가 자조self-help라는 것을 잊어서는 안 된다. 바깥의 구조는 나에게 유리하건, 불리하건 관심의 대상이 아닌 것이다. 그러나 현실적으로 스스로를 잘 도울 수 있는 이는 누구인가. 자기계발을 효과적으로 수행하는 이들은 공통적으로 자기 개인의 능력 말고도 별도의 조건을 공유하고 있다. 그것은 곧 교육적 배려가 돋보이는 특정한 가정환경이다. 그러한 특정한 가정(에서 자연스럽게 획득하게 되는 문화자본)이야말로 원만한 자기계발의 전제가 된다. 결국 바깥의 도움이 있어야 한다는 뜻이다.

이와 관련하여 데이비드 브룩스의 『보보스』를 주목할 필요가 있다. 브룩스는 〈뉴욕타임스〉의 웨딩 섹션이 미국 지배계급의 변모 양상을 충실하게 반영하고 있다고 지적한다. 이 섹션은 철저하게 엘리트 계층에 속한 이들만을 소개하고 있는데, 그 인물 소개가 흥미롭다. 과거에는 고귀한 출생과 가문을 강조했지만, 지금은 출신 대학, 대학원 학위, 사회 경력, 인물의 네 가지 사항을 강조한다는 것이다. 결국 지배계급을 특징짓는 핵심 요소가 바뀌고 있다는 뜻이다. 주목할 부분은 양가 부모의 84%가 기업체 중역, 대학 교수, 변호사 등 전문직에 종사하고 있다는 데에 있다. 본인의 학력자본만큼이나 부모의 학위와 직업도 중요하게 된 것이다. 이전에는 부모의 재력이 중요했지만, 지금은 부모의 두뇌가 상대적으로 더 중요하게 되었다. 여기에서 자기계발과 엘리트의 은밀한 관계를 해명할 단초가 발견된다.

– 이원석(2015), 『거대한 사기극–자기계발서 권하는 사회의 허와 실』, 북바이북, 206–207쪽.

20대를 위한 자기계발서의 제목
20대를 위한 자기계발서의 내용

이에 대한 나의 생각

새롭게 생각하기

여러분은 평소 어떤 영화나 드라마, 웹툰을 즐겨 보는가. 좋아하는 예술가가 있는가. 어떤 장르의 음악을 좋아하는가. 즐겨 하는 게임이 있는가. 콘서트나 뮤지컬 관람을 즐겨 하는가. 나의 문화생활과 예술에 대한 취향을 되돌아보며 다음의 질문에 답해 보자.

함께 이야기해 봅시다

- **기발하다 혹은 신선하다고 생각했던 문화 콘텐츠나 예술 작품이 있었는가?**
- **의미 있는 패러디 사례가 있다면 소개해 보자.**

이탈리아의 화가 주세페 아르침볼도는 과일과 채소, 꽃 등을 이용하여 인물화

아르침볼도, 〈봄〉(오른쪽), 〈여름〉(왼쪽)

를 그려낸 것으로 잘 알려져 있다. 그의 화풍은 황제의 초상을 그릴 때도 여지없이 적용되었다. 사계절의 운행과 변화가 그대로 반영된 황제의 얼굴은 언뜻 보면 기괴하게 보이나 실은 최대의 찬사와 경의의 표현이었다. 봄의 신록과 여름의 풍성함, 가을의 결실, 겨울의 희망이 모두 황제의 은공에서 비롯된 것임을 강조하고 있기 때문이다. 이처럼 초상화의 일률적인 공식을 깬 그의 새로운 발상은 오늘날까지도 우리에게 놀라움과 즐거움, 그리고 영감을 안겨 준다.

새롭게 생각하기 위해서는 평소에도 다양한 훈련을 할 필요가 있다. 그중 첫 번째가 새롭게 정의를 내려 보는 것이다. 사전적 정의와는 구별되는 나만의 정의 내리기를 해 보고 이를 비교함으로써 우리는 한 대상의 여러 측면에 대해서 생각해 볼 수 있다. 다음은 일곱 개의 단어에 대한 시인의 정의이다.

봄, 놀라서 뒷걸음질치다

맨발로 푸른 뱀의 머리를 밟다

슬픔

물에 불은 나무토막, 그 위로 또 비가 내린다

자본주의

형형색색의 어둠 혹은

바다 밑으로 뚫린 백만 킬로의 컴컴한 터널

– 여길 어떻게 혼자 걸어서 지나가?

문학

길을 잃고 흉가에서 잠들 때

멀리서 백열전구처럼 반짝이는 개구리 울음

시인의 독백

"어둠 속에 이 소리마저 없다면"

부러진 피리로 벽을 탕탕 치면서

혁명

눈 감을 때만 보이는 별들의 회오리

가로등 밑에서는 투명하게 보이는 잎맥의 길

시, 일부러 뜯어본 주소 불명의 아름다운 편지

너는 그곳에 살지 않는다

– 진은영(2003), 『일곱 개의 단어로 된 사전』, 문학과지성사, 14–15쪽.

시인에게 문학이란 길을 잃었을 때 멀리서 반짝이는 '개구리 울음'과도 같은 대상이다. 울음이 반짝인다는 것은 일반적인 어법의 세계에서는 통용되기 어려운 표현이다. 그러나 시인의 언어 속에서 개구리 울음은 반짝이는 등불이자 희망으로 다시금 정의된다. 이렇듯 저마다의 고유한 색과 향기를 지닌 언어들은 우리로 하여금 세계를 재발견하도록 이끈다.

두 번째는 기존 텍스트를 새로운 관점으로 다시 쓴 예들을 찾아보는 것이다. 영국의 고전 『제인 에어』에 대해 생각해 보자. 제인 에어가 로체스터를 상대로 자아 실현과 사랑의 완성을 위해 노력할 때, 로체스터의 미친 아내는 한 번도 제대로 목소리를 내지 못한다. 다락방에 감금된 그녀는 울거나 웅얼거리거나 침묵하고 있기 때문이다.

도미니크 공화국의 여성 작가인 진 리스는 바로 이 점에 주목하여 『광막한 사르가소 바다』라는 소설을 다시 써 냈다. 식민지 출신 크리올인 아내는 왜 미칠 수밖에 없었을까? 독자들은 이와 같은 의문을 풀어 가는 과정에서 제국주의와 가부장제 비판이라는 새로운 관점을 만나게 된다. 그리고 두 소설의 전혀 다른 결말을 확인하기에 이른다. 『제인 에어』는 로체스터의 집에 불을 지르고 떨어져 자살한 아내의 모습을 처참한 것으로 묘사했다. 그러나 『광막한 사르가소 바다』는 아내의 머리칼이 날개가 되어 고향으로 날아가는 모습을 그려 냄으로써 그녀의 죽음을 패배가 아닌 해방으로 표현한다. 이와 같은 작업은 유럽 문학의 중심성을 해체하고 역사의 바깥으로 밀려난 자들에게 목소리를 부여했다는 점에서 커다란 의미를 지닌다.

한편 과거의 설화나 민담을 다시 쓴 예도 많다. 프랑스의 애니메이션 감독 미셸 오슬로의 〈프린스 앤 프린세스〉와 〈키리쿠와 마녀〉는 키스는 늘 달콤한가? 마녀는 늘 사악한가? 등의 질문을 통해 서양 동화의 관습을 비튼다. 〈아주르와 아스마르〉는 공주를 구출하는 결말로 끝나는 설화를 파란 눈의 아주르와 검은 눈의 아스마르가 함께 펼쳐가는 모험담으로 다시 씀으로써 유럽 문화권과 이슬람 문화권의 화해와 공존, 소통을 전달하고자 했다.

마지막으로 우리에게 익숙한 문화 현상과 콘텐츠들을 적극적으로 읽어 보는

〈프린스 앤 프린세스〉

것이다. '읽기'란 어떤 현상이나 텍스트를 수동적으로 보거나 듣지 않고 자신의 관점에 여과시켜 수용하는 행위를 말한다. 다양한 매체 읽기는 생각하는 힘을 기르는 데 유용한 수단이 된다. 일례로 법학자 김두식은 영화 〈300〉을 본 후에 느낀 불편함의 정체를 다음과 같이 밝히고 있다.

「300」은 스파르타군의 배후를 치도록 샛길을 알려준 배신자 에피알테스(앤드류 티어넌)를 흔히 '꼽추' '곱사등이' 등의 비하적 표현으로 불리는 척추장애인으로 묘사합니다. 용감한 스파르타 근위대 300명이 테르모필레 협곡을 향해 행진할 때부터 에피알테스는 그들을 뒤쫓기 시작합니다. 놀랍게도 그는 스파르타군과 어깨를 나란히 하고 싸우게 해달라고 레오니다스왕에게 간청하며 자신의 처지를 설명하지요. 영화에 따르면 원래 그는 스파르타에서 장애를 가지고 태어났습니다. 장애를 가진 아이는 죽임을 당하게 되어 있기 때문에, 그의 어머니는 자식을 살리기 위해 남편과 함께 스파르타에서 도망칩니다. 에피알테스는 아버지의 군복망토를 입고 방패를 든 상태로 "이 전투에 참전함으로써 아버지의 명예를 되찾게 해달라"고 간절히 호소합니다. 그런 그의 얼굴에는 열등감, 비겁함, 공포,

만용 같은 복잡한 감정이 스치고 지나갑니다.

레오니다스왕은 그에게 방패를 들어보라고 지시합니다. 그러나 장애인인 그는 방패를 제대로 들어올릴 수 없습니다. 왕은 그에게 "방패를 들 수 없는 자는 스파르타의 중무장 친위대에 가담할 수 없다"고 단호하게 이야기합니다. 스파르타군의 방패는 자신뿐만 아니라 옆사람의 종아리에서 목까지 보호해주는 수단이기 때문입니다. 한 명이라도 방패를 제대로 사용하지 못하면, 중무장 친위대의 구멍이 뚫려 모든 것이 무너지게 됩니다. 영화 속 레오니다스의 표현을 빌리면 "단 하나의 약한 지점이 중무장 부대를 무너뜨린다(A single weak spot and the phalanx shatters)"는 것입니다. 그 단 하나의 약한 지점이 장애인임은 두말할 나위도 없습니다. 그 이야기를 듣고 좌절한 에피알테스는 페르시아군에 투항하여 샛길을 알려주게 됩니다.

당연한 일이지만 에포르들을 한센병 환자로 그린 것이나 에피알테스를 척추장애인으로 그린 것은 역사적 사실과 무관합니다. 페르시아 전쟁을 기록한 헤로도토스의 『역사』에는 어떤 장애인 이야기도 등장하지 않습니다. 헤로도토스는 페르시아군에게 배후의 샛길을 알려준 사람에 대해 다음과 같이 기록합니다. "말리스 지방 출신의 에우리데모스의 아들인 에피알테스라는 자가 페르시아왕으로부터 막대한 포상을 받으리라 기대하고 왕을 찾아와 산중으로 해서 테르모필레로 통하는 샛길이 있음을 왕에게 알려주었다." 에피알테스는 스파르타의 보복이 두려워 테쌀리아(Thessalia)로 도주했다가 결국 목에 현상금이 걸린 상태에서 트라키스(Trachis) 사람인 아테나데스(Athenades)에게 살해됩니다.

누가 배신자였는지 자세히 논증하고 있는 헤로도토스가, 만약 에피알테스가 정말 장애인이었다면 이를 기록하지 않았을 리가 없습니다. 에피알테스가 스파르타에서 장애인으로 태어난 까닭에 스파르타를 배신하게 되었다는 이야기는 모두 프랭크 밀러의 창작입니다. 프랭크 밀러는 "스파르타인들의 난폭성을 보여주기 위해서" 그를 장애인으로 설정했다고 합니다. 그러면서도 "병약하거나 장애가 있는 아이를 죽임으로써 영웅계급이 탄생했다"고 선언합니다. 도무지 앞뒤가 맞지 않는 변명이지요. 심지어 부가영상의 해설에 참여한 역사학자 베타니 휴즈(Bettany Hughes)는 "에피알테스는 역사에 의해 악마화되었기 때문에 영화가 그를 꼽추로 묘사한 것도 놀라운 일은 아니다"라고 말합니다. 악마를 묘사하기 위해 장애의 도입은 당연하다는 것입니다.

– 김두식(2010), 『불편해도 괜찮아』, 창비, 134–136쪽.

필자가 이 영화를 비판적으로 조명한 이유는 무엇일까. 장애에 대한 우리 사회의 인식을 재고하기 위해서이다. 그는 "잘 만든 영화와 드라마는 우리가 평소 상상하지도 못했던 삶 속으로 우리를 인도"한다고 강조한다. 주인공의 삶을 통해 보다 쉽게 다른 사람의 입장이 되어 볼 수 있기 때문이다. 그러므로 문학, 영화, 연극, 방송 프로그램, 광고, 음악, 웹툰, 게임 등 여러 가지 문화 콘텐츠들을 내용만 이해하는 수준을 넘어서 적극적으로 읽어 보자. 그리고 이것이 우리 사회의 어떤 측면을 반영하고 있는지 비판적으로 생각해 보자.

연습 문제 1 **예문을 읽은 후 다음의 표현은 어떤 상황에서 사용되는지, 그리고 이러한 표현이 반론을 일으킬 만한 여지는 없는지 생각해 보자.**

'순박한 농촌' : 자연과 전원이 어우러진 농촌의 풍경이 아무래도 그럴듯해 보이는지 시골에 대한 동경이 꽤 깊은 듯싶은데, 말끝마다 붙어오는 '순박한 농촌'과 '풋풋한 인정이 숨쉬는 고향'이란 수식어가 의심스럽다. 거기에는 극악스럽게 살다가 가끔 농촌을 구경갈 때 야박하지 않도록 시골 사람들이 흙 속에 묻혀 죽은 듯 살아달라는 도시인들의 음모가 도사리고 있다. 순박함으로 포장하고 우직함으로 추켜세워 잔뜩 신뢰를 보낼 것 같지만 그들은 그런 가치를 결코 자신들의 미덕이라고 생각해본 적이 없는 사람들이다. 그들에게 시골은 바라보기 위한 공간이 아니라 일상을 살아가야 하는 공간이라는 사실은 무시된다. 거기서 살아가는 사람들이 영악스럽지 않아야 때가 되면 언제든 이용할 수 있기 때문이다. 그동안만은 그저 가끔 놀러가 바라보기 위해서 고향은 늘 어머니 품속 같다고 말할 뿐이다.

—김진송, 「말의 음모」, 『한겨레 21』 제384호, 2001.11.13.

여자는 약하고 어머니는 강하다	
상황	반론

예술은 영원하다	
상황	반론

티끌 모아 태산	
상황	반론

육체노동은 단순 노동이다	
상황	반론

서울내기는 얌체다	
상황	반론

연습 문제 2

다양한 문화 콘텐츠 속에서 특정 캐릭터가 어떻게 재현되고 있으며 이는 우리 사회의 어떤 인식을 반영하고 있는 것인지 비판적으로 생각해 보자.

캐릭터	문화 콘텐츠 제목	재현 양상
외국인		
법조인		
재벌		
그 밖의 캐릭터		

3. 타인의 생각을 존중하라

베끼지 말고 인용하자

종종 학계나 예술계에서 표절 시비가 불거지곤 한다. 그런데 표절은 비단 유명인이나 전문가들의 저작물에서만 문제가 되는 것이 아니다. 많은 사람들에게 공개되지 않는 대학 과제물의 경우에도 남의 글을 갖다 쓰는 것은 매우 큰 문제가 된다. 글쓰기에도 윤리가 필요하다는 것을 염두에 두며 다음의 질문에 답해 보자.

함 께 이 야 기 해 봅 시 다

- **대학생 보고서 판매 사이트가 존재한다는 것을 알고 있는가? 어떻게 생각하는가?**
- **표절 검사 프로그램이 있다는 것을 알고 있는가? 왜 이런 프로그램이 생긴 것일까?**

좋은 글을 쓰기 위해서는 일단 좋은 생각이 전제되어야 한다. 그런데 이 생각을 글로 구체화하기 위해서는 다양한 참고 자료를 찾아보거나 자문을 구하는 일이 필수적이다. 관련 자료를 널리 찾아 읽고 깊이 있게 이해할수록 글의 완성도

도 높아지기 때문이다.

그렇다면 타인의 글이나 생각을 내 글에 어떻게 반영해야 할까. 해법은 간단하다. 인용하면 된다. 인용하면 내 생각과 타인의 생각을 분리해서 표기할 수 있을 뿐 아니라, 내 글의 신뢰성과 타당성 확보에도 큰 도움이 된다. 인용의 종류에는 직접 인용과 간접 인용이 있다. 직접 인용은 다른 사람이 쓴 글을 그대로 인용하는 것이다. 인용한 부분이 짧을 때는 나의 글과 이어 쓰고 해당 부분을 큰 따옴표로 표시한다.

> 신문 기사의 제목은 **"기사의 내용을 보여 주는 동시에 독자를 끌어들이는 매력적인 흡입구가 돼야 하는 등 다양한 역할을 수행"**[1)]한다.
>
> ---
>
> 1) 김수연(2011), 『뉴스의 심장이 뛰게 하라』, 커뮤니케이션북스, 33쪽.

인용문이 100자 이상으로 넘어가면 인용 부호를 넣는 것이 아니라 인용 단락을 따로 만들어야 한다. 인용 단락은 아래와 위에 줄 간격을 두고 양 옆에도 여백 지정을 하여 나의 본문과 확실히 구분되도록 한다.

> 한수영은 자료를 참고할 때 다음의 두 가지 사항을 유의해야 한다고 지적한다.
>
> **첫째, 화제가 너무 광범위한 상태에서 자료를 찾다가는 그야말로 자료의 바다에서 허우적거릴 가능성이 많다. 가능하면 화제의 범주를 줄여야 자료를 효율적으로 찾을 수 있다. 두 번째 것은 더욱 중요한데, 남의 글의 일부분이나 아이디어를 그냥 가져다 쓰면 안 된다는 점이다. 표절은 명백한 절도행위이다. 한 줄이라도 무단으로 표절한 부분이 있다면, 글 전체를 폐기해야 할 경우도 있으니 각별한 주의가 필요하다.**[1)]

우선 그는 글의 주제가 확정된 상태에서 자료를 찾아야 함을 강조한다. 그런데 그가 더 문제적으로 생각하는 것은 출처 표기 없이 타인의 글을 끌어다 쓰는 행위이다.

---

1) 한수영(2010), 『글쓰기의 지도』, 지식의 날개, 23쪽.

간접 인용은 참고한 자료의 내용을 나의 언어로 요약하고 정리하여 인용하는 방법이다. 따라서 원저자의 뜻을 정확하게 파악해서 인용해야 하며, 전후 맥락에 대한 고려 없이 자신이 필요한 부분만 가져와서는 안 된다. 이 경우에도 인용을 한 뒤에는 꼭 출처를 표시한다.

원문:

그러면 대중지성은 과연 지혜로운가? 신영복 교수는 최근 나온 책 『여럿이 함께』에서 영국 유전학자 프란시스 골튼(1822–1911년)이 시골 장터에서 겪은 일화를 소개했다. 시골 장터에서 열린 황소 몸무게 알아맞히기 퀴즈에서 아무도 답을 맞히지 못했지만, 퀴즈에 참가한 사람들이 적어 낸 몸무게를 합쳐서 나누어 보니 맞았다는 이야기다. 신 교수는 “단 한 사람도 맞히지 못했지만, 여러 사람의 판단이 모이니까 정확한 몸무게를 맞힐 수 있었다. 언론도 얼핏 보기에 어리석어 보이는 대중의 지혜를 모아 내는 법을 배워야 한다. 대중은 잘 안다”고 말했다. ‘대중의 지혜’는 디지털 철학자로 알려진 피에르 레비 교수의 “개인으로 할 수 없는 일을 집단은 가능케 한다”는 ‘집단 지성’과 일맥상통한다.

그러나 강준만 교수의 의견은 다르다. “대중의 지혜는 사실 하나마나 한 소리다. 확률적으로 대중은 늘 지혜롭게 돼 있기 때문이다. 대중은 그 자체의 힘(머릿수 파워) 때문에 대중의 선택은 정당화되고 지혜가 되게끔 돼 있다. 대중은 이미 ‘지혜’라는 답을 내장하고 있는 개념이다. 예컨대 대중이 선거에서 아주 어리석은 선택을 했을망정 그걸 무슨 수로 꾸짖을 것이며 바로잡을 수 있겠는가."

– 경향신문 특별취재팀(2008), 『민주화 20년, 지식인의 죽음』, 후마니타스, 215-216쪽.

간접 인용의 예:

예전에는 특정 분야의 전문가인 '지식인'들이 사회의 지식 체계를 주도했다면, 최근에는 익명의 네티즌들이 지식 생산의 주체로 떠오르고 있다. 이 '대중'들은 인터넷상에서 자발적으로 지식을 전파하고 공유함으로써 지식의 소비자이자 생산자로서 활발히 활동한다. 하지만 이러한 '대중지성'을 바라보는 시선은 단일하지 않다. **대표적으로 신영복 교수와 강준만 교수의 의견을 예로 들 수 있다. 신영복 교수는 얼핏 보기에 어리석어 보이는 대중이 모여 만들어내는 지혜의 힘을 강조한다. 그러나 강준만 교수는 대중은 그 거대한 숫자 때문에 늘 정당화될 수밖에 없는 존재임을 강조한다. 대중이라는 개념 자체에 이미 '지혜'라는 답이 내장되어 있다는 것이다.**[1)]

---

1) 경향신문 특별취재팀(2008), 『민주화 20년, 지식인의 죽음』, 후마니타스, 215-216쪽.

연습 문제 1

이화여자대학교 도서관 사이트에 접속하여 '연구학습지원' 항목을 클릭한 후, 각자의 전공 영역에서 배출된 학위 논문 파일을 한 편 선택하여 열어 보자. 직접 인용한 부분과 간접 인용한 부분을 찾아 읽은 후, 인용을 함으로써 어떤 효과를 도모할 수 있는지 생각해 보자.

논문 제목

직접 인용

간접 인용

자료의 출처를 밝히자

논문이란 선별된 자료에 근거하여 자신의 주장을 입증함으로써 어떤 결론에 이르는 것을 목표로 하는 글쓰기이다. 따라서 논지를 전개하는 과정에서 많은 자료들이 인용되게 마련인데, 인용한 후에는 자료의 출처를 밝혀야 한다. 대학생이자 예비 전문가의 길에 들어 선 여러분이 꼭 습득해야 하는 법칙인 만큼 주의를 기울여 연습해 보자.

함께 이야기해 봅시다

- **주석(註釋)의 개념을 알고 있는가? 활용해 본 적이 있는가?**
- **논문에는 왜 주석이 필수 항목으로 들어가는 것일까?**
- **학위 논문을 검색한 후, 참고 문헌이 어떤 순서대로 정리되고 있는지 확인해 보자.**

주석은 인용한 참고 자료의 출처를 밝히는 것은 물론, 본문에 다 담지 못한 보충 설명을 하는 용도로도 활용된다. 그 종류로는 앞서 제시한 예문과 같이 본문 아래에 다는 각주와 글의 마지막에 모아서 다는 미주가 있는데 대학생의 글쓰기에는 각주가 더 많이 활용된다.

각주 쓰는 양식은 각 대학이나 학술 단체에 따라 세부 사항이 달라질 수 있다. 참고한 저서가 단행본일 경우, **필자 이름(출판 연도), 『저서명』(출판지: 출판사 이름), 참조 쪽수**의 순서로 기재하는 것이 기본이며 출판지를 생략하는 경우도 종종 있다. 예를 들자면 다음과 같다.

박창원(2012), 『한국어의 표기와 발음』 (서울 : 지식과 교양), 55-56쪽.

박창원(2012), 『한국어의 표기와 발음』, 지식과 교양, 55-56쪽.

구미권 저서를 참조했을 경우에도 양식은 동일하나, 저서명에서 단행본 기호를 삭제하고 이탤릭체로 표기하는 점이 다르다. 편자의 경우에는, 이름 뒤에 '편' 혹은 '공편'(복수 편자)이나, ed(단독), eds(복수 편자)를 덧붙여 준다. 필자가 여러 명일 경우에는 대표 필자의 이름을 밝혀주면 된다. 번역서의 경우, 원저자의 이름을 먼저 밝히고, 역자의 이름은 저서명 뒤에 '역'이라는 표시와 더불어 표기한다. 출판지 명은 도시 이름을 쓰는 것이 원칙이다. 출판 연도는 필자 이름 뒤나 참조 쪽수 앞에 둔다. 참조 쪽수는 영문으로 쓰는 경우에는 소문자 p.나 pp.(여러 쪽을 참조했을 경우)로, 한글로 쓸 때는 '쪽'이나 '면'으로 기재한다.

F.Fanon, *Black Skin, White Masks*, London : Pluto, 1986, p.218.

이화여자대학교출판부 편, 『Scenes from EWHA』, 이화여자대학교출판부, 2015, pp.33-35.

류철균 외, 『트랜스미디어 스토리텔링의 이해』, 이화여자대학교출판부, 2015, 120면.

스테판 다나카(2004), 『일본 동양학의 구조』, 박영재·함동주 역, 문학과 지성사, 233쪽.

지금까지 살펴본 것은 본문과 별도의 공간에 기재하는 외주(外註)의 사례이다. 이와 더불어 축약된 주석의 형태인 내주(內註)도 알아두도록 하자. 내주는 말 그대로 본문 안에 괄호를 치고 참고 문헌의 저자, 출간 연도를 기록하는 것이다. 가령, (F.Fanon, 1986, p.218) 혹은 (F.Fanon, 1986)으로 정리될 수 있다.

논문의 경우 **필자 이름(출판 연도), 「논문명」, 『논문이 수록된 학술지명』 학술지 호수, 참조 쪽수**의 순서로 기재한다. 학위 논문은 **필자 이름(출판 연도), 「논문 제목」, 학위수여기관, 참조 쪽수**의 순서를 따른다.

함인희, 「가족사회학 연구의 동향과 전망」, 『한국사회』 Vol.14, 2014, p.22.

김유진(2014), 「디지털 게임 플랫폼 유형에 따른 경쟁 분석 : 이용자 만족을 중심으로」, 이화여자대학교 석사학위논문, 45-48쪽.

과제를 수행하다 보면 신문이나 잡지 기사를 인터넷으로 확인하게 되는 때도 있다. 이 경우 **필자 이름(없으면 생략 가능), 글 제목, 글이 수록된 매체 제목, 출판 연도 혹은 마지막 수정일, 주소, 접속일** 등을 밝혀 주면 된다. 한편 인터넷 수록본이 아닌 실제 신문과 잡지 기사를 참조했을 경우에는 해당 쪽수를 밝혀 준다.

노형석, 「전통 공예품 '화려한 외출'」, 『한겨레신문』, 2012.11.19., http://www.hani.co.kr/arti/culture/music/561359.htm, 접속일 2013.11.20.

한국민족문화대백과사전, 검색어 "한복", 접속일 2015.11.9., http://encykorea.aks.ac.kr/Contents/Index

만약에 인용한 자료를 또 인용하고자 할 때는 어떻게 표기할까. 바로 위에서 인용한 경우에는 '위의 책' 혹은 '*Ibid*.'로 표기한다. 인용한 쪽수가 다른 경우에는 해당 쪽수를 표기한다. 바로 위가 아닌 앞에서 인용한 자료의 경우에는, '앞의 책' 혹은 '*op.cit*.'로 표기한다. 그리고 앞의 책 중 어떤 책인지 명시하기 위해 필자의 이름을 써 주고, 인용한 쪽수가 다른 경우에는 해당 쪽수를 표기한다.

1) 김미현, 『젠더 프리즘』, 민음사, 2008, 47쪽.

2) 위의 책, 223쪽.

3) 정끝별, 『천 개의 혀를 가진 시의 언어』, 케포이북스, 2008, 22쪽.

4) 김미현, 앞의 책, 12쪽.

참고 문헌을 정리하는 양식은 각주 양식과 동일하다. 단행본의 경우 인용 쪽수를 기재하지 않는다. 학술지 수록 논문의 경우 참조한 쪽수를 기재하는 대신 해당 학술지 논문의 시작 쪽과 마지막 쪽을 기재한다. 그러나 학술 단체에 따라 시작 및 마지막 쪽수를 기재하지 않는 경우도 있다.

국한문 문헌을 수록하고 나서 서구 문헌을 수록하며 국한문 문헌은 가나다 순으로, 서구 문헌은 성(last name) 및 이름의 알파벳 순으로 하고 성과 이름 사이에 쉼표를 찍는다. 필자의 문헌이 여러 개 있을 경우에는 출판 연도 순으로 한다.

조동일(1993), 『우리 학문의 길』, 지식산업사.

조윤경(2008), 『미래를 만드는 새로운 문화 새로운 상상력』, 이화여자대학교출판부.

홍석표(2015), 『중국현대문학사』, 이화여자대학교출판부.

子安宣邦(2003), 『동아·대동아·동아시아』, 이승연 역, 역사비평사.

Eagleton, Terry(1987), 『비평과 이데올로기』, 윤희기 역, 열린책들.

연습 문제 1

다음의 각주를 잘 살펴보고 양식에 맞지 않는 부분을 지적해 보자.

1. 김두식,『불편해도 괜찮아』, 창비, 134–136

2. 김진송, 말의 음모, 한겨레 21, 2001.11.13.

3. 노형석,「전통 공예품 '화려한 외출'」,『한겨레신문』, 2012.11.19. (접속일 2013.11.20.)

4. 엄기호(2010).『이것은 왜 청춘이 아니란 말인가』. 푸른숲. 14–16쪽

5. 이승연 역(2003),『동아·대동아·동아시아』, 子安宣邦, 역사비평사.

6. 서경식(2009),『고통과 기억의 연대는 가능한가?』 76–77쪽.

7. 진은영,『일곱 개의 단어로 된 사전』, 문학과지성사.

8. 한수영, 글쓰기의 지도, 지식의 날개, 2010, 23쪽.

9. 함인희, 가족사회학 연구의 동향과 전망, 한국사회 Vol.14, p.22.

10. 홍석표(2015),『중국현대문학사』, 이화여자대학교출판부, p.23–25.

연습문제 2 **다음의 설명을 읽고 각주를 작성해 보자. 그리고 그 주석 자료를 토대로 참고 문헌 목록을 완성해 보자.**

1. 2002년도에 문학과 지성사에서 이청준의 장편소설 당신들의 천국이 출판되었다. 나는 이 책 127쪽에 나오는 내용을 인용했다.

2. 질 들뢰즈라는 프랑스 철학자는 시간에 관한 자신의 이론을 차이와 반복이란 책 속에 담아냈다. 나는 그 책에 나오는 37쪽의 문장을 인용했다. 이 책은 하태환이 번역했고, 민음사라는 출판사에서 2008년도에 출판되었다.

3. 백승영은 2005년에 철학연구회에서 출판된 철학연구라는 논문집에 도덕적 현상과 윤리 의식이라는 논문을 발표했다. 이번 논문집은 제71권으로 그의 논문 231페이지에 나오는 구절을 인용했다.

4. 이화여자대학교 소속의 김이화는 2016년 8월에 인터넷 쇼핑몰의 마케팅 전략에 관한 연구라는 제목의 논문을 쓰고 석사 졸업을 했다. 나는 해당 논문의 90쪽에 나온 내용을 인용했다.

5. 4번 문헌에서 22쪽을 인용했다.

6. 나는 2016년 2월 1일자 신문 기사인 한국은 진정한 다문화 사회인가라는 기사를 인용했다. 이 기사는 한겨레신문 제5면에 실려 있다.

7. 좋은 연구라는 잡지에 수록된 수업 과제의 중복 제출이라는 글을 인용하게 되었다. 나는 해당 자료를 http://grp.or.kr이라는 사이트에 접속하여 읽게 되었다. 내가 그 사이트에 접속한 날짜는 2016년 8월 5일이다. 그리고 해당 자료는 2014년 3월 22일에 올라온 것으로 확인된다.

8. 1)번 문헌에서 370페이지를 인용했다.

9. 저자는 Wallace Chafe이며 책 제목은 Discourse, Consciousness, and Time이다. 이 책은 미국 일리노이 주 Chicago에 있는 The Univ. of Chicago Press에서 1994년 출간되었으며 나는 230페이지를 인용했다.

10. 나는 황종연이 엮은 신라의 발견이라는 책에 수록된 김현숙의 논문 근대 시각문화 속의 석굴암에서 45쪽을 인용했다. 이 책은 2008년 동국대출판부에서 출간되었다.

11. 앞의 문헌을 참고 문헌 작성 양식에 맞게 배치해 보자.

2장 공감 형성을 위한 말하기

1. 공통분모를 파악하라

무엇을 말할 것인가

〈아라비안나이트〉로 더 잘 알려진 이야기모음 〈천일야화〉는 영리한 처녀 세헤레자데가 자진하여 샤리아의 왕과 결혼하면서 시작된다. 왕은 아내에게 배신당한 기억 때문에 처녀와 결혼한 후 하룻밤이 지나면 살해하는 행위를 반복했고, 세헤레자데는 희생양이 되지 않기 위해 밤마다 끊임없이 이야기를 풀어놓는다. 세헤레자데는 밤마다 왕이 듣고 싶어 하는 흥미진진한 이야기를 늘어놓았고, 이야기가 듣고 싶어 그녀를 죽일 수 없었던 왕은 결국 여성에 대한 증오심을 버리고 세헤레자데와의 행복한 삶을 택하게 된다. 이 일화가 말하기의 전략을 짜려는 이들에게 제시하는 것은 다음과 같다. 청자는 무엇을 듣고 싶어 하며, 화자는 무엇을 말할 것인가. 말하기의 전략은 청자를 고려하여 적절한 화제(話題)를 선택하는 것으로부터 시작된다.

함께 이야기해 봅시다

- 요즘 '단톡방'에서 친구들과 나누는 이야깃거리에 대해 말해 보자.
- 현재 사회적으로 가장 논란이 되는 사건 하나를 정해서, 그 문제에 대해 어떤 질문을 던질 수 있을지 이야기해 보자.
- 지금 가장 관심 있는 이야깃거리가 무엇인지 옆에 앉은 친구와 이야기해 보고, 이에 대한 생각을 다른 친구들과도 공유해 보자.

대화는 타인과의 공감대를 형성하기 위한 가장 좋은 방법이다. 지면에 글을 발표하거나 인터넷 게시판에 글을 올리는 방법으로도 누군가의 공감을 얻을 수 있지만, 화자와 청자가 같은 시공간 속에서 공통 관심사에 대한 견해를 나누는 대화는 사람 사이의 교감이 가장 잘 이루어질 수 있는 방법이다. 이 장에서는 공감대의 확보를 위한 말하기 방식에 대해 이야기하도록 한다.

바람직한 글쓰기를 위해서는 타인의 말을 잘 듣고 자신의 생각을 표현하는 방식에도 관심을 가져야 한다. 말하기와 듣기, 읽기와 쓰기는 서로 긴밀하게 연관되어 있는 의사소통 방식으로, 타인의 의견을 경청하는 사람이 효율적으로 말을 할 수 있고, 또한 타인의 글을 열심히 읽는 사람이 좋은 글을 쓸 수 있다. 이 중 말하기란 음성 언어를 통한 의사소통 표현 방식이며 글쓰기보다 상대적으로 수월하게 자기 의사를 표시할 수 있는 방법이다.

글쓰기 수업에서 말하기가 중요한 이유는 다음과 같다. 첫 번째는 글쓰기와 말하기의 연계성으로, 발표를 준비하는 과정은 좋은 글을 쓰기 위한 연습으로 이어질 수 있다. 특히 조별 발표를 준비하면서 좋은 글을 쓰기 위한 단계를 집단적으로 연습함으로써 말하기뿐만 아니라 글쓰기 연습을 함께 하는 효과를 얻을 수 있다. 두 번째는 의사소통의 종합적 측면으로, 글쓰기 수업 중 발표는 질의와 응답 및 토론으로 이어지고, 이후 청중이 '평가지'라는 방식으로 발표를 평가하고 발표조가 '종합 보고서'를 통해 그 피드백에 반응하는 것으로 이어진다. 이 같은 과정을 통해 발표 수업은 대학생다운 읽기, 쓰기, 말하기, 듣기를 종합적으로 연습하는 시간이 될 수 있다.

이처럼 대학에서의 글쓰기와 말하기는 유사한 준비 절차를 공유하며, 수업 중 함께 연습하는 것이 가능하다. 그러나 발표 전까지 지속적으로 수정이 가능한 글쓰기와 달리, 입 밖으로 낸 말은 취소할 수 없다는 점에서 말을 할 때는 더욱 신중해야 하며, 청중 앞에서 말하기 전에는 더욱 철저한 준비가 필요하다.

특히 말하기는 발화의 맥락이 중요하다. 발화가 이루어지는 시간과 공간, 그리고 청중의 성격 등 발화의 상황이 말하기의 방식과 내용을 결정하게 된다. 동일한 내용이라도 그 맥락에 따라 발화의 의미와 효과는 현저하게 달라질 수 있으며, 발화의 상황을 똑같이 복원하는 것은 불가능하다. 그러므로 화자(話者)는 말하기 전에 의사소통이 이루어지는 맥락에 대해 충분히 고려해야 한다. 말하기 전에 고려해야 할 요소는 다음과 같다.

1. 무엇을 말할 것인가.

2. 누구에게 말을 하는가.

3. 왜 말을 하는가.

4. 청자는 무엇을 듣고 싶어하는가.

5. 어떤 상황에서 말을 하는가.

이 중 말하기의 시작은 '무엇을 말할 것인가'로부터 출발한다. 그 무엇이 곧 화제이며, 화제는 화자가 말하고자 하는 바와 청자가 듣고 싶어 하는 바를 함께 고려하여 결정해야 한다.

말하기는 다음의 요소에 따라 여러 가지 형태를 취하게 된다. 먼저 말하기의 목적에 따라 정보나 지식의 전달, 설득이나 주장, 친교를 위한 말하기 등으로 구분할 수 있다. 또한 소통 구조에 따라서 발표·연설·강의 등의 일방적인 말하기와 대화·토론·토의·회의 등의 쌍방적인 말하기로 나누는 것이 가능하다. 마지막으로 청자와의 관계에 따라서 사적(私的)인 말하기와 공적(公的)인 말하기로 나눌 수 있다.

이 중 화자가 청자를 설득하거나 공감을 얻는 것을 목적으로 말을 한다면, 말하는 입장과 듣는 입장을 고려해 다음과 같은 요소를 더 감안해야 한다.

1. 어떻게 자신의 의견 혹은 감정을 논리적으로 설명할 것인가.

2. 어떻게 타인의 반응을 이끌어 낼 것인가.

말하기와 듣기는 긴밀히 연결된 의사소통 과정이다. 글을 쓸 때 글을 읽는 독자를 고려한 쓰기가 필요하지만, 말을 할 때는 청중의 취향, 수준 그리고 현장 반응 등을 더욱 세밀하게 고려해야 한다. 특히 말을 통한 의사소통은 화자와 청자의 협력에 입각해 있다는 것을 잊으면 안 된다. 화자는 성공적인 의사소통이 이루어지기 위해서 주제를 효과적으로 전달해야 하고, 전달 과정에서는 상대방을 배려해야 한다. 청자 역시 화자의 말을 존중하며 발화가 이루어지는 동안에는 진지한 태도로 경청해야 한다.

대학 내에서 가장 중요하게 활용되는 말하기는 내용 제시가 중심인 발표, 찬반 양론의 대립이 중심인 토론, 문제의 해결이 중심인 토의로 구분된다. 이 책에서 지칭하는 발표는 청중에게 내용을 제시한 이후 청중과 함께 토론, 토의를 이어가면서 이루어지는 일련의 의사소통 절차를 의미한다. 대학에서의 연구는 상호 협동 과정을 통해 그 효과가 더욱 커질 수 있다. 개인이 홀로 문제를 해결하기보다, 유능한 동료와 함께 이야기하면서 사고의 편협함을 벗어나 적절한 화제와 효과적인 전달 방식을 도출할 수 있다. 이후 발표와 토론, 토의를 통해 청중과 함께 문제에 대해 논의하면서 다시 사고의 틀을 확장할 수 있다.

또한 조별 작업을 통해 상호 의존, 상호 협동하는 방법을 익힐 수 있다. 조별 작업을 진행하면서 해당 구성원이 각자의 자리에서 역량을 발휘하고 이를 조율하는 종합적인 업무 수행을 통해 지도력과 협동심을 키워나갈 수 있다. 결국 발표라는 일련의 과정은 대학이라는 공동체 속에서 터득해야 할 사회적 기술과 관련된다.

연습 문제 1

나는 옆자리에 앉은 친구와 어떤 공통점을 갖고 있는지 확인하고, 이 공통점을 바탕으로 두 사람이 무엇을 할 수 있을지 이야기해 보자.

발표에 임하기 전에 준비해야 할 것

발표 과정은 발표 준비 단계(무엇을 말할지 결정하는 단계), 실제 발표 단계(어떻게 말하고 있느냐의 단계), 발표 이후 단계(상호 비평이 이루어지는 단계) 등 3단계로 구분할 수 있다. 그렇다면 무엇을, 어떻게 말할 것이며 또한 어떤 방식으로 타자와 소통할 것인가.

아무리 주목받기 좋아하는 사람이라도 발표 자체를 즐기는 경우는 많지 않다. 대다수가 청중 앞에서 말하는 것을 버거워하고, 능숙한 발표자라도 발표 도중 실수를 하는 경우가 부지기수다. 이 같은 실수를 하지 않으려면, 그만큼 철저하게 돌발 상황에 대비해야 한다.

함께 이야기해 봅시다

- **다른 사람과 이야기할 때 이야기를 미리 준비하는 편인가? 타인과 화제를 공유하기 위해 미리 준비해 본 경험에 대해 이야기해 보자.**
- **말할 때 청중의 연령, 성별, 지식 수준, 관심사를 고려하고 있는가? 청자를 배려하기 위해 그 외 어떤 요소를 고려할 수 있을지 생각해 보자.**

발표의 준비는 기본적으로 글쓰기의 과정과 유사하다. 하지만 발표 준비 과정에서는 청중을 더 세밀히 분석해야 하며, 발표문을 작성할 때는 주어진 시간을 더 철저하게 고려해야 한다. 청중은 핵심이 없고 장황한 발표를 지루해한다. 주제는 청중의 관심과 맞닿아 있어야 하며, 발표 전에는 청중의 성향을 분석하고 필요한 정보만을 집약적으로 제시하는 발표문을 만들어야 한다. 특히 발표 직전에는 수차례의 예행연습을 통해 발표 중 실수가 없도록 준비해야 한다. 이 단계는 다음과 같이 도표화할 수 있다.

주제 결정하기 → 청중 분석하기 → 자료의 수집과 취사선택 → 파워포인트, 발표문 작성 → 발표 연습

발표 준비의 다섯 단계

첫 번째 단계, 주제 결정하기

'주제 결정하기'는 발표의 목적이나 주제를 확인하고 결정하는 단계다. 이 단계에서는 왜 이 발표를 하는가, 지금 이 시점에서 발표를 통해 말하려고 하는 바는 무엇인가, 발표자(발표조)가 택한 주제는 발표자와 청중 모두에게 중요하고 흥미 있는 주제인가, 발표를 통해 무엇을 얻을 수 있는가에 대해 고민해야 한다.

먼저 찬반 입장을 나누어 설득하는 것을 목적으로 한다면 찬반 입장이 분명히 나뉘는 주제를 택한다. 이때 논제는 '~하여야 한다', '~이다'로 정리할 수 있는 것으로, 두 입장이 모두 설득력이 있다는 절충형은 토론의 논제로 적절하지 않다. 예를 들어 동성결혼 합법화, 사형제 폐지, 군 가산점제 폐지, 안락사의 합법화 등은 찬성과 반대가 명확히 구분되는 문제로, 발표자가 이 중 한 입장을 정해 다른 입장을 가진 청중을 설득시키는 것을 목적으로 한다. 찬반 입장이 분명히 나뉘고 거센 반대에 직면할 수 있는 주제를 준비하는 경우에는, 예상되는 반론에 더 철저하게 대비하고 구체적이고 실증적인 근거를 제시해야만 반대 입장을 가진 이들을 설득시킬 수 있다.

화자와 청중이 비슷한 문제의식을 공유하고 있으며 문제의 해결 방안을 모색하는 것을 목적으로 한다면, 많은 사람들의 생각과 견해를 교환할 필요가 있는 주제를 택한다. 이때 주제는 화자와 청중이 속해 있는 집단과 관계되는 문제가 된다. 예를 들면 대학 내 학생식당의 운영 방식, 장학금 제도 및 청년 실업 문제

나 최근 논란이 되었던 열정 페이와 관련된 문제는 의미 있는 토의거리가 될 수 있다. 이상의 문제는 공적인 토의를 필요로 하며, 더 많은 의사소통을 통해 바람직한 문제 해결 방안을 도출할 수 있다.

여기서 토론을 목적으로 하든 토의를 목적으로 하든 발표의 주제는 시의성이 있어야 한다는 점을 잊지 말자. 시의성이란 동시대인의 관심사에 입각해 '지금 이곳'의 문제를 얼마나 잘 드러낼 수 있느냐와 관계되며, 뉴스의 경우 시의성이 그 가치를 결정하기도 한다. 비단 사회 현실뿐만 아니라 각각의 전공 분야에 대한 발표 역시 그 학문 분야와 관련된 최근의 논쟁거리에 주목하도록 하자. 특히 발표는 동시대인이 주목하는 현재의 문제를 다루어야 보다 생산적인 의사소통을 기대할 수 있다.

또한 발표의 주제는 허황되고 공허한 것이 아닌 현실적 수준에서 접근 가능한 구체적인 것이어야 한다. 예를 들면 '한국 문학에 나타난 판타지 연구'는 범위가 너무 방대하여 발표 주제로 적당하지 않으니 '초능력을 소재로 한 최근 한국 드라마의 특징 분석'으로 범위를 제한하는 것이 적합하며, '한국의 인터넷 문화' 역시 소화하기 불가능한 문제이니 '온라인상 성대결구도의 확산 이유와 문제점'처럼 주제를 구체화시키는 것이 바람직하다. 거시적인 관점에서 테러리즘이나 전쟁, 빈곤과 같은 전 지구적 차원의 문제를 비판하는 것도 가능하지만 실질적 대안을 찾아내기 위해서는 각자가 속한 집단, 예를 들어 동아리, 전공, 학교에 대한 문제의식으로부터 출발하는 것이 적절하다.

조별 발표의 경우 발표의 주제를 도출하기 위해 다음과 같은 절차를 거치게 된다. 먼저 조원들의 관심사에 입각해 넓은 범위의 화제를 늘어놓은 다음 그중 하나의 화제를 정한다. 이후 좁은 범위의 화제에 대해 여러 가지 질문을 던져 보고, 가장 문제적이라고 생각하는 문제에 대해 답을 하면 그것이 발표의 주제가 된다. 다음 도표를 참고해 보자.

넓은 범위의 화제

- 사회적 소수자에 대한 생각 나열
  예) 여성 차별, 장애인 배제, 어린이 인권, 노인 학대, 한 부모 가족에 대한 편견, 동성애자의 소외, 탈북자의 생활권, 이주노동자의 인권 등

좁은 범위의 화제

- 사회적 소수자 중 한 부모 가족에 대한 편견을 선택

화제에 대한 핵심 질문

- 가족에 대한 획일화된 생각이 한 부모 가족 구성원의 인권을 침해하고 있지는 않은가?

주제

- 한 부모 가족에 대한 차별은 인권을 침해하기 때문에 가족 개념에 대한 보다 개방적인 시각이 필요하다.

주제의 구체화 과정

이 발표조는 소수자의 인권 문제에 대해 관심사를 공유하고 있다. 그리하여 사회적 소수자가 차별받는 상황을 문제 삼고, 청중들과 함께 그 해결 방안을 모색한다는 목표를 정한다. 이를 위해 먼저 사회적 소수자의 개념을 정의하고, 소수자의 인권 침해로는 어떤 문제를 논의할 수 있을지 생각을 나열한다. 최근 발생한 어린이집 폭행 사태와 관련해 어린이의 인권이 가장 시의성이 있는 화제가 될 수 있지만, 이 중 동시대인이 별다른 문제의식을 갖지 않았으나 이혼 가정의 급증과 맞물려 문제가 되고 있는 한 부모 가족에 대한 편견을 다루기로 결정한다. 그 다음 한 부모 가족에 대한 편견과 관련해 제기해 볼 수 있는 질문, 이를 테면 이혼 가정의 자녀는 어떻게 돌볼 것인가, 저소득층 이혼 가정의 어머니는 어떤 심리적 스트레스를 받고 있는가 등에 대한 질문을 던져 본다. 이어 가족에 대한 획일화된 생각, 즉 '정상적' 가족에 대한 우리 사회의 가족 이데올로기가 한 부모 가정 구성원의 인권을 침해하는 요소가 아닌지 질문을 던져 보고, 이 문제를 다룬 자료를 찾고 고민을 이어가는 과정을 통해 합리적인 해결책을 모색하도록 한다. 이제 무엇을 말할 것인지가 결정됐으니 다음 단계로 넘어가 보자.

두 번째 단계, 청중 분석하기

무엇을 말할 것인지는 발표 과정에서 가장 중요한 문제지만, 주제를 정했다고 해서 발표 준비가 끝난 것은 아니다. 이제 발표조는 청중의 성향을 분석해 어떤 식으로 주제를 전달할 것인지 고려해야 한다. 일반적으로 청중 분석 과정에서는 청중의 수, 나이, 성별, 직업, 교육 수준 등의 외형적 요소와 심리 상태, 가치관, 욕구, 흥미 등의 내면적 요소를 고려하게 된다. 청중의 특성을 고려해야만 수용자의 요구를 분석할 수 있고, 그 요구를 파악해야만 발표의 의도와 목적을 달성할 수 있다.

그런데 수업 중 발표의 청중 분석은 일반적인 발표와는 조금 다르게 진행된다. 우선 수업 중 발표의 청중은 모두 학생이라는 점에서 다른 청중 집단보다 동일한 속성을 가지고 있다. 따라서 교육 수준이나 사회적 지위와 같은 외형적 요소는 상대적으로 덜 중시된다. 대신 발표가 진행되는 수업의 성격, 구성원이 속한 학과와 학년의 문제, 수업의 목표와 의의를 더 중요하게 감안해야 한다. 고학년 위주의 전공 수업이라면 전공 지식과 관련한 좀 더 심도 있고 치밀한 발표를 요구할 것이며, 다양한 학과와 학년이 섞인 교양 수업이라면 시의성 있고 다수가 공감할 만한 교양적 수준의 발표를 요구할 것이다. 교수자와 동료 학습자를 대상으로 한 발표라면 특히 다음과 같은 부분을 중점적으로 고려하자.

1. 청중은 이 주제에 대해 관심을 갖고 있는가.

2. 청중은 이 주제에 대해 얼마나 이해하고 있는가.

3. 청중은 교과 과정과 관련하여 이 발표에 무엇을 기대하는가.

그런데 발표가 어디에서 이루어지는지의 여부와 관계없이, 발표자가 잊지 말아야 할 것은 청중 앞에서 '내가 가장 잘 알고 있는 이야기를 한다'는 점이다. 청중의 성향과 관심사를 분석하는 작업도 중요하지만, 그 이전에 자신이 하고 싶은 이야기를 다른 사람 앞에서 할 수 있는 기회가 주어졌다는 것으로부터 자신감을 얻어 보자. 청중과의 공감대를 어떻게 확보할 것인지 고민해 보고, 청중을 발표의 평가자라고 생각하는 대신 친구처럼, 혹은 애인처럼 생각해 보자. 그리고 그들에게 말을 걸어 보자.

물론 발표 전 단계에서 발표의 대본을 준비하는 작업은 매우 중요하다. 그러나 발표가 낭독이 아님을 잊지 말자. 대화에 가까운 발표를 하기 위해서 청중의 성향을 분석하고, 함께 이야기를 나눌 수 있도록 철저하게 준비하자.

세 번째 단계, 자료의 수집과 취사선택하기

청중 분석까지 마쳤으면 이제 주제와 관련된 자료를 수집하고 필요한 자료를 취사선택해야 한다. 글을 쓸 때도 정해진 지면 안에서 하고 싶은 말을 소화해야 하지만, 말을 할 때는 주어진 여건의 제약이 더 크다. 화자는 제한된 시공간 안에서, 쉽게 지루해하는 청중 앞에서 자신이 의도하는 바를 명확하게 전달해야 한다. 시간은 제한되어 있는데 너무 많은 양의 정보를 담으려는 것은 역효과를 가져온다. 넘쳐나는 정보를 자신의 관점에서 정리하여 전달할 수 있을 때 그 발표는 의미를 갖게 된다. 따라서 말하기 전 단계에서는 자료를 풍부하게 수집하는 것뿐만이 아니라 취사선택하는 것 역시 매우 중요하다. 다만 수집된 자료의 양을 취사선택하는 과정에서 문제의 핵심이 빠져나가서는 안 된다는 점을 명심하자.

자료는 보통 1차 자료와 2차 자료로 나눌 수 있다. 1차 자료는 연구의 대상이 되는 자료이다. 자연 현상을 관찰하거나 실험하는 경우 자연 현상이나 실험이 1차 자료가 되며, 책이나 영화 또는 사회 현상에 대한 논문을 쓰는 경우에는 책이나 영화 텍스트 또는 사회 현상 자체가 1차 자료가 된다. 2차 자료는 1차 자료를 주제에 맞추어 분석, 평가, 해석하기 위해 활용하는 자료를 말한다. 여기에는 학위 논문, 학술지 수록 논문, 저서, 인터넷 문서, 신문이나 잡지의 기사 등 모든 범주의 글들이 포함된다. 예를 들면 '한국 영화의 반전 강박의 문제'를 화제로 삼았다면, 1차 자료는 이에 해당하는 한국 영화 작품이 되고, 1차 자료와 관련한 각종 문서가 2차 자료가 된다.

주의할 점은 말하기는 글쓰기보다 직접적인 의사소통 형태이며, 대면하고 말하는 현장성이 중시된다는 점이다. 말은 글과 달리 경험에서 끌어온 구체적인 사례를 인용하여 화자와 청자 사이의 공감대가 형성될 때 더욱 효과적으로 전달될 수 있다. 연구 논문이나 조사 보고서의 경우 학문적 권위를 가진 자료를 수집하는 것이 중요하지만, 발표 준비 과정에서는 청자가 공감하고 납득할 수 있는 구체적인 사례를 찾는 것이 더 효율적이다. 곧 청중과 교감하기 위해서는 경험이나 실례를 중심으로 한 자료를 수집하고 활용하는 작업이 필요하다. 조별 발표라면 다수의 조원들이 역할을 분담하여 풍성하고 다양한 자료를 수집할 수 있을 것이며, 이후 자료를 취사선택하는 과정을 거쳐야 한다.

발표 준비에 필요한 2차 자료에는 여러 가지 유형이 있는데, 먼저 사전을 활용할 수 있다. 백과사전은 어떤 분야나 주제에 대한 기초 지식을 구하고자 할 때 이용할 수 있는 대표적 자료이다. 각종 어학사전을 비롯하여 주제별 사전, 인명사전, 용어사전 등도 잘 활용한다면 각종 개념과 용법을 정리하는 데 도움이 된다. 최근에는 인터넷으로 각종 사전의 내용을 검색할 수 있는 만큼 대학 도서관이나 각종 포털 사이트의 사전 등재 목록을 확인해둘 필요도 있다.

다음으로 통계 자료를 통해 근거를 찾을 수 있다. 통계란 어떤 현상을 종합적으로 알아보기 쉽게 일정한 체계에 따라 숫자로 나타낸 자료를 뜻한다. 발표 키워드와 관련된 각종 기사나 논문에 수록된 통계 자료를 활용하는 것은 물론, 통계청 사이트에 방문하여 주제에 맞는 통계를 직접 찾아보자. 단순히 어떤 사안이 심각하다, 혹은 빈번히 발생하고 있다고 지적하는 것보다는 이와 같은 통계 자료를 통해 근거를 제시할 때 보다 설득력 있는 발표를 이끌어가는 것이 가능하다.

각종 단행본과 논문 또한 자주 활용하는 2차 자료이다. 인터넷 도서관에서 발표 관련 키워드를 검색어로 설정하면 단행본, 학위논문과 학술지 수록 논문 등 많은 자료들을 찾을 수 있다. 검색어 설정은 한 단어로 하지 말고 유사어와 동의어를 활용하도록 한다. 만약 '문화예술사업'을 검색하고자 한다면 '예술산업' 등의 유사어를 설정하여 함께 검색해보는 것이 좋다. 한편 예술산업의 하위 개념이라 할 수 있는 무용, 뮤지컬, 음악 등 구체적인 키워드를 'AND' 수식을 넣어 아울러 검색한다면 보다 자신의 관심사에 근접한 결과를 얻을 수 있을 것이다.

검색으로 조사가 불충분한 경우에는 그 분야에서 권위가 있다고 인정되는 책이나 논문을 먼저 한두 편 찾아 읽고, 거기에 인용된 참고 문헌들을 따라가며 자료를 찾는 것도 하나의 방법이다. 그것도 가능하지 않을 경우에는 관련 전문가나 전문단체에 자문을 구하여 자료를 구하기도 한다. 아직까지 연구된 바가 없는 주제를 발표한다면 설문조사나 네티즌 반응을 출처로 삼을 수도 있다.

최근 각 대학 도서관에서는 재학생들을 위해 무료로 온라인 데이터베이스를 이용할 수 있는 혜택을 제공하고 있다. 이화여자대학교 재학생 역시 도서관 홈페이지에서 로그인만 한다면 각종 데이터베이스 서비스를 무료로 이용할 수 있다. 다음은 온라인 데이터베이스를 활용한 자료 검색의 예다. 절차를 확인하고, 주제와 관련하여 자료를 취사선택하는 과정에 활용해 보자.

- 도서관 홈페이지(lib.ewha.ac.kr)에서 로그인을 한 다음,
  전자자료 → 데이터베이스 → Riss 사이트(www.riss.kr) 접속 ←
- 주제어 입력을 통한 학술자료 검색
- 자료 종류별 상세 검색하기(학위논문, 학술논문, 단행본 등)
- 검색 조건 한정하여 상세 검색하기(저자, 발표 시점 등)

원하는 결과를 얻을 때까지 검색 작업 반복

– 도서관 홈페이지를 통한 자료 검색 방법

2015년 7월 시점에서 125만1천 건의 학위논문과 372만5천 건의 국내 학술지 논문을 소장 중인 Riss(학술연구정보서비스) 사이트에 접속해 보자. 현재 발표조는 '한류의 위기와 극복 방안'에 대한 발표를 준비 중이다. 관련 자료를 검색하기 위해 도서관 홈페이지에서 로그인을 한 다음, 모든 데이터베이스에 실린 논문 현황을 한 눈에 확인할 수 있는 Riss(학술연구정보서비스) 사이트에 접속한다. 이후 발표의 키워드인 '한류', '위기'를 검색창에 입력하는데, 이 경우 학위논문 65건과 학술지 논문 50건 및 단행본 302건이 검색된다. 협동 작업임을 고려해도 이 자료를 모두 찾아보는 것은 무리다. 그렇다면 이제 '상세 검색'을 클릭하여 발표 시점, 저자, 발표 기관, '인기순', '정확도순' 등을 고려해 범위를 한정시킬 수 있다. 한류 위기론이 2000년대 후반부터 꾸준히 등장했던 논의임을 감안한다면, 최신 자료를 확인하기 위해 자료의 발행 기간을 최근 1~2년으로 한정시킬 수도 있다. 또한 상세 검색을 이용해도 검색 결과가 너무 많다면 다른 키워드, 예를 들어 '극복 방안', '해결책' 등을 추가로 입력한 후 검색을 계속할 수 있다. 이처럼 원하는 결과를 얻을 때까지 키워드를 추가하거나 상세 검색을 이용해 찾고자 하는 자료의 범위를 한정시킴으로써 발표 목적에 부합하는 자료를 찾을 수 있다.

조별 발표의 효과적 준비를 위해서는 각자 찾은 자료를 동료들과 공유하는 작업이 필요하다. 여기서는 온라인상으로 자료를 공유하는 세 가지 방법에 대해 소개하고자 한다. 가장 손쉬운 방법은 '이화포털' 내 '사이버캠퍼스(http://cyber.ewha.ac.kr)' 게시판을 활용하는 것이다. 학습자가 조별 발표를 준비하는 경우 필요하면 교수자에게 요청해 각 조별로 게시판을 형성하고, 그 게시판을 통해 자료를 공유할 수 있다. 사이버캠퍼스를 통한 의견 교환 및 자료 공유 방법은 다음의 그림을 참조하자.

– 사이버캠퍼스를 활용한 자료 공유 방법

사이버캠퍼스를 통한 자료 공유는 재학생끼리 발표나 프로젝트를 준비할 때 유용하다. 그러나 타학교생 혹은 외부인과 작업을 할 경우 '에버노트(evernote.com/intl/ko)'나 '네이버 클라우드(cloud.naver.com)', '구글 드라이브(drive.google.com)' 같은 프로그램을 이용할 수 있다. 이 경우 별도의 게시판을 형성할 필요 없이 해당 프로그램에 가입만 한다면 손쉬운 자료 공유가 가능하다.

에버노트는 다양한 자료를 간편하게 수집, 관리하고 쉽게 공유할 수 있는 프로그램이다. 이 프로그램은 데스크톱과 핸드폰 위젯 등을 통해 텍스트, 사진, 오디오 등 모든 자료의 동기화가 가능하다. 또한 웹 검색 중에 필요한 페이지를 스크랩하고 텍스트, 이미지, 링크 등 전체 페이지를 쉽게 저장할 수 있다는 점에서 편리하다. 특히 조별 활동을 할 때 여러 사람들과 수집한 정보를 공유하고 의견 교환을 쉽고 빠르게 할 수 있다는 점도 강점이다. 이러한 기기들을 활용한다면 조원들과 실시간으로 자료를 공유하고 협업하여 효율적으로 결과물을 낼 수 있도록 도와줄 것이다.

에버노트를 활용하여 조 발표를 위해 내용을 구체화하고 자료를 수집하는 방법에 대해 알아보도록 하자. 발표 주제와 아이디어가 어느 정도 모아졌으면 이제부터는 조원들과 협업하여 내용을 만들어가야 한다. 에버노트 프로그램에서 제공하는 노트 공유, 워크챗, 자료 스크랩 기능(웹클리퍼) 등을 이용하여 효율적으로 발표 준비를 해 보자.

발표 준비를 하다 보면 웹에서 스크랩 기사나 문서에서 기록한 정보를 조원들과 공유할 일이 생긴다. 이때에는 다음 그림과 같이 '노트 공유'를 선택하면 간단하게 정보를 나눌 수 있다. 이 기능을 이용하면 상대방도 직접 노트의 내용에 의견을 덧붙일 수 있고, 정보 내용을 수정할 수 있으므로 협업을 할 때 유용하다. 또한, 워크챗을 통해 대화를 나눌 수 있어서 협업에 유용하다.

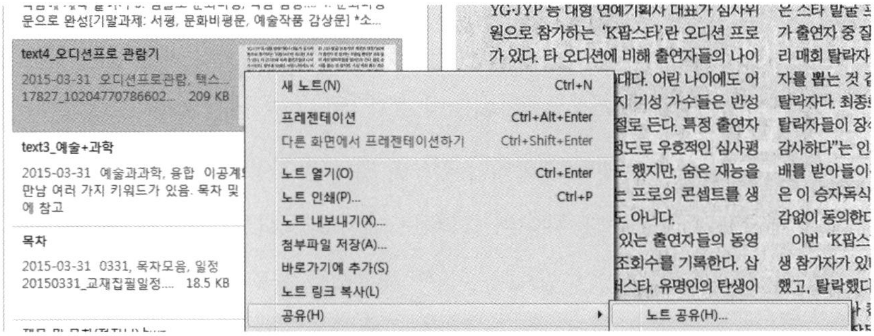

– 노트 공유 방법

또한 면 대 면으로 만나 협의를 할 시간이 부족할 경우, 에버노트 내에서 메신저 기능을 하는 '워크챗'으로 조원들과 논의를 할 수 있다. 다른 메신저 프로그램을 이용할 수도 있겠으나 에버노트 내에서 공유된 관련 자료나 최종 PPT 등을 보면서 함께 수정, 검토해 가며 실시간으로 의견을 나눌 수 있다는 점에서 유용하다.

그 외 '웹클리퍼'는 인터넷에서 본 정보를 바로 스크랩해 두는 기능이다. 웹페이지의 상단 오른쪽에 있는 '코끼리' 아이콘을 누르면 유용한 내용이 있는 웹페이지를 바로 저장할 수 있다. 그리고 이렇게 스크랩해 둔 정보는 조원들과 공유 및 수정이 가능하므로 발표 준비를 효율적으로 할 수 있다.

– '웹클리퍼' 사용 방법

마지막으로 네이버 클라우드는 포털검색사이트 '네이버'에서 제공하는 서비스로, 가입자에게 기본 30G의 무료 웹 클라우드 서비스를 제공한다. 이 프로그램을 사용하는 경우 인터넷만 연결되어 있으면 별도의 저장장치 없이도 자료의 저장과 업데이트가 가능하다. 네이버 클라우드에서 제공하는 서비스는 크게 '파일올리기'와 '새문서'로 나뉘어 있으며, 이 중 새문서를 클릭하면 워드(Word), 슬라이드(Slide), 엑셀(Excel) 등의 작업을 진행한 후 바로 네이버 클라우드에 저장할 수 있어 편리하다.

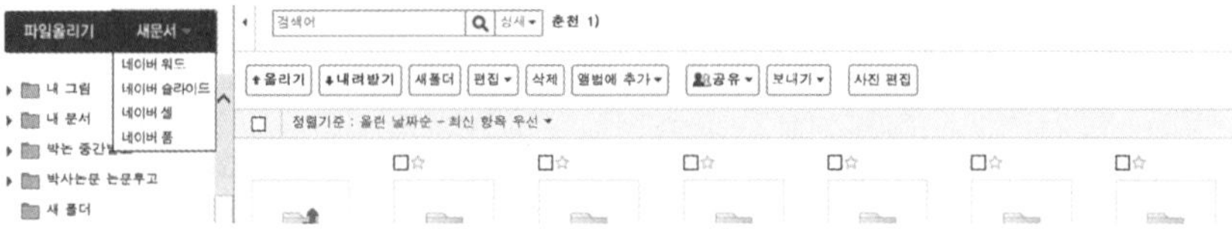

– 자료 저장 방법

네이버 클라우드의 가장 큰 장점은 타인과의 손쉬운 공유가 가능하다는 점이다. 무엇보다 본인이 작업한 문서 및 수집한 자료가 저장되어 있는 폴더를 타인과 공유하는 방법이 간단하다. '공유'를 클릭하고 타인에게 메시지를 보내면 여러 사람이 동시에 자료를 공유할 수 있다. 내가 타인과 공유한 파일 그리고 타인으로부터 공유받은 파일은 페이지 하단에 정리되어 나타나며, 최근 업데이트된 파일부터 열어본 파일까지 한 눈에 확인할 수 있다. 다음 그림을 참고하여 팀프로젝트 혹은 세미나에 활용해 보자.

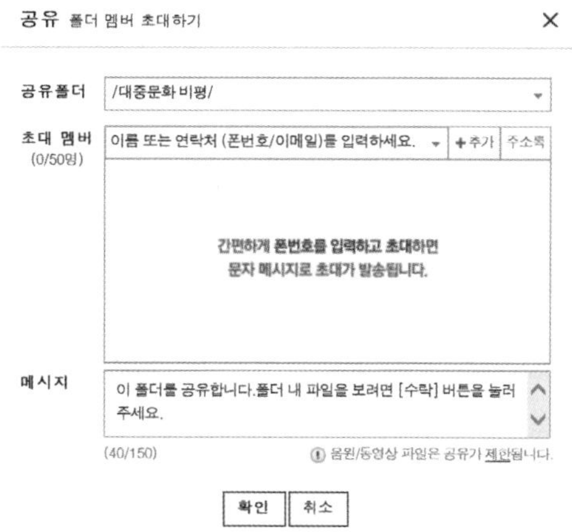

– 자료 공유 방법

– 공유받은 파일, 공유한 파일의 확인 방법

발표 주제와 관련하여 필요한 자료를 검색하고 공유한 뒤, 마지막 단계로 해야 할 일은 수많은 논문과 자료를 항목에 따라 범주화하는 작업이다. 항목별로 자료를 범주화할 때 가장 보편적으로 사용하는 방법은 폴더 구축이다. 폴더 구축 시에 고려할 점은 자료들을 수직적 층위와 수평적 층위에 맞게 배치하는 것이다. 이를 위해서는 먼저 발표할 글에 대한 자신의 생각을 체계화해야 한다.

폴더 구성은 글에 대한 생각의 구성을 반영하는 것이기 때문이다. 수직적 층위는 상위 항목과 하위 항목의 관계로 이루어진다. 글 전체의 주제와 그 하위주제 순으로 항목을 만들고 해당 자료를 그 안에 배치하는 것이다. 또는 수업에서 요구하는 과제를 중심으로 폴더를 구성할 수 있다. 예를 들어, 전공 과목에서 3번에 걸쳐 과제를 제출해야 하는 경우 '1차 과제, 2차 과제, 3차 최종 보고서'를 상위 항목으로 삼을 수 있다. 각각의 상위항목은 다시 자료의 성격을 기준으로 '문서 자료, 시각 자료, 나의 의견, 조별 의견' 등의 하위 항목으로 나누어 정리가 가능하다. 이때 상하 항목을 바꾸어 설정하는 것도 가능하다. 즉 상위 항목에 '문서 자료, 시각 자료, 나의 의견, 조별 의견'을 넣고, 각각의 하위 항목으로 '1차 과제, 2차 과제, 3차 최종 보고서'를 나누어 구분하는 것이다. 이러한 순서로 폴더의 가지를 만들어 가기 때문에 폴더의 구축방식은 폴더 트리라고도 한다.

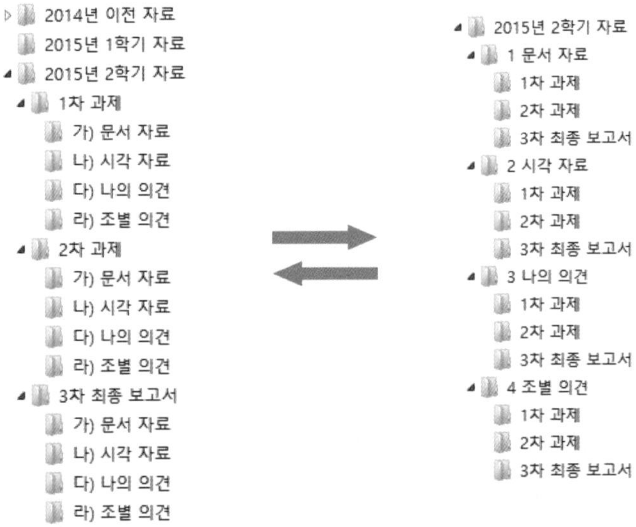

각각의 폴더 안에 자료를 넣을 때는 저자나 작가, 논문과 이미지의 키워드를

중심으로 제목을 정리하면 해당 파일을 열어보지 않아도 자료 실태를 쉽게 파악할 수 있다. 이처럼 자료의 성격을 기준으로 폴더를 정리하는 것 외에도, 해당 연도별 혹은 폴더를 만든 날짜 순서대로 정리함으로써 손쉽게 원하는 파일을 찾아내는 방법이 있다. 최근에 사용하지 않는 폴더라면 'ㅇㅇㅇㅇ년도 이전 자료'로 분류해 산발적으로 저장되어 있는 파일, 폴더를 관리할 수 있다. 폴더 정리의 목적은 자료를 수월하게 찾기 위함이다. 확실한 자료의 구분 기준을 정해서 시간 낭비를 최소화하도록 하자.

네 번째 단계, 발표문 만들기

자료를 수집, 취사선택하는 과정을 거쳤다면 이제 선택한 자료를 배치해야 한다. 발표 슬라이드 제작에 가장 많이 이용되는 소프트웨어는 '파워포인트(Power Point)'이며 최근에는 '프레지(Prezi)' 등의 소프트웨어도 자주 활용되고 있다. 발표조는 발표의 효율적인 진행을 위해 청중을 집중시킬 수 있는 발표 자료를 작성하고, 이와 함께 발표 개요와 토론, 토의거리를 적은 요약문을 준비하도록 한다.

발표 자료 작성 요령은 다음과 같다. 발표 자료는 '서론–본론–결론'의 3단 구조를 취하는 것이 일반적이며, 각 단계에는 다음과 같은 내용이 포함된다. 3단 구조는 한 편의 논리적인 글을 쓸 때도 적용된다.

서론	본론	결론
•발표 주제의 소개 •문제의식 환기 •본론 내용의 압축적 요약 •결론 내용 간단한 제시	•대상에 대한 분석 혹은 해석 •핵심 내용에 대한 사례 제시 •발표자의 입장 혹은 해결책에 대한 근거 제시	•전체에 대한 요약 정리 •본론의 핵심 내용 재강조 •대상에 대한 전망 혹은 의미 부여

논리적 발표의 3단 구조

글을 쓸 때 한 말을 계속 되풀이하면 독자에게 지루함을 주지만, 발표의 경우 청중을 위해 적절한 요약과 강조가 필요하다. 이를 위해 서론에서 결론의 내용을 요약해서 제시하고, 결론에서는 본론의 핵심을 다시 한 번 강조한다.

서론에서는 독창적인 도입을 통해 청중의 시선을 끈 다음 문제의식과 발표 주제를 소개해야 한다. 결론을 미리 다 제시할 필요는 없지만 주제에 대한 발표조의 입장을 간단히 언급할 필요가 있다.

본론에서는 대상에 대한 발표조의 주장과 근거 혹은 입장과 해결책이 드러나야 하며, 한 장의 슬라이드에 중심 생각과 그것을 뒷받침하는 사례를 함께 제시할 때 가독성을 높일 수 있다. 어린이집 유아 폭행 사태와 관련해 CCTV 설치를 의무화한다는 대안을 비판하고 보다 바람직한 해결책을 모색하는 다음 발표의 슬라이드처럼, 발표자의 생각과 이를 뒷받침하는 구체적 사례를 한 장의 슬라이드에 제시해 청중의 이해를 도울 수 있다.

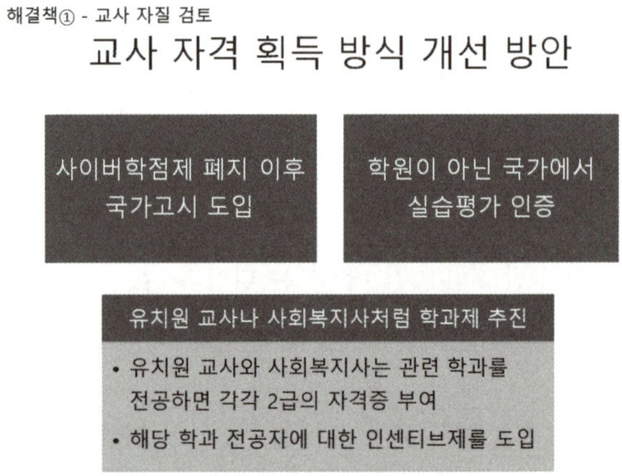

어린이집 폭행 사태의 해결방안을 담은 슬라이드

이어 결론에서는 본론을 요약하고 핵심 주장을 한 번 더 강조한다. 또한 대상에 대한 전망과 의미 부여를 함께 함으로써 청중에게 생각할 기회를 갖게 하고, 발표 이후 진행될 질의와 응답에도 대비할 수 있다.

발표문 작성의 요령은 다음과 같다. 첫 번째, 개요형으로 작성한다. 완벽하게 서술된 발표문은 암기나 낭독에 적당하기에 청중과의 소통을 저해한다. 미완성 개요형으로 발표문을 작성해야 발표에 대한 청중의 호기심을 자극하여 지루하지 않게 발표를 이어갈 수 있다.

두 번째, 항목형(어구형)으로 작성한다. 발표 자료는 문장형보다는 항목형(어구형)으로 작성해야 청중이 일목요연하게 내용을 파악할 수 있다.

세 번째, 강조형으로 서술한다. 말할 내용을 순서대로 열거하는 대신 주요 논점과 보조 논점을 소제목과 세부 사항으로 구분한 다음 번호 매기기와 들여 쓰기에 일관성을 부여하도록 한다. 이런 형식으로 작성해야 청중이 발표문만 보고도 발표의 핵심과 부차적 내용을 손쉽게 구별할 수 있다.

다음은 사회적 기업(Social Enterprise)에 대한 정부 지원의 문제를 지적하는 것을 목적으로 하는 발표 자료(파워포인트 형식)의 사례이다. 전체 흐름을 살펴보고 효과적인 발표 자료 작성 방안에 대해 고민해 보자.

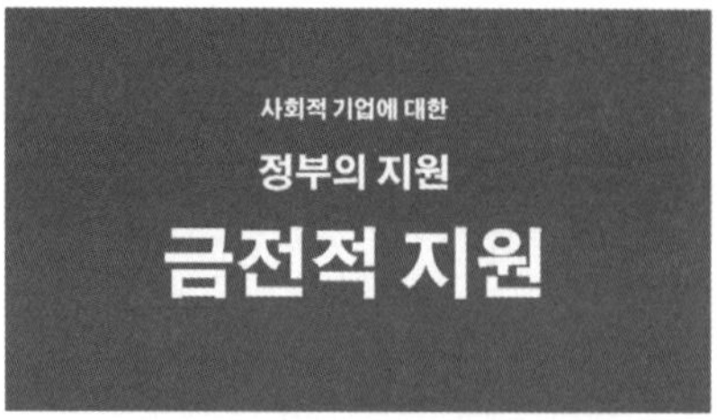
사회적 기업에 대한
정부의 지원
금전적 지원

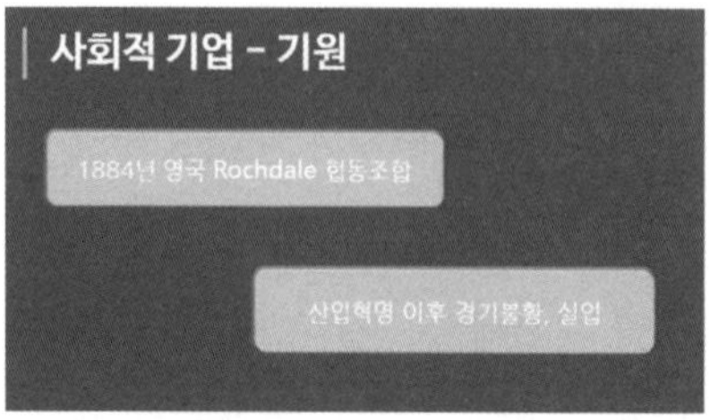
사회적 기업 - 기원
1884년 영국 Rochdale 협동조합
산업혁명 이후 경기불황, 실업

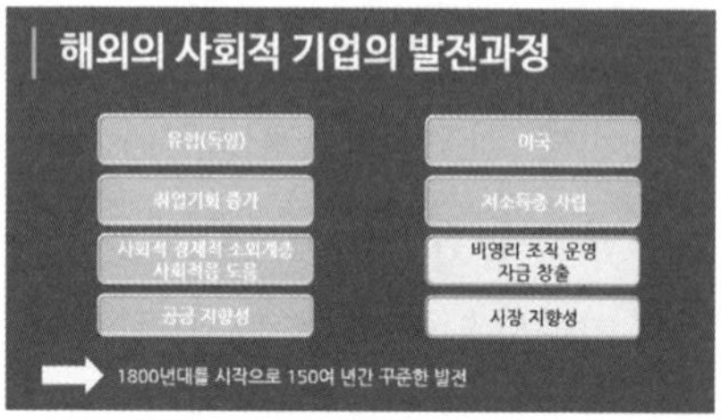
해외의 사회적 기업의 발전과정
유럽(독일)
취업기회 증가
사회적 경제적 소외계층 사회적응 도움
공공 지향성
미국
저소득층 자립
비영리 조직 운영 자금 창출
시장 지향성
1800년대를 시작으로 150여 년간 꾸준한 발전

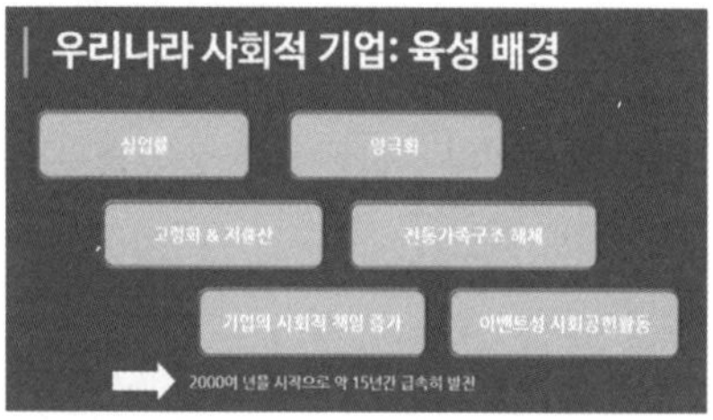
우리나라 사회적 기업: 육성 배경
실업률
양극화
고령화 & 저출산
전통가족구조 해체
기업의 사회적 책임 증가
이벤트성 사회공헌활동
2000여 년을 시작으로 약 15년간 급속히 발전

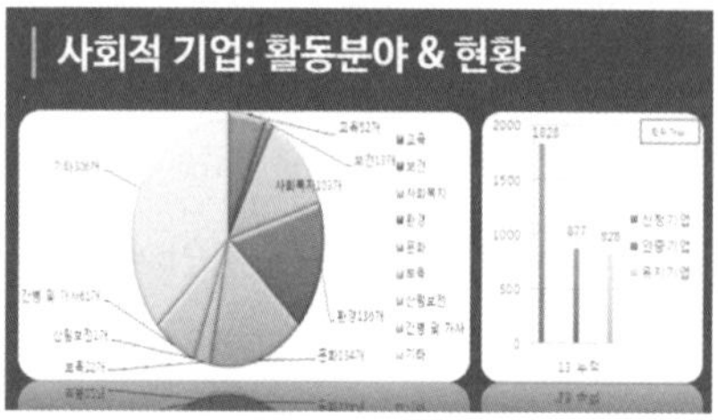
사회적 기업: 활동분야 & 현황

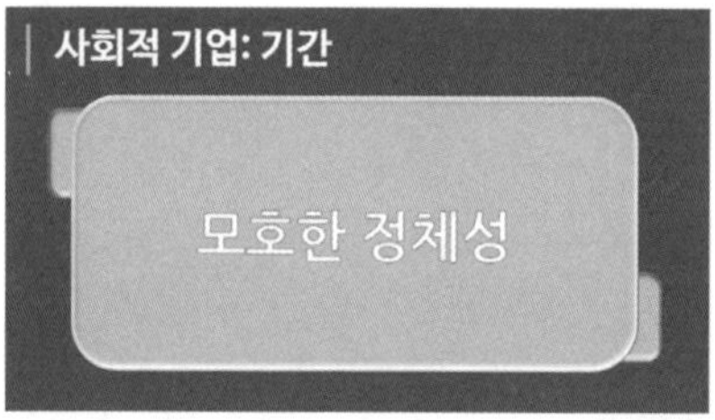
사회적 기업: 기간
모호한 정체성

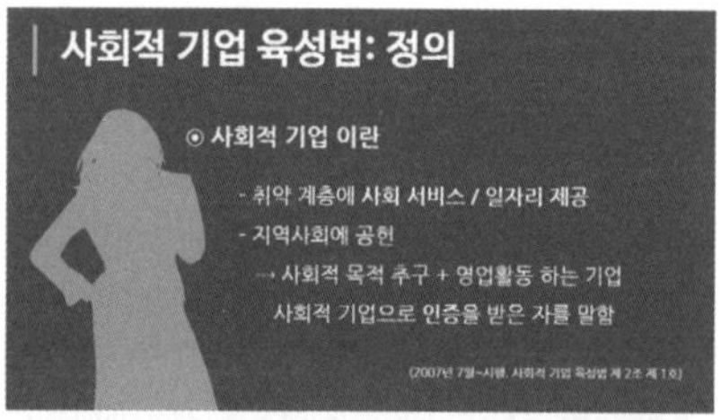
사회적 기업 육성법: 정의
⊙ 사회적 기업 이란
- 취약 계층에 사회 서비스 / 일자리 제공
- 지역사회에 공헌
→ 사회적 목적 추구 + 영업활동 하는 기업
사회적 기업으로 인증을 받은 자를 말함

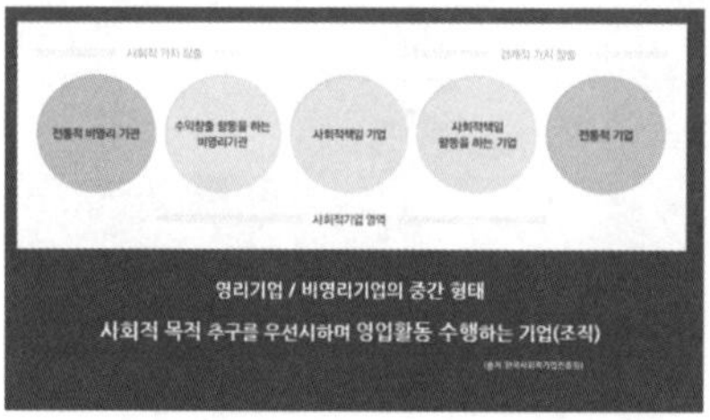
전통적 비영리 기관
수익창출 활동을 하는 비영리기관
사회적책임 기업
사회적책임 활동을 하는 기업
전통적 기업
사회적기업 영역
영리기업 / 비영리기업의 중간 형태
사회적 목적 추구를 우선시하며 영업활동 수행하는 기업(조직)

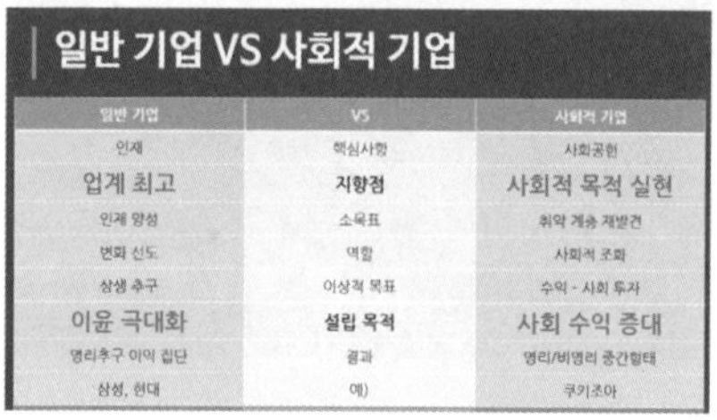
일반 기업 VS 사회적 기업
일반 기업 | VS | 사회적 기업
인재 | 핵심사항 | 사회공헌
업계 최고 | 지향점 | 사회적 목적 실현
인재 양성 | 소목표 | 취약 계층 재발견
변화 선도 | 역할 | 사회적 조화
상생 추구 | 이상적 목표 | 수익 - 사회 투자
이윤 극대화 | 설립 목적 | 사회 수익 증대
영리추구 이익 집단 | 결과 | 영리/비영리 중간형태
삼성, 현대 | 예) | 쿠키조아

사회적 기업 - 지원방식
경영
재정
사회보험료
금융
세제

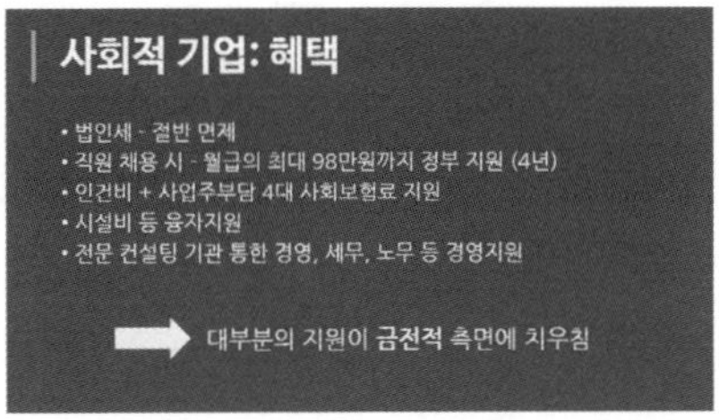
사회적 기업: 혜택
• 법인세 - 절반 면제
• 직원 채용 시 - 월급의 최대 98만원까지 정부 지원 (4년)
• 인건비 + 사업주부담 4대 사회보험료 지원
• 시설비 등 융자지원
• 전문 컨설팅 기관 통한 경영, 세무, 노무 등 경영지원
대부분의 지원이 금전적 측면에 치우침

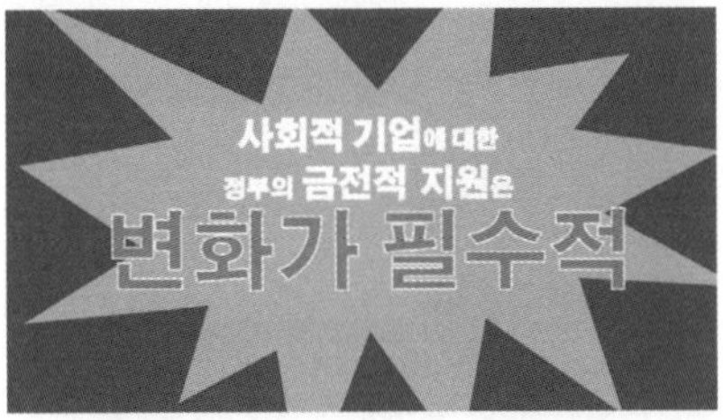
사회적 기업에 대한
정부의 금전적 지원은
변화가 필수적

02. 본론
1.문제점과 원인
2.해결방안

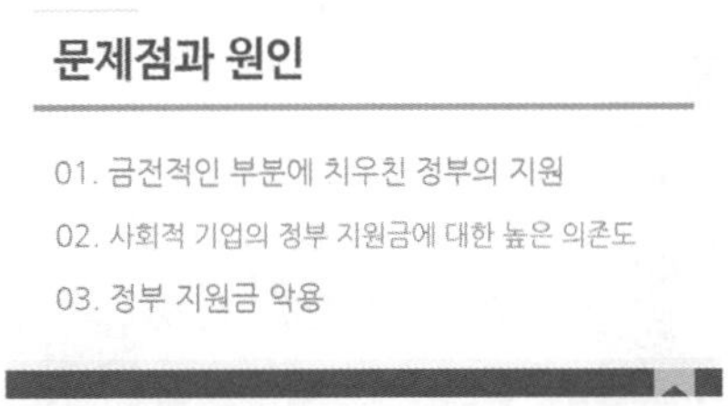
문제점과 원인
01. 금전적인 부분에 치우친 정부의 지원
02. 사회적 기업의 정부 지원금에 대한 높은 의존도
03. 정부 지원금 악용

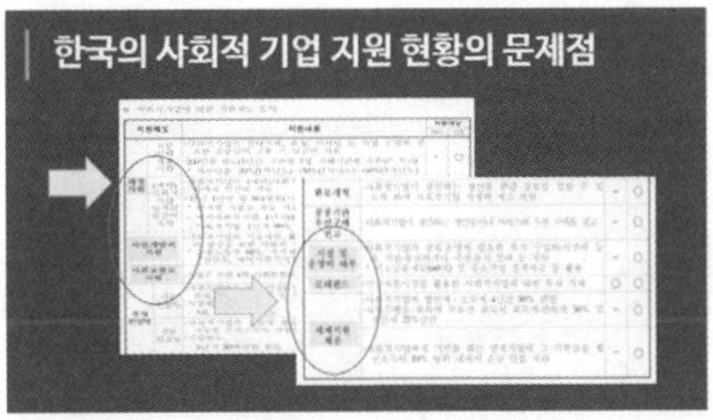
한국의 사회적 기업 지원 현황의 문제점

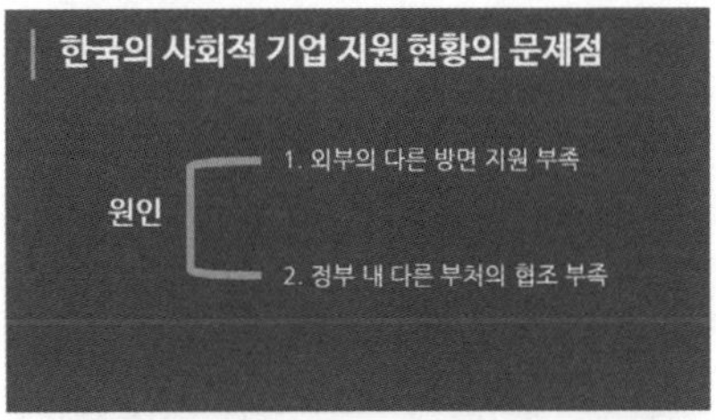
한국의 사회적 기업 지원 현황의 문제점
원인
1. 외부의 다른 방면 지원 부족
2. 정부 내 다른 부처의 협조 부족

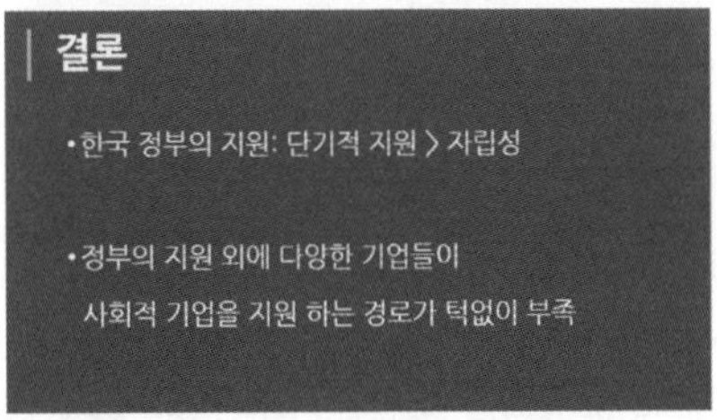
결론
•한국 정부의 지원: 단기적 지원 > 자립성
•정부의 지원 외에 다양한 기업들이
사회적 기업을 지원 하는 경로가 턱없이 부족

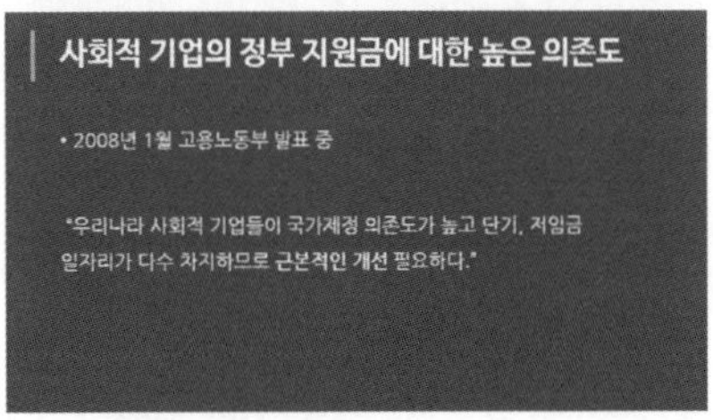
사회적 기업의 정부 지원금에 대한 높은 의존도
• 2008년 1월 고용노동부 발표 중
"우리나라 사회적 기업들이 국가재정 의존도가 높고 단기, 저임금
일자리가 다수 차지하므로 근본적인 개선 필요하다."

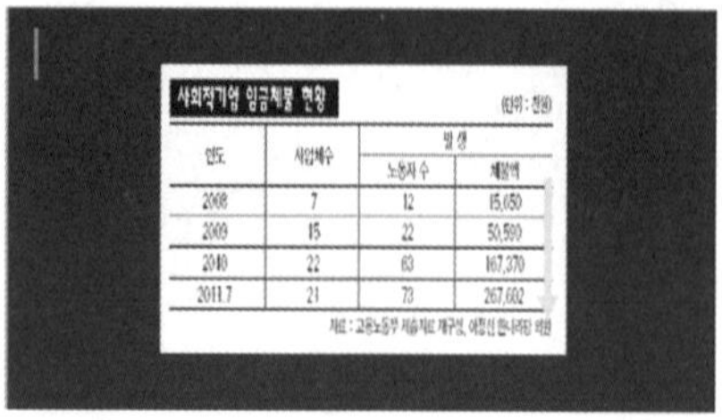

사회적기업 임금체불 현황

(단위 : 천원)

연도	사업체수	발생	
		노동자 수	체불액
2008	7	12	15,050
2009	15	22	50,590
2010	22	63	167,370
2011.7	21	73	267,602

자료 : 고용노동부 제출자료 재구성, 이정선 한나라당 의원

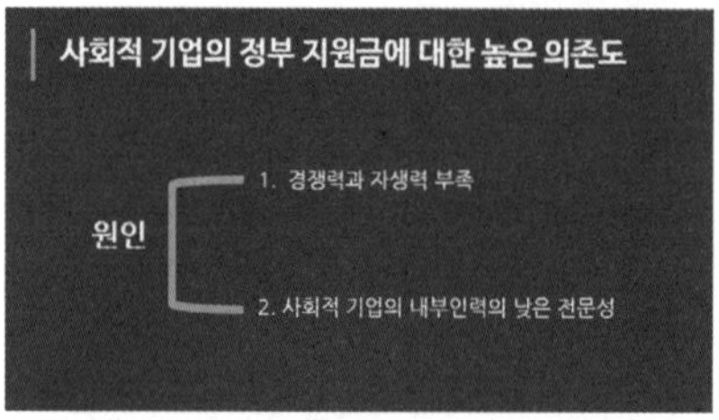

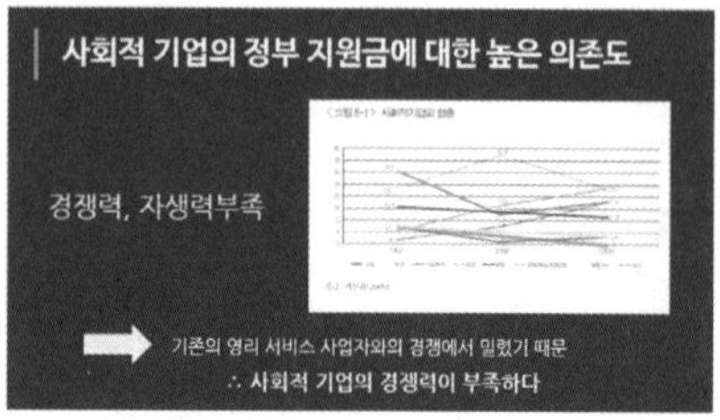

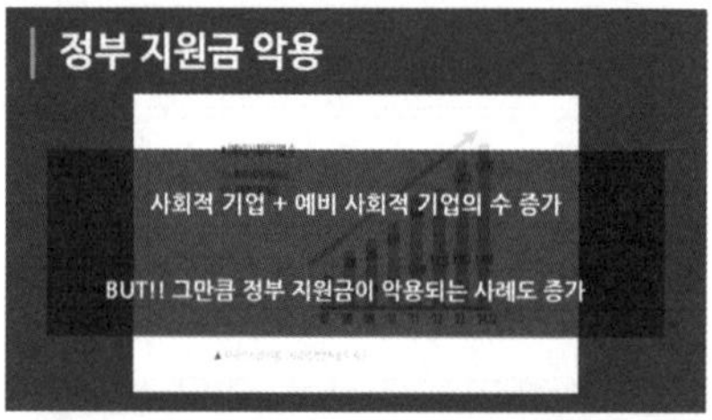

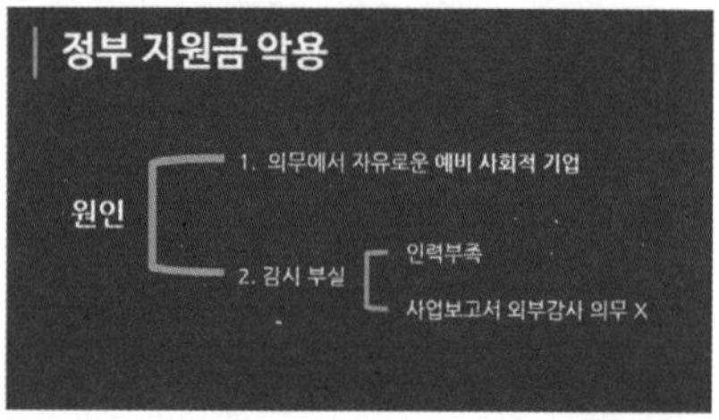

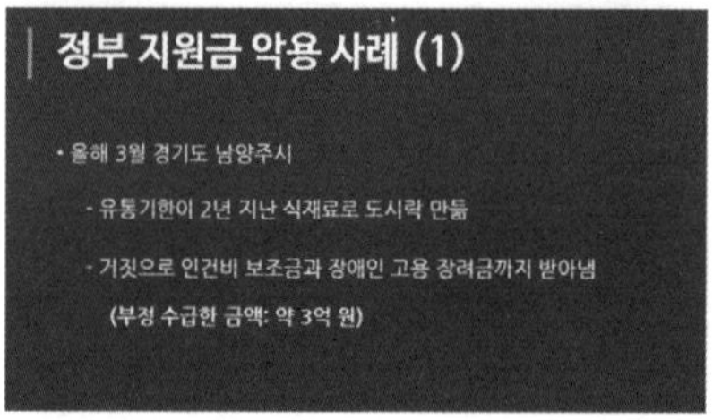

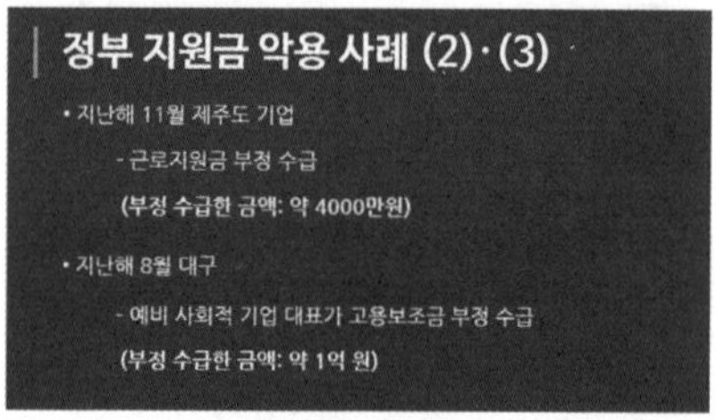

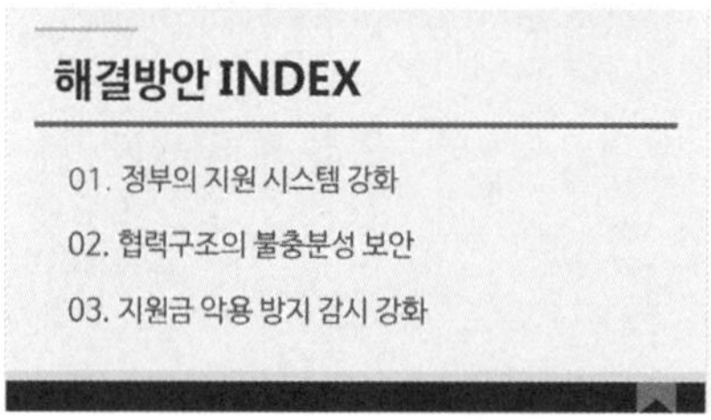

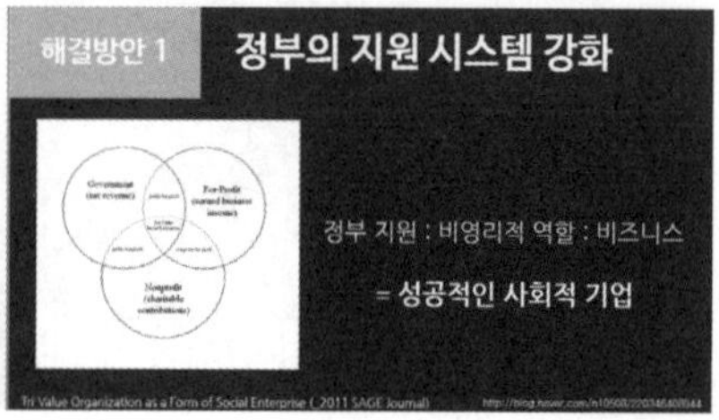

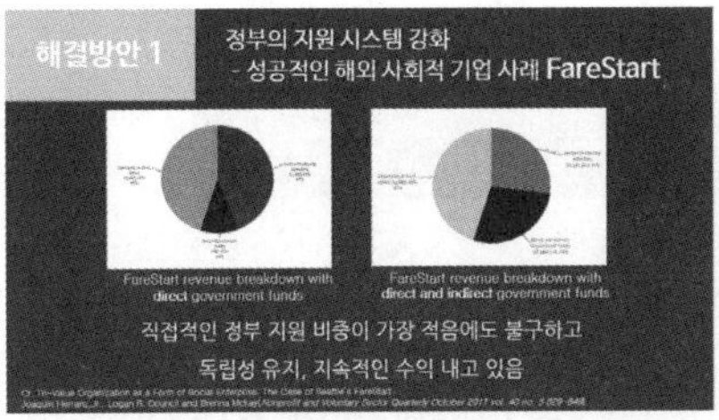
해결방안 1
정부의 지원 시스템 강화
- 성공적인 해외 사회적 기업 사례 FareStart
FareStart revenue breakdown with direct government funds
FareStart revenue breakdown with direct and indirect government funds
직접적인 정부 지원 비중이 가장 적음에도 불구하고
독립성 유지, 지속적인 수익 내고 있음

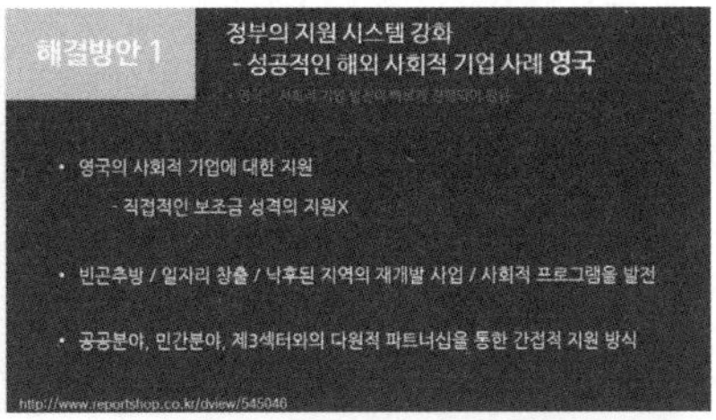
해결방안 1
정부의 지원 시스템 강화
- 성공적인 해외 사회적 기업 사례 영국
• 영국의 사회적 기업에 대한 지원
- 직접적인 보조금 성격의 지원X
• 빈곤추방 / 일자리 창출 / 낙후된 지역의 재개발 사업 / 사회적 프로그램을 발전
• 공공분야, 민간분야, 제3섹터와의 다원적 파트너십을 통한 간접적 지원 방식
http://www.reportshop.co.kr/dview/545046

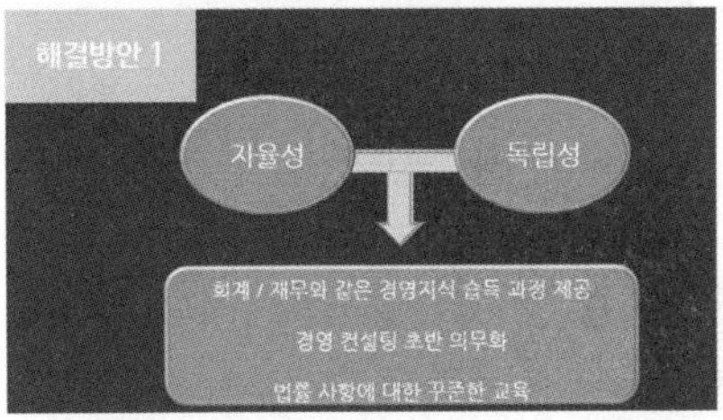
해결방안 1
자율성
독립성
회계 / 재무와 같은 경영지식 습득 과정 제공
경영 컨설팅 초반 의무화
법률 사항에 대한 꾸준한 교육

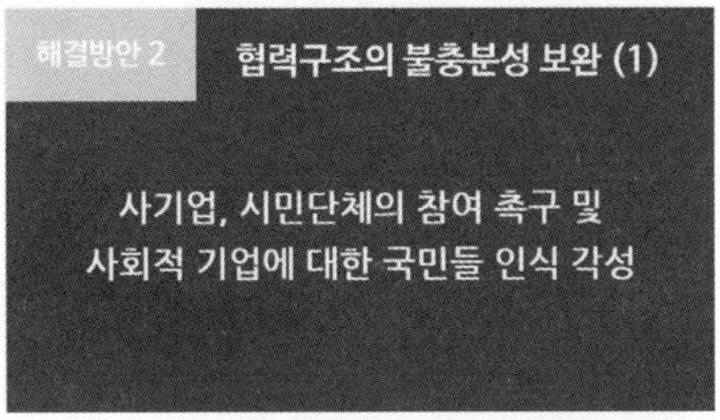
해결방안 2
협력구조의 불충분성 보완 (1)
사기업, 시민단체의 참여 촉구 및
사회적 기업에 대한 국민들 인식 각성

KBS1

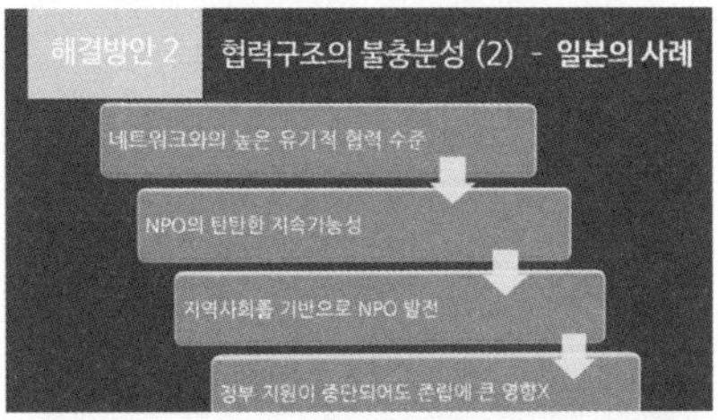
해결방안 2
협력구조의 불충분성 (2) - 일본의 사례
네트워크와의 높은 유기적 협력 수준
NPO의 탄탄한 지속가능성
지역사회를 기반으로 NPO 발전
정부 지원이 중단되어도 존립에 큰 영향X

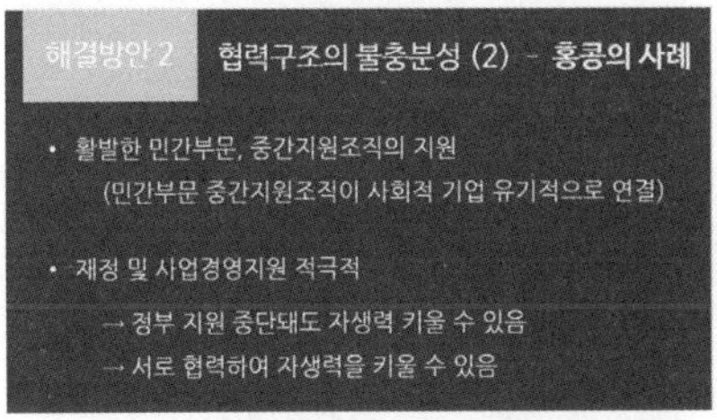
해결방안 2
협력구조의 불충분성 (2) - 홍콩의 사례
• 활발한 민간부문, 중간지원조직의 지원
(민간부문 중간지원조직이 사회적 기업 유기적으로 연결)
• 재정 및 사업경영지원 적극적
→ 정부 지원 중단돼도 자생력 키울 수 있음
→ 서로 협력하여 자생력을 키울 수 있음

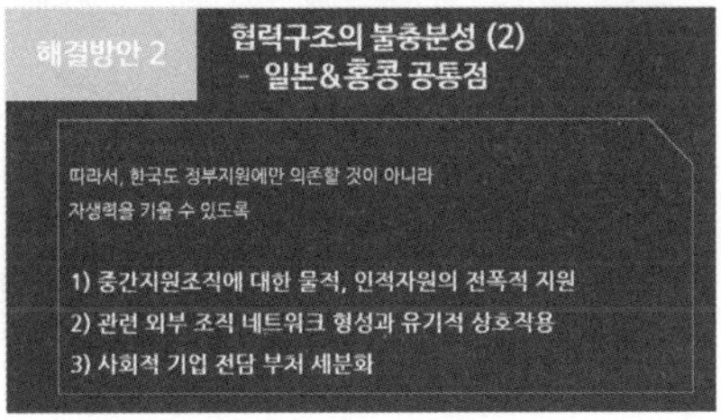
해결방안 2
협력구조의 불충분성 (2)
- 일본&홍콩 공통점
따라서, 한국도 정부지원에만 의존할 것이 아니라
자생력을 키울 수 있도록
1) 중간지원조직에 대한 물적, 인적자원의 전폭적 지원
2) 관련 외부 조직 네트워크 형성과 유기적 상호작용
3) 사회적 기업 전담 부처 세분화

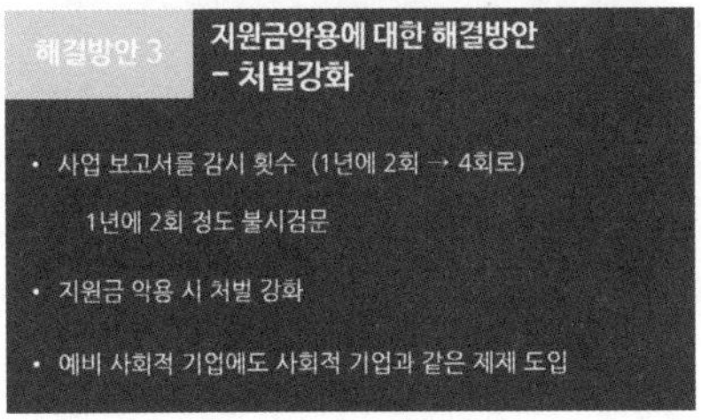
해결방안 3
지원금악용에 대한 해결방안
- 처벌강화
• 사업 보고서를 감시 횟수 (1년에 2회 → 4회로)
1년에 2회 정도 불시검문
• 지원금 악용 시 처벌 강화
• 예비 사회적 기업에도 사회적 기업과 같은 제재 도입

03. 결론

NAVER
사회적기업
윈도우 태블릿PC가 무료!

NAVER
사회적기업
당신은 6,619,975번째
행복검색 참여자입니다

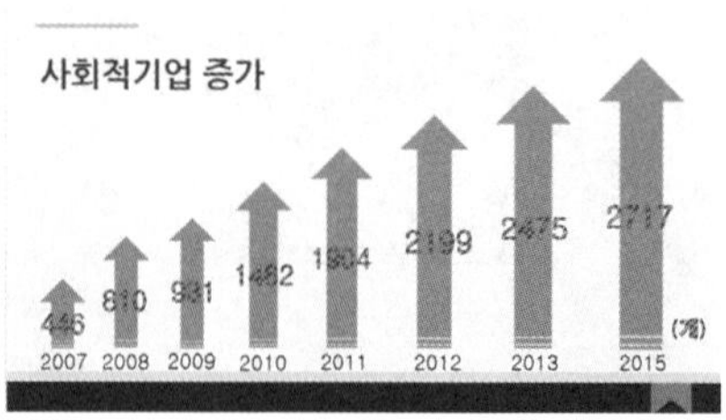
사회적기업 증가
446
810
931
1462
1904
2199
2475
2717
(개)
2007
2008
2009
2010
2011
2012
2013
2015

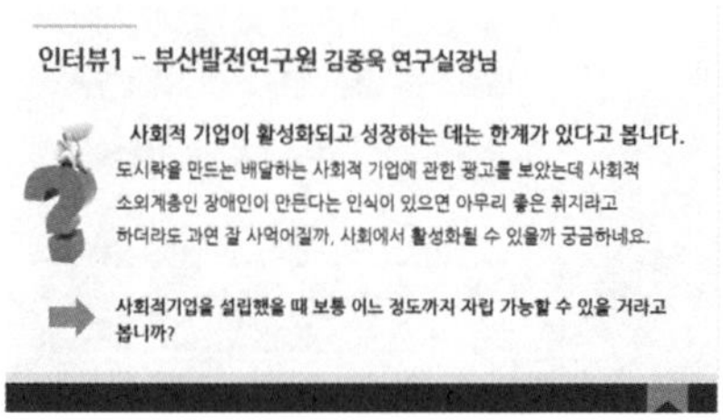
인터뷰1 - 부산발전연구원 김종욱 연구실장님
사회적 기업이 활성화되고 성장하는 데는 한계가 있다고 봅니다.
도시락을 만드는 배달하는 사회적 기업에 관한 광고를 보았는데 사회적
소외계층인 장애인이 만든다는 인식이 있으면 아무리 좋은 취지라고
하더라도 과연 잘 사먹어질까, 사회에서 활성화될 수 있을까 궁금하네요.
사회적기업을 설립했을 때 보통 어느 정도까지 자립 가능할 수 있을 거라고
봅니까?

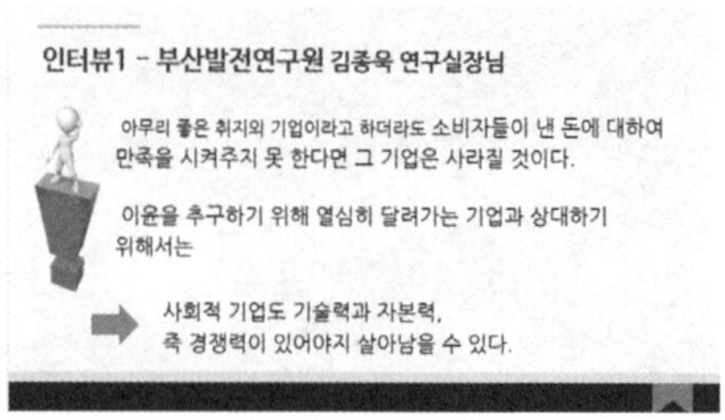
인터뷰1 - 부산발전연구원 김종욱 연구실장님
아무리 좋은 취지의 기업이라고 하더라도 소비자들이 낸 돈에 대하여
만족을 시켜주지 못 한다면 그 기업은 사라질 것이다.
이윤을 추구하기 위해 열심히 달려가는 기업과 상대하기
위해서는
사회적 기업도 기술력과 자본력,
즉 경쟁력이 있어야지 살아남을 수 있다.

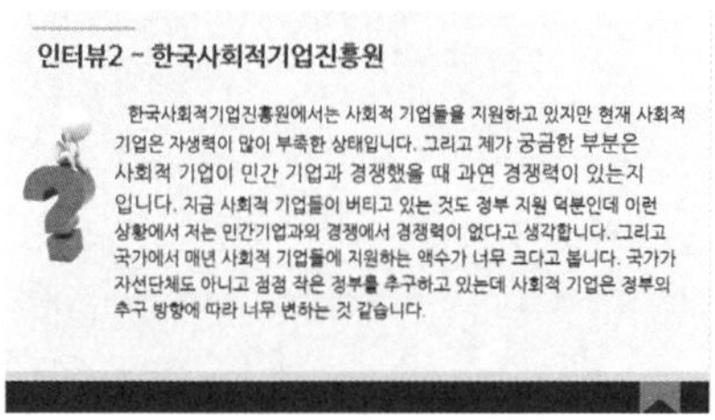
인터뷰2 - 한국사회적기업진흥원
한국사회적기업진흥원에서는 사회적 기업들을 지원하고 있지만 현재 사회적
기업은 자생력이 많이 부족한 상태입니다. 그리고 제가 궁금한 부분은
사회적 기업이 민간 기업과 경쟁했을 때 과연 경쟁력이 있는지
입니다. 지금 사회적 기업들이 버티고 있는 것도 정부 지원 덕분인데 이런
상황에서 저는 민간기업과의 경쟁에서 경쟁력이 없다고 생각합니다. 그리고
국가에서 매년 사회적 기업들에 지원하는 액수가 너무 크다고 봅니다. 국가가
자선단체도 아니고 점점 작은 정부를 추구하고 있는데 사회적 기업은 정부의
추구 방향에 따라 너무 변하는 것 같습니다.

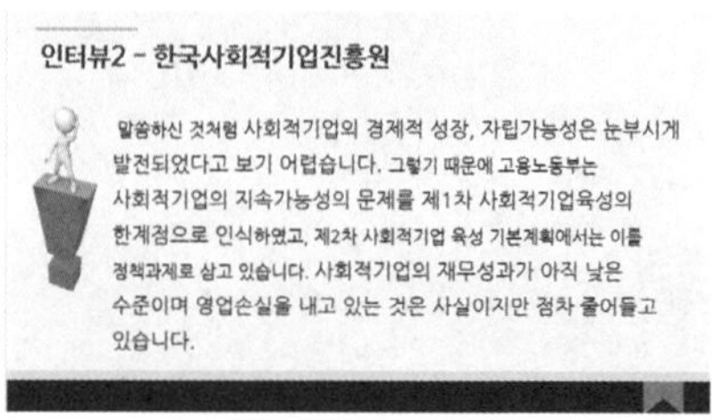
인터뷰2 - 한국사회적기업진흥원
말씀하신 것처럼 사회적기업의 경제적 성장, 자립가능성은 눈부시게
발전되었다고 보기 어렵습니다. 그렇기 때문에 고용노동부는
사회적기업의 지속가능성의 문제를 제1차 사회적기업육성의
한계점으로 인식하였고, 제2차 사회적기업 육성 기본계획에서는 이를
정책과제로 삼고 있습니다. 사회적기업의 재무성과가 아직 낮은
수준이며 영업손실을 내고 있는 것은 사실이지만 점차 줄어들고
있습니다.

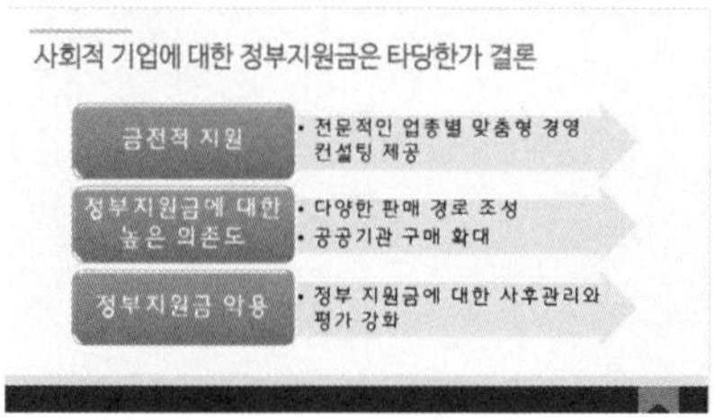
사회적 기업에 대한 정부지원금은 타당한가 결론
금전적 지원
• 전문적인 업종별 맞춤형 경영 컨설팅 제공
정부지원금에 대한 높은 의존도
• 다양한 판매 경로 조성
• 공공기관 구매 확대
정부지원금 악용
• 정부 지원금에 대한 사후관리와 평가 강화

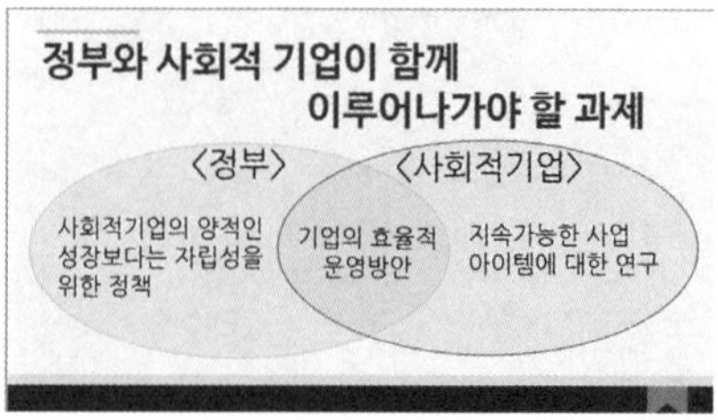
정부와 사회적 기업이 함께
이루어나가야 할 과제
<정부>
<사회적기업>
사회적기업의 양적인 성장보다는 자립성을 위한 정책
기업의 효율적 운영방안
지속가능한 사업 아이템에 대한 연구

– 수업 중 발표 '사회적 기업에 대한 정부 지원은 타당한가' 자료 전문

이 발표는 크게 3단 구성을 취하고 있다. 서론에서는 사회적 기업의 정의와 유래 및 운영 현황을 점검하고 발표조의 문제의식을 제기했다. 이어 본론에서는 정부의 사회적 기업 지원이 현재 어떻게 악용되는지와 함께 기업의 자생력을 악화시키고 있는지에 대해 지적했다. 발표조는 본론에서 문제점을 지적하는 데 그치지 않고, 구체적인 해외 사례 조사를 통해 정부가 사기업 및 지자체와 연계하여 사회적 기업의 자생력을 키울 수 있는 방향 및 기업의 지원금 악용을 차단하는 방안 등을 제시했다. 결론에서는 사회적 기업의 정의를 재확인하고 앞으로 사회적 기업이 나아가야 할 방향을 강조했다.

발표 자료는 전체 내용을 모두 담는 대신 개요형으로 작성해 청중의 가독성을 높이고 발표에 대한 집중을 유도했다. 또한 발표 도중 각 항목의 세부 목차를 제시하여 청중이 발표의 흐름을 파악할 수 있도록 했다. 본론에서는 사회적 기업 운영의 문제점과 해결방안을 함께 제시함으로써 문제를 지적하는 수준을 넘어 나름의 대안을 제안하고자 했다. 이어 결론에서는 사회적 기업의 의미를 강조하고, 전문가와의 전화 인터뷰를 통해 청중에게 전하고자 하는 메시지를 재확인했다.

전반적으로 문제의식이 분명하며 삼단구성의 요건을 잘 지킨 발표지만, 이 발표 자료에도 몇 가지 문제점을 발견할 수 있다. 먼저 결론에서 설명하는 사회적 기업의 정의와 증가 추세는 흐름상 서론에서 논의의 필요성을 강조할 때 언급하는 게 적절하다. 또한 서론에 앞서 전체 목차를 제시하지 않았는데, 발표에 임할 때는 발표 제목을 언급한 다음 목차를 소개하며 발표 진행 순서를 설명해야 청중의 이해를 도울 수 있다. 그 외 해결방안으로 제시한 항목 중 소제목 '정부의 지원 시스템 강화'는 자칫 오해의 소지가 있기 때문에 '기업 지원 방식의 근본적 변화'로 변경하는 게 좋겠다.

이상 살펴본 것처럼 발표 자료는 글의 흐름과 각 항목의 층위를 고려해 개요형, 어구형, 강조형으로 서술해야 청중의 시선을 끌 수 있다. 효과적인 발표자료 작성을 통해 청중과의 소통에 문제가 빚어지는 일이 발생하지 않도록 하자.

이와 같이 발표 자료는 청중의 이해를 도와 발표가 원활히 진행될 수 있도록 돕는 역할을 한다. 여기서 주의해야 할 것이 있다. 발표 자료는 말을 효과적으로 전달하는 보조자료에 불과하다. 화려하고 방대한 시각자료에 파묻힐 경우 정작 발표자가 전하고자 했던 메시지를 전달하는 데 차질을 빚을 수 있다는 점을 염두에 두어야 한다. 시각자료는 간결하고 일관성 있게, 말하기를 위한 보조 기능을 목적으로 제작한다.

다섯 번째 단계, 발표 연습하기

훌륭한 발표자는 발표 연습에 많은 시간을 투자한다. 발표 대본을 충분히 숙지하고, 수차례의 예행연습을 통해 발표 시간이 얼마나 걸리는지 점검하도록 한다. 특히 시간 배분이 중요하다. 주어진 시간이 30분이라면 서론 5분, 본론 20분, 결론 5분 정도가 적당하다. 시간 배분에 실패해서 너무 빨리 끝날 경우에 대비해 남는 시간을 충당할 유머나 청중에게 던질 질문거리를 준비하고, 너무 늦게 끝날 경우에는 결론을 축소하고 발표자의 주장을 한 번 더 강조하도록 한다.

질의와 응답에도 미리 대비해야 한다. 발표 요지에 토론, 토의거리를 미리 제시할 수 있지만 청중은 늘 예기치 못한 질문을 하게 마련이다. 조별 발표의 경우 동료들과 함께 예상 가능한 질문들을 생각해 보고 이에 대한 답을 마련해 보자.

사전 연습을 할 때는 다음과 같은 점을 반드시 고려하자.

1. 발표 장소에서 연습한다.
2. 기자재의 문제를 미리 확인한다. 특히 영상, 소리 재생 여부는 철저하게 점검하도록 한다.
3. 발표 시간을 정확히 측정하고, 예상보다 빨리 끝나거나 늦게 끝날 경우에 대비한다. 빨리 끝날 때는 발표의 내용을 다시 한 번 요약하며 청중의 반응을 유도하는 방안을, 늦게 끝날 때는 청중에게 양해를 구하고 질의와 응답을 효율적으로 통제하는 방안을 마련한다.
4. 조발표의 경우 조원들이 즉흥적으로 질문을 던지고, 이에 대해 발표자가 대답할 수 있도록 준비한다.
5. 2~3회 이상의 사전 연습을 거쳐 문제를 지속적으로 수정할 수 있도록 한다.

이 사항까지 점검했다면 이제 실전 발표에 돌입하게 된다. 이 중 놓친 게 있다면 다시 한 번 검토해서 실수를 줄일 수 있도록 하자. 발표자는 가급적 미리 발표 현장에 도착해 상황을 완벽하게 통제할 필요가 있다. 발표자는 사전 연습을 충분히 하지 못했을 때 당황하게 된다. 준비해 온 동영상이 제대로 작동하지 않는다든가, 파워포인트 호환이 되지 않아 글꼴이 깨진다든가, 마이크가 제대로 작동하지 않을 때 발표자는 당황하고, 그 당혹감은 청중 앞에서 여지없이 드러난다. 연습을 확실히 해서 발표 현장에서 발생할 수 있는 실수를 최소화하자.

연습 문제 1 **다음은 실제 글쓰기 수업에서 다루었던 발표의 주제이다. 조원들과 함께 각각의 주제가 시의성, 구체성 면에서 적절한지 혹은 적절하지 않은지 판단하고, 그 이유에 대해 말해 보자.**

1조 발표 주제 : 대형마트 의무 휴업제에 대한 논란

2조 발표 주제 : 장애인 성 자원봉사의 필요성

3조 발표 주제 : '쿡방'(cook+방송) 전성시대

4조 발표 주제 : 드라마에서의 무분별한 PPL(Product Placement)의 문제

5조 발표 주제 : 학교 폭력 가해자의 생활기록부 기재

1조 발표 주제에 대한 발표조의 의견

⇨

2조 발표 주제에 대한 발표조의 의견

⇨

3조 발표 주제에 대한 발표조의 의견

⇨

4조 발표 주제에 대한 발표조의 의견

⇨

5조 발표 주제에 대한 발표조의 의견

⇨

연습 문제 2 다음은 교내 경력개발센터의 이용 현황을 지적하고 저학년 학생의 활발한 참여 방법을 모색하는 발표의 요약문이다. 논리성과 구체성을 고려하여 어떤 부분을 수정할 수 있을지 조원들과 토의한 다음, 직접 수정해 보자.

경력개발센터, 이용하고 계시나요?

— 저학년들의 경력개발센터 이용실태 및 이용 활성화 방안 —

Ⅰ. 서론

1. 경력개발센터 소개

가. 경력개발센터 개요

나. 경력개발센터와 함께 취업을 준비하는 3, 4학년

다. 전공 결정, 진로 계획을 세우는 1, 2학년

라. 저학년들의 경력개발센터 이용 현황

2. 주제 선정 이유 및 발표의 필요성

가. 진로 결정의 중요성

나. 저학년들의 경력개발센터 이용률 저조

Ⅱ. 저학년 경력개발센터 참여율이 낮은 원인

1. 프로그램 및 교과목의 부족

가. 프로그램 측면

나. 교과목 측면

2. 홍보 부족

가. 낮은 접근성

나. 설명의 부족

Ⅲ. 저학년 경력개발센터 이용 활성화 방안

1. 프로그램 측면

가. 양적 측면

나. 질적 측면

2. 홍보 측면

가. 온라인 홍보

나. 오프라인 홍보

다. 프로그램 설명의 구체화

Ⅳ. 결론 및 제언

수정할 점 1.

수정할 점 2.

수정할 점 3.

2.
오감으로 소통하라

발표 현장에서 고려해야 할 것

발표 준비 단계에서 청중과의 공통분모를 파악해 주제를 선정하고 발표 자료를 준비했다면, 실제 발표 단계에서는 이 주제를 효과적으로 전달하는 것에 집중해야 한다. 발표장은 한 편의 연극 무대와 흡사하며, 발표자는 그날의 대본을 전달하는 배우가 된다. 발표자가 느끼는 감정은 그대로 청중에게 전이되며, 청중은 발표자의 세세한 몸짓까지 관찰하게 된다. 발표자가 이야기의 해설자가 돼서는 성공적인 발표를 이끌어 낼 수 없다. 발표자와 청중 사이의 보이지 않는 벽을 없애고 이들을 발표에 끌어들여야 한다. 청중 또한 이 발표를 구성해 나가는 주체임을 지속적으로 상기시키고, 발표의 시나리오를 따라가면서 청중의 오감을 자극해 보자.

함께 이야기해 봅시다

- 일상 속에서 타인과 대화를 할 때 시선 처리를 어떻게 하는가? 타인과 눈을 마주치기를 두려워하는 이유는 무엇인지 이야기해 보자.
- 지금까지 만난 가장 인상적인 발표자가 누구인지 떠올려 보고, 왜 그 사람을 떠올렸는지에 대해 이야기해 보자.
- 수업 시간에 말하기를 주저하거나 기피해본 경험이 있다면, 그 경험에 대해 이야기해 보고 왜 그랬는지에 대해 자유롭게 말해 보자.
- 수업 시간에 발표를 자청한 적이 있는가? 그 결과는 성공적이었는가 아니면 부끄러웠는가?

많은 학생들이 친구들과의 잡담은 주도하는 편이지만 청중 앞에 서는 것은 부담스러워 할 때가 많다. 여러 사람 앞에 서면 얼굴이 붉어지기 시작하고 입술이 덜덜 떨린다. 늘 보던 친구들 앞이라 해도 부끄러운 것은 마찬가지다. 조별 발표라면 가능한 한 적극적인 사람에게 발표 역할을 미루고 싶고, 연습을 철저히 한다고 해도 막상 여러 사람 앞에서 말하는 것은 자신이 없다. 잡일이 많더라도 자료 준비나 발표문을 만드는 일을 하겠다고 나선다. 하지만 언제까지 청중 앞에서 말하는 일을 미룰 수 있을까. 수업 중 발표가 조발표로만 이루어지는 것도 아니고, 이후 입사시험을 치르게 된다면 프레젠테이션은 필수적이다. 그렇다면 수업 중 발표를 프레젠테이션 기회로 생각해 보자. 발표 도중 재차 상기해야 할 사항은 다음과 같다.

발표의 목적을 상기하라

앞서 우리는 구체적 절차를 통해 발표의 주제를 정했다. 그렇다면 발표 중에도 그 주제를 왜 정했는가를 상기해야 할 필요가 있다. 이 발표의 목적은 무엇인가. 정보의 객관적 전달인가 아니면 청중을 설득하기 위함인가. 청중과의 대화를 통해 생산적 결론을 끌어내기 위함인가 아니면 특정한 감정적 반응을 이끌어내기 위함인가. 이 질문에 즉각적으로 답을 할 수 있어야 청중도 설득시킬 수 있다.

발표의 성공 여부는 청중으로부터 공감을 끌어내는 것에 있다. 발표자의 주장에 동의하든 안 하든, 청중이 발표자의 문제의식에 공감할 수 있다면 그 발표는 성공한 발표이다. 청중의 공감을 끌어내기 위해서는 수시로 청중의 반응을 점검해야 한다. 청중을 웃기려고 했으나 반응이 없다고 해서, 청중에게 질문을 던졌으나 별 반응이 없다고 해서 당황하지 말자. 청중의 반응이 중요하다고 해도 그 반응에 일희일비할 필요는 없다. 발표자가 어색해하거나 당황해하면 청중이 가장 먼저 알아차린다. 물론 청중으로부터 원하는 반응을 계속 얻어내면서 발표를 능수능란하게 끌어간다면 가장 이상적인 발표가 되겠지만, 우리는 전문 강연자가 아니다. 내 문제의식, 발화의 목적을 청중에게 충분히 전달하는 것만으로도 발표 목표의 절반은 성취한 것이다. 목적이 제대로 전달된 발표는 단발적인 유머로 점철되어 정작 발표의 취지가 불분명한 발표보다 훨씬 성공적이다.

그러기 위해서 발표 도중 그 목적을 청중에게 재차 각인시킬 필요가 있다. 이를 위해서는 도입부에 발표의 취지를 언급하고 결론부에 발표를 요약하는 것 외에, 발표 도중 "발표조는 이 주제를 논의하고자 합니다.", "우리는 이 자리에 이 주제를 논의하기 위해 모였습니다."처럼 발표의 목적을 재차 언급하는 게 효과적이다.

다음은 발표의 목적을 효과적으로 강조하는 발표의 예다.

또한 나눔가게 활동을 통해 대한민국의 기부문화에 일조하게 되는 계기가 될 것이라고 생각합니다. 현재 미국, 독일 등 선진국과 우리나라의 기부 통계 자료를 보면 기부가 현저히 저조한 것을 볼 수 있습니다. 특히 설문조사에서 확인한 것처럼 취업과 학점 때문에 허덕이는 대학생이 기부에 나서기란 쉽지 않은 상황입니다. 이 같은 상황에서 재능기부와 SNS 홍보를 통해 나눔가게 운영에 참여하는 것을 통해 이화여대생으로서 대한민국 기부문화에 일조할 수 있지 않을까 생각합니다.

이상의 방안을 통해 이화여대 내에서 기부의 필요성에 대한 공감대가 형성되고 실제로 나눔가게 이용 비율이 늘어난다면, 이 발표의 목적 그리고 나눔가게의 목적은 충분히 달성된 것이라고 봅니다.

이 발표는 이화여대 안 '나눔가게'를 통해 재학생 기부 독려 방안을 모색하는 것을 목적으로 한다. 이를 위해 나눔가게가 대학생 기부 활성화에 어떤 의미를 가질 수 있는지 설명하면서 발표의 목적 및 의의를 강조하고 있다.

실제 발표에 앞서 발표의 주제문을 다시 한 번 상기하자. 발표 도중에는 이 주제를 청중에게 전달하기 위해 발표를 기획했다는 것을 잊지 말자. 발표의 진행도, 청중의 질의에 대한 응답도 주제문에 근거해서 이루어져야 한다.

발표의 시나리오를 따라가라

소설이나 드라마에 줄거리가 있는 것처럼, 글쓰기와 말하기에도 줄거리가 있다. 장르를 막론하고 모든 글은 서론–본론–결론으로 이어지며, 이는 말하기 역시 마찬가지다. 다만 발표의 경우 서사적 흐름 외에 청중과 발표장의 전반적 분위기를 고려해 특정한 행동이 빚어낼 수 있는 결과까지 예측해야 한다는 점에서 더 복잡하다.

발표자는 발표를 준비하는 과정에서 예상치 못한 질문이나 발표 시간을 조절하지 못했을 경우 같은 돌발 상황에 따른 대응 방안을 마련해 두었을 것이다. 그럼에도 청중의 반응과 발표장의 상태 등 실제 현장에서 발생 가능한 여러 변수가 있기에, 준비해둔 대로 발표가 진행되는 것은 불가능하다.

매끄러운 진행을 위해서는 발표의 시나리오를 미리 준비하고, 발표 도중 그 흐름으로부터 이탈하지 않도록 주의해야 한다. 물론 정확한 시나리오대로 발표를 진행하는 것은 불가능하다. 그러나 미리 짜둔 시나리오를 감안해 돌발적인 상황이 발생하더라도 그 흐름대로 진행시키도록 한다. 청중의 반응을 감안하고 적절하게 대응하는 것은 필요하지만, 이 무대의 연출자는 발표자 자신이다. 발표자는 발표 현장을 통제해야 하고, 이를 위해서는 시나리오대로 발표가 진행되는 것이 필수적이다.

발표 시나리오를 짜기 위해서는 스토리텔링의 다섯 단계를 적용해 볼 수 있다. 상황 설명, (대상)의 문제점, 문제에 대한 해결책, 해결책을 통한 기대 효과, 발표에 대한 자체 평가로 이어지는 구성은 설명, 논증을 위한 발표 외에 면접 등에도 유용하게 쓰일 수 있다.

스토리텔링의 다섯 단계에서 유의할 점은 다음과 같다. 첫 번째 단계에서 상황 설명은 시의성을 고려하도록 한다. 상황 설명은 청중과의 공감대 형성을 위해서

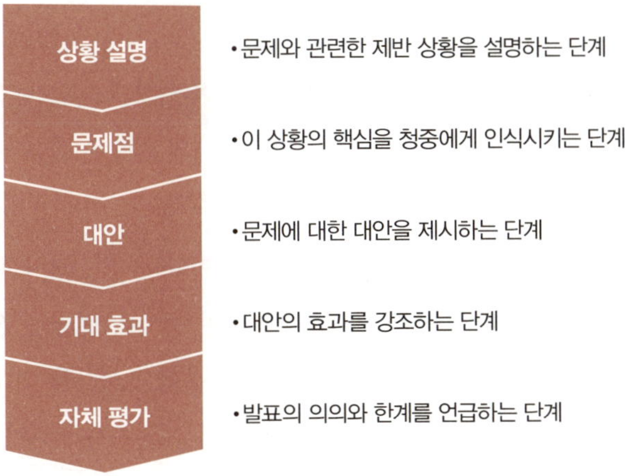

발표 스토리텔링의 다섯 단계

자신의 경험으로부터 출발해도 좋다. 두 번째 단계에서 문제점은 인상적인 동시에 객관적으로 기술해야 한다. 청중이 단시간에 그 문제점을 인식하도록 하는 것은 바람직하지만, 그렇다고 해서 문제점을 지나치게 과장해서는 안 된다. 세 번째 단계에서 대안은 실현 가능한 것이어야 하며 청중이 동참할 방안까지 제안한다면 더할 나위 없이 효과적이다. 이어 네 번째 단계에서 기대 효과는 긍정적이어야 한다. 때로 자신이 제시한 대안의 한계를 미리 고백해 버리는 경우가 있는데, 그 문제는 질의와 응답을 거쳐 생산적으로 풀어나가는 것이 바람직하다. 발표 스토리텔링의 마지막 단계는 자체 평가 단계다. 물론 기대 효과에서 멈춰도 발표를 마무리할 수 있다. 그러나 발표에 대한 자체 평가를 덧붙임으로써 향후 질의와 응답을 수월하게 이끌어나갈 수 있으며, 발표의 목적도 다시 한 번 청중에게 각인시킬 수 있다. 특히 면접 현장에서 자체 평가는 청중(면접관)에게 강렬한 인상을 남길 수 있는 기회가 될 수 있다.

시간을 확인하라

청중은 지루한 것을 참지 못한다. 스타의 팬미팅 현장이라면 청중은 그 스타가 얼마든지 길게 이야기해도 열광하겠지만, 우리가 수업시간 혹은 면접장에서 마주할 청중은 그렇게 관대하지 않다. 특히 SNS 시대의 청중은 짧은 글에 익숙하다. 집약적 글쓰기에 익숙한 이들은 발화 또한 압축적으로 이루어지기를 기대한다. 충분한 흡인력을 갖추지 못한 발표자의 발표가 예정 시간보다 길어지게 되면, 청중은 하나 둘씩 스마트폰을 꺼내들기 시작할 것이다. 청중은 참을성이 없다. 발표자는 청중의 듣는 태도를 비판하기 전에 주어진 시간을 최대한 활용해야 한다. 그러기 위해서는 발표 전에 충분한 예행연습을 거쳐야 하며, 발표 중에는 시간을 확인하며 분량을 조율할 필요가 있다.

주어진 시간을 지키려면 발표 단계별로 시간을 배분해야 한다. 예를 들어 발표자에게 배정된 시간이 총 1시간이라면, 도입 10분, 본론 20분, 마무리 5분, 질의와 응답 25분 등 각 단계별로 시간을 할당해야 한다. 초반부 발표가 늘어지면 정작 발표의 핵심이 되어야 할 본론을 압축해야 하고, 충분한 질의와 응답 시간을 갖지 못하게 되는 경우가 빈번하다. 발표자는 주어진 시간을 최소 3단계(도입–본론–마무리) 이상으로 구분하고, 각 단계별로 미리 정한 시간을 가급적 초과하지 않도록 조절해야 한다.

때로 청중 앞에서 휴대폰을 꺼내 보면서 시간이 많이 흘렀음을 인지하고 뒤늦게 발표를 서두르는 발표자를 볼 수 있다. 청중이 애초부터 발표자에게 호의를 갖고 있는 경우라면 문제가 되지 않지만, 발표자에 대해 중립적인 자세를 취할 경우 이 같은 태도는 발표의 신뢰성 자체를 저해할 수 있다. 발표자의 말이 너무 빠른 경우도 청중의 이해도를 고려하지 않는다는 점에서 문제가 될 수 있다. 예정보다 발표가 빨리 진행된 경우 진행을 잠시 멈춘 다음 청중의 반응을 확인하고, 발표 중 수시로 질문을 유도하면서 단계별로 할당한 시간에 맞춰 발표를 이끌어 가도록 한다.

보다 정확하게 시간을 인지해야 한다면 도입, 본론, 마무리 단계의 시간을 확인하는 것 외에 발표 자료의 세분화된 영역, 예를 들면 파워포인트 각 슬라이드를 설명하는 데 걸리는 시간을 확인할 수 있다. 다음은 슬라이드별로 대본을 준비한 경우로, 청중 앞에서 처음 발표를 하는 1학년 학생이라면 이처럼 세밀하게 단계별로 소요되는 시간을 확인해 볼 수 있다.

16

나눔가게의 홍보를 위한 적합한 해결방안은 sns매체를 활용하는 것입니다. 나눔가게는 트위터 계정이 있습니다. 하지만, 보시는 바와 같이, 마지막으로 업로드된 날짜는 2013년 12월 16일입니다. 또한, 현 대학생들은 트위터보다 페이스북을 더 자주 이용하기 때문에, 오히려 트위터보다는 페이스북 페이지를 만드는 것이 더 효과적일 수 있습니다.

17

대구대학교 나눔가게 페이스북 페이지입니다. 보시는 바와 같이, 대구대학교는 매주 한번 기부된 물품들을 사진으로 올리고, 옷의 코디를 알리는 등, 학생들의 구매 욕구를 자극하는 다양한 방법들을 사용하고 있습니다. 이처럼 이화여대 나눔가게도 페이스북 페이지를 개설하여 만든다면, 학생들의 나눔가게 참여율을 효율적으로 높일 수 있을 것입니다.

18

다음으로 기부 독려 차원에서의 해결 방안에 대해 말씀드리겠습니다. 기부 독려를 위한 해결 방안으로 저희는 수익금 쓰임 안내, 스템프 제도와 라벨링, 그리고 기부자 리스트 홍보 등을 생각해 보았습니다.

발표조는 발표 대본을 파워포인트 슬라이드 진행에 맞춰 구성했고, 각 슬라이드마다 걸리는 시간을 측정하여 전체 발표에 소요되는 시간을 예측했다. 이처럼 발표 대본을 세분화하여 구성할 경우 발표자가 정확한 시간을 지키는 것도 수월하며, 발표장에서는 애초 의도대로 발표를 진행할 수 있다. 이상의 방안은 발표에 익숙지 않은 이들이 발표를 통제하기 위해 사용하도록 한다.

그 외에 발표 대본에 시간과 관련한 주의사항을 미리 표시해 두는 방법이 있다. 발표에 익숙지 않은 신입생의 경우 예행연습 중 말이 지나치게 빨라지거나 연습 도중 빠뜨렸던 부분을 대본에 기록함으로써 현장에서 실수가 반복되는 것을 피할 수 있다.

이야기하듯이 발표하라

발표 준비를 체계적으로 하라는 지침과 발표를 대화같이 자연스럽게 이끌어가라는 것은 모순된 제안처럼 들릴 수 있다. 그러나 발표를 대화하듯이 자연스럽게 진행시켜 가기 위해서 발표 준비는 체계적으로 이루어져야 한다. 발표 중 발표자와 청중의 자연스러운 눈맞춤(eye contact)은 필수적이다. 발표 대본을 열심히 준비하는 것은 좋지만, 발표자가 청중을 보지 않고 대본만 읽을 경우 발표에 몰입하기 어려워진다. 애초 기획된 시나리오대로 진행하되, 청중의 반응을 고려해 이야기하듯이 발표를 진행해 나가야 한다.

이를 위해 청중의 주목을 끄는 것은 필수적이다. 유명한 사람의 말을 인용하거나 최근 이슈가 된 사건 혹은 자기 경험을 이야기하면서 시작하는 것은 글쓰기의 도입부와 마찬가지로 발표의 효과적인 시작이 될 수 있다. 문제와 관련된 동영상을 보여주며 시작하는 것도 청중의 시선을 끄는 효과적인 방식이다. 특히 주제와 직접적인 관련이 있는 동영상을 보여준 다음 청중에게 감상을 물어보면서 발표를 시작한다면 몰입도를 높일 수 있을 것이다. 염두에 둘 점은 도입부에 시각 자료를 제시하려면 발표의 주제와 직접적으로 연관되는 자료를 준비해야 한다는 점이다.

다음의 발표는 2011년 개정된 입양특례법의 한계를 지적하기 위해 EBS 〈지식채널e〉에서 방송한 '현수 이야기'(2014년 5월 27일 방영분)를 청중에게 보여주면서 이야기를 시작한다. 다음은 발표의 개요이며, 시각 자료는 발표 목차 제시 전에 삽입됐다. 목차를 보면 알 수 있듯이, 발표조는 개정된 입양 특례법이 국내외 입양률을 낮추고 영아 유기가 늘어나는 부작용을 가져오고 있음을 지적한다. 문제는 발표조가 제시한 도입부의 시각 자료 '현수 이야기'는 검증되지 않는 해외 입양의 문제성을 지적하고, 우리나라에서 미혼모가 아이를 키울 수 있는 경제적 지원을 촉구하고 있다는 점이다. 따라서 도입부의 동영상은 발표의 주제와 정면으로 배치되는 자료이다.

개정된 입양 특례법을 비판하는 발표의 시각 자료, EBS 〈지식채널 e〉 '현수 이야기'

개정된 입양 특례법을 비판하는 발표의 목차

목차

Ⅰ. 서론
  1. 주제 선정 배경
  2. 문제제기 및 개정 필요성

Ⅱ. 개정된 입양특례법
  1. 개정이유
  2. 주요 개정 사안

Ⅲ. 입양 특례법 재개정의 필요성
  1. 개정된 입양 특례법의 한계
  2. 개정된 입양특례법의 문제점

Ⅳ. 해결 방안

Ⅴ. 결론

참고문헌

토의 및 질의응답

반면 다음 발표는 강아지 번식장의 문제성을 지적하기 위해 EBS 〈하나뿐인 지구〉에서 방송한 '강아지 공장을 아시나요'(2015년 3월 13일 방영분)를 자료로 제시했다. 철창 안에서 새끼를 낳는 기계처럼 길러지는 어미개의 삶을 집약적으로 보여주는 이 자료는, 짧은 시간 동안 청중에게 강아지 번식장의 문제성을 인식시키기에 적절하다. 발표조의 경우 강아지 번식장의 문제성을 비판하고 그 개선 방안을 모색하는 것을 목적으로 하는데, 번식장의 실태를 고발하기 위해서는 백 마디 말보다 이처럼 적절한 시각 자료를 제시하는 게 훨씬 효율적일 수 있다.

강아지 번식장을 고발하는 발표의 시각 자료, EBS 〈하나뿐인 지구〉 '강아지 공장을 아시나요'

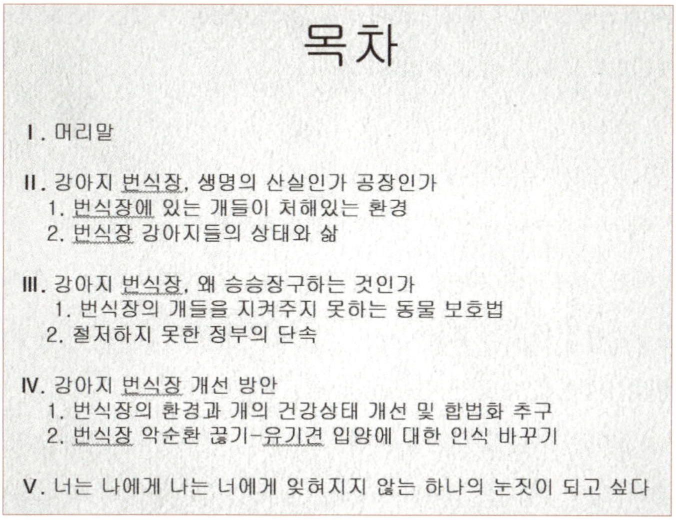

강아지 번식장을 고발하는 발표의 목차

발표 중 시각 자료를 제시하는 방법은 청중의 이목을 끄는 동시에 청중과 대화하듯이 발표를 이끌어나가는 효과적인 방안이 될 수 있다. 그러나 시각 자료는 발표의 주제와 직접적인 상관이 있어야 하며, 제시하는 동영상의 분량이 너무 길

경우 오히려 발표의 원활한 흐름을 저해할 수 있음을 명심해야 한다.

다음은 청중과 대화하듯이 발표를 이끌어가는 방식이다. 이상의 제언을 고려하여, 어떻게 이야기를 나누듯이 발표를 진행할 것인지 고민해 보자.

1. 청중에게 가벼운 인사를 건네며, 착석해 준 것에 대한 감사를 표한다.
2. 발표 도중 적절한 지점에서 말을 끊거나 행동을 멈춰 시선을 집중시킨다.
3. 청중의 반응을 고려해 발표 속도를 조절한다.
4. 시각, 청각 자료를 다양하게 활용한다.
5. 특정한 청중을 지목해 의견을 묻고, 그 답변에 대한 다른 청중의 의견을 묻는다.
6. 강연대에만 서 있는 대신 청중 앞으로 다가간다. 특히 집중하지 않는 청중에게 다가가는 것이 효과적이다.
7. 청중을 활동에 참여하게 하라. 청중이 능동적으로 활동할 수 있는 여건을 만드는 것이 성공적인 발표의 지름길이 될 수 있다.

성공적인 발표의 지름길은 화자와 청자의 상호 작용이다. 발표자는 청중을 능동적으로 만들어야 한다. 발표를 생동감 있고 활기차게 이끌어가려면 청중을 집중시켜야 하고, 청중과의 자연스러운 대화가 이어져야 한다. 그들이 지루해 하지 않도록 끊임없이 말을 걸고 활동하게 만들자. 현상만을 나열하는 대신 발표 도중이라도 청중이 질문할 수 있는 여유를 제공하자.

발표문을 그대로 읽는 것은 지루한 발표로 가는 지름길이다. 문어체 대신 구어체를 사용하고, 적당한 몸말(body language)을 사용해 청중의 주목을 끌어보자. 또한 발표 중 모호한 표현은 가급적 삼가도록 하자. 그외 청중을 분석해 집단에서 통용되는 은어를 사용하는 것은 동질감을 높일 수 있는 방법이 되지만, 과할 경우 발표의 신뢰성을 저해할 수 있음을 염두에 두도록 한다.

마지막으로 발표자는 청중의 반응을 충분히 고려해야 하는 동시에, 자신감 있는 태도를 잃어버려서는 안 된다. 청중에게 발표자의 의견에 대한 확신을 줄 수 있어야 하며, 발표 도중 흥분하거나 냉소적인 태도를 보여 거부감을 갖도록 하면 안 된다. 지나치게 흥분하면 발표자의 권위가 추락하고, 회의적인 태도를 취하면 청중은 발표를 듣는 목적 자체에 대해 의문을 갖게 된다. 자신의 입장과 해결책에 확신을 갖고 발표에 임하도록 하자.

연습 문제 1

말하기 불안 증세는 누구나 가지고 있다. 이를 극복하기 위해서는 불안한 이유를 정확히 인식하고, 이를 고치려는 자세가 필요하다. 다음은 말하기 울렁증을 극복하기 위해 흔히 사용되는 방법이다. 이 중 실제 시도해 본 것이 있는지, 그 효과는 어땠는지에 대해 이야기해 보자.

1. 긍정적인 자기 암시하기

예) "난 이 주제에 대해 충분히 준비했고 여러 차례 예행연습을 거쳤어. 그러니까 청중이 어떤 질문을 던져도 당황하지 않고 대답할 수 있어."

2. 가벼운 스트레칭하기

예) "난 발표하기 전에 크게 심호흡을 여러 차례 하고, 좌우로 고개를 돌리는 목운동을 해. 스트레칭을 하다 보면 한결 마음이 편안해지는 느낌이야."

3. 타인에게 격려받기

예) "1학년 때 처음으로 조발표를 한 적이 있는데, 그때 가위바위보에 져서 내가 발표를 하게 돼서 정말 당황했어. 그런데 발표날 아침부터 조원들이 문자로 잘 할 수 있다는 격려를 해주니 부담스럽기보다 자신감을 갖게 됐어."

4. 청중을 다르게 보기

예) "사실 강의실 앞에 서서 친구들을 보면 저 애들이 나를 평가한다는 생각에 낯설고 두렵게 느껴지잖아. 그래서 우리는 다 같은 수업을 듣고 있는 동료라고, 내가 발표를 하는 것처럼 저 애들도 질문을 할 때는 용기를 갖고 하는 것이라고 생각을 해봤어. 그리고 질문자의 떨리는 목소리를 알아차리니 우리가 사실 같은 입장이라는 동질감이 생겼어.

발표를 들을 때 염두에 두어야 할 것

대학이라는 학술 공동체 내에서 발표 수업이 원활하게 진행되기 위해서는 청자 역시 발표장에서 지켜야 할 예의가 있음을 염두에 두어야 한다. 발표는 화자와 청자의 상호 작용이다. 발표가 생산적으로 이루어지기 위해서 청중 또한 필수적으로 지켜야 할 사항이 있다.

함께 이야기해 봅시다

- **말하는 사람의 입장에서 발표시 기대되는 듣는 사람의 태도에 대해 이야기해 보자.**
- **다른 사람이 말할 때 핸드폰을 만지작거리는 이유에 대해 말해 보자.**

책임감을 갖고 듣자

스마트폰이 보편화되면서 타인의 말에 온전히 집중하기가 더 어려워졌다. 면대면 의사소통마저 스마트폰으로 인해 방해받고 있는 상황에서, 다수의 청중이 발표에 대한 책임감을 갖고 발표에 온전히 집중하는 모습을 확인하기란 쉽지 않다. 그럼에도 성공적인 의사소통을 위해서 듣는 사람도 말하는 사람 못지않게 발표에 대한 책임이 있다는 것을 잊어서는 안 된다. 발표장에서 화자와 청자는 상호 의존적이다. 듣기는 대화를 지속시키는 필수적인 기능을 한다. 발표의 성패 여부는 생산적인 피드백에 달려 있고, 그 피드백을 주도해 나가는 것이 청자라는 것을 유념하자.

다음은 성공적인 발표를 위해 청자에게 요구되는 자세다. 이 중 자신이 범한 실수가 있는지 떠올려 보고, 청중으로서의 권리와 의무에 대해 생각해 보자.

1. 강연대에 서면 청중의 모든 행동이 눈에 보인다. 피치 못해 일시적으로 자리를 비울 수 있지만, 발표자의 집중력을 저해하는 행동은 자제하도록 한다.

2. 발표자가 주문한 활동에는 적극적으로 참여하도록 한다. 다만 발표자에게 지목당했을 때 자신이 없다면, 좀 더 생각해 볼 시간을 달라거나 고민해 본 적이 없다고 솔직하게 대답하도록 한다.

3. 발표자에 대한 인신공격은 자제하고, 발표 중 이해하지 못했거나 동의하지 못하는 부분이 있으면 그 부분이 어디였는지 구체적으로 지적하라. 단순히 이해가 안 된다거나 동의하지 못한다는 말만을 되풀이하는 행동이 발표를 망치는 지름길이 될 수 있다.

청중의 듣기는 공감적 듣기와 비판적 듣기로 이루어진다. 두 듣기 양상은 발표의 목적에 따라 구분되거나 혹은 공존할 수 있다. 만약 청자가 화자와 문제의식을 공유하고 생산적인 대안을 도출하기 위함이라면 그 듣기의 목적도 공감에 입각해 있을 것이며, 청자가 화자와 대립되는 입장에 처해 있거나 혹은 프레젠테이션을 평가하는 입장에 서 있다면 듣기의 목적은 비판이 될 수 있다. 또한 화자와 같은 문제의식을 공유하는 동시에 화자의 접근 방식이나 대안의 한계를 지적하고자 한다면 청자의 듣기에는 공감과 비판이 함께하게 된다.

공감적 듣기는 상대의 심리적, 감정적 상태를 이해하는 데 목적을 두며 상담, 토의 등에 적용될 수 있다. 이와 달리 비판적 듣기는 상대방의 발화를 객관적으로 분석하는 데 목적을 두며 면접, 토론 등의 말하기와 관련된다. 무엇보다 청중이 발표를 경청해야 이후 생산적인 질의와 응답이 이어질 수 있다. 발표자가 순조로운 진행을 위해 적절한 몸말(Body language)이나 제스처를 사용하는 것처럼, 청자도 고개를 끄덕이는 등의 제스처를 취하여 발표의 원활한 흐름에 기여할 수 있다.

화자가 주관적 생각을 객관적으로 표현하는 반면, 청자는 객관적 발화를 주관적으로 이해한다. 수업 중 청중의 이해는 발표에 대한 피드백으로 이어진다. 청중은 발표에 공감할 수 없는 이유나 논리적인 문제점을 찾아서 이후 발표자가 문제점을 개선할 수 있도록 도움을 주는 역할을 할 의무가 있다. 발표자가 아무리 열심히 준비한다 해도 청중이 제대로 호응하지 않으면 발표는 소득 없이 끝날 수 있음을 명심하자.

연습 문제 1

다음은 발표를 듣는 청중이 흔히 범하는 실수이다. 이상의 문제는 비단 발표장뿐만 아니라 공연장처럼 배우와 관객의 즉각적인 커뮤니케이션이 이루어져야 할 현장에서 쉽게 찾아볼 수 있다. 그러나 이 같은 행동은 발표자뿐 아니라 동석한 청중들에게까지 피해를 줄 수 있음에 유의하자. 그간 별다른 의식 없이 이 중 몇 가지의 실수를 범했는지 확인해 보고, 성공적인 발표를 위해 청중이 지켜야 할 예의에 대해 이야기해 보자.

1. 휴대폰 만지작거리기 ☐

2. 발표 도중 휴대폰으로 촬영하기 ☐

3. 음식물 섭취하기 ☐

4. 시끄럽게 노트북 키패드(key pad) 두드리기 ☐

5. 주변 사람과 잡담하기 ☐

6. 발표 도중 흐름을 끊는 질문 반복하기 ☐

7. 소란스럽게 출입하기 ☐

8. 전화 통화하기 ☐

9. 발표자의 신상에 대한 질문 던지기 ☐

10. 끊임없이 옷매무새 가다듬기 ☐

11. 질문을 독점하기 ☐

12. 상관없는 맥락에서 큰 소리로 웃기 ☐

3. 상호 비평을 즐겨라

토론, 토의거리 발견하기

발표자가 준비해 온 이야기를 마친 다음에는 질의와 응답이 이어진다. 청중은 발표의 내용에 대해 질문하거나 발표자의 주장에 대한 자기 견해를 밝히고, 또한 설문지를 작성하는 방식으로 객관적인 피드백(feedback)을 제시한다. 이 과정에서 청중은 능동적인 참여자로 거듭날 수 있으며, 이 피드백을 바탕으로 발표자는 문제를 개선할 수 있다. 즉흥적인 질의와 응답은 발표자가 가장 두려워하는 시간이다. 물론 청중의 의견에 귀를 기울일 필요는 있지만, 방어적으로만 대처할 필요는 없다. 질의자의 견해에 동의할 수 없다면 다시 반박하는 과정을 통해 더욱 활발한 토론, 토의가 이루어질 수 있다. 부담스러워도 상호 비평을 즐겨 보자. 적극적인 대화를 통해 발표자는 객관적으로 발표의 문제를 되돌아 볼 수 있으며, 청중은 궁금증을 해소하는 것뿐만 아니라 해당 주제에 대한 지식을 쌓아 갈 수 있을 것이다.

함께 이야기해 봅시다

- 발표를 하면서 주로 지적을 들었던 사항에 대해 이야기해 보자.
- 타인의 질문이나 지적이 불쾌했던 적이 있는가. 있다면 그 이유에 대해 말해 보자.
- 발표를 듣고 질문을 던져 본 적이 있는가? 궁금한 것이 있는데도 질문하지 못했다면 그 이유는 무엇인가.

발표가 끝나면 이제 청중과의 대화가 이어진다. 발표를 계획대로 잘 마쳤다고 해도 청중의 반응을 이끌어내지 못한다면 공감을 얻지 못한 발표라 평할 수밖에 없다. 청중의 자발적 참여를 이끌어내는 것 또한 발표자의 책무이다. 청중은 두 가지 방식으로 발표에 참여한다. 하나는 질문을 통한 참여이며, 다른 하나는 평가를 통한 참여다. 청중이 적극적으로 피드백을 제공한다면 발표자는 다음 기회에 이를 반영해 자기 발전의 계기로 삼을 수 있고, 청중 또한 주관적으로 이해한 바를 다시 객관적으로 전달함으로써 독해력과 문장력을 키울 수 있다.

발표가 매끄럽게 질의와 응답으로 이어지기 위해서, 발표자는 토론거리나 토의거리를 준비해 올 필요가 있다. 미리 이야깃거리를 제시하고 청중의 의견을 묻는다면 발표자 입장에서 원하는 방향으로 논의를 이어갈 수 있으며, 청중 입장에서는 보다 용이하게 의견 교환에 참여할 수 있다. 대개 발표 후 질의 및 응답은 토론과 토의로 구분된다. 토론이 설득하기 위한 말하기라면 토의는 문제 해결을 위한 말하기다. 구체적으로 토론은 합리적인 의견 전개를 통해 다른 입장을 가진 상대방을 설득시키는 것을 목표로 하며, 그 과정에서 논리적인 비판과 반박이 이어진다. 반면 토의는 당면한 문제에 대한 지식이나 정보, 의견을 교환함으로써 가장 합리적인 대안을 도출하는 것을 목표로 하며, 그 과정에서 대화를 통한 협동이 이루어진다.

설득하는 토론과 협력하는 토의

다음은 발표자가 각각 토론과 토의를 위해 준비한 이야깃거리이다. 세부 항목을 보면 토론과 토의의 성격을 명확히 구분할 수 있다.

토론거리

1. 성범죄자 신상 공개에 대해 어떤 입장을 가지고 있는가.
2. 성범죄자 신상 공개가 범죄율을 낮추고 범죄를 예방할 수 있는 측면을 갖고 있는지에 대해 이야기해 보자.
3. 가해자의 인권과 피해자의 인권을 고려하여 이 문제에 대해 접근해 보자.

토의거리

1. 과도한 수수료 외 배달앱의 다른 문제점이 있을까? 있다면 무엇일까?
2. 배달앱을 이용할 수밖에 없는 업주의 상황에 대해 이야기해 보자.
3. 배달앱을 이용하는 소비자의 자세에 대해 이야기해 보자.

토론은 사안에 대한 찬반 입장을 명확히 밝히고 각자 상대방을 설득시키는 것을 목적으로 하며, 토의는 문제에 대한 공감대를 형성하여 화자와 청자가 함께 합리적인 대안을 도출하는 것을 목적으로 한다. 위의 토론거리는 성범죄자 신상 공개가 정당한 것인가에 대한 문제의식을 토대로 그 문제성을 강조해 상대방을 설득시키기 위해 마련됐고, 아래 토의거리는 배달앱 시장이 급성장하고 그 폐해가 논란이 되는 상황에서 합리적인 소비자의 자세에 대해 모색하고 있다.

살펴본 것처럼 토론은 '대립'에 초점을 두는 말하기이다. 발표자가 찬반이 분명한 주제에 대한 정확한 입장을 제시했다면, 향후 질의와 응답도 토론의 형태로 이어지는 것이 자연스럽다. '찬반 양론식 말하기'인 토론은 자신의 주장을 관철시키기 위해 논리적인 근거를 제시하는 것으로, 발표자가 발표 중 다른 입장을 가진 이들을 설득시키지 못했다면 토론 절차를 통해 상대방의 의견을 듣고 반박해야 한다. 청중 역시 찬반 양론이 명확하게 엇갈리는 주제를 택한 발표자가 주장의 근거를 적확하게 제시하고 있는지, 예상되는 반론에 구체적으로 대비하고 있는지 검증해야 한다.

'성범죄자 신상 공개', '특정 인터넷 사이트의 유해 사이트 지정'처럼 입장이 엇갈리는 주제는 발표자와 토론자 간의 입장 차이를 확인하고, 주장에 대한 객관적 근거를 제시하는 과정을 통해 합일점을 도출할 수 있다. 설사 합일점을 도출하지 못하더라도, 양측의 정확한 입장과 근거를 점검하는 절차는 이후 논리적인 글쓰기와 말하기를 위한 좋은 연습이 될 수 있다. 교수자는 수업 중 토론 시간에 사회자의 역할을 맡으며, 가급적 자기 의견을 표출하지 않는다. 대신 논의가 과열되거나 의사소통이 제대로 이루어지지 않으면 이를 중재하거나 제대로 전달하는 역할을 맡는다.

발표자가 토론을 목적으로 하는 발표에서 자신의 입장을 관철시키기 위해 고려해야 할 항목은 다음과 같다.

1. 찬반 입장이 명확한 주제를 정해 자신의 주장을 점검한다.

2. 자신의 주장을 뒷받침할 논거를 마련한다.

3. 토론거리를 준비해 반대되는 입장을 경청한다.

토론이 '대립'에 초점을 두고 있다면 토의는 '일치'를 위한 말하기이다. 따라서 토의는 공동의 문제를 해결하기 위한 의견 교환에 주력한다. 발표자가 생산적인 토의를 목적으로 한다면 자신이 택한 주제가 공동의 관심사와 맞닿아 있는 것인지 확인해야 하며, 이에 대해 구체적이고 현실적인 해결책을 강구할 수 있어야 한다. 이때 청중의 질문은 논리의 허점을 지적하기보다는 해결 방안의 실효성 여부를 확인하는 것과 관련되며, 청중의 입장에서 문제에 대한 대안을 제시할 수 있다면 보다 효과적인 토의를 이끌어 갈 수 있다.

발표자가 토의를 목적으로 하는 발표에서 합리적인 해결책을 도출하기 위해 고려해야 할 항목은 다음과 같다.

1. **청중이 관심을 가질 수 있는 주제를 선택한다. 이때 주제는 시의성이 있어야 하며, 집단적인 사고 과정이 필요한 문제여야 한다.**
2. **문제 상황에 대한 실천 가능하고 구체적인 해결책을 제시한다. 이때 해결책이 발표의 본론에 위치하게 된다.**
3. **토의거리를 준비해 다양한 의견을 경청한다.**

발표 후 활발한 토론과 토의를 이어 갈 책임 역시 발표자에게 있다. 청중의 적극적 반응을 이끌어내기 위해 발표자로서 어떤 노력을 더 할 수 있을지 생각해 보자.

연습 문제 1 **다음 제시된 주제에서 어떤 토론, 토의거리를 찾을 수 있을지 이야기해 보자.**

1. 대학 내 서열 문화의 타파 방안
2. 블라인드 면접의 필요성
3. 재학생들로부터 외면받는 학생식당
4. 성매매 특별법은 위헌인가 합헌인가
5. 드라마 속 여성 캐릭터의 진화 혹은 후퇴

'대학 내 서열 문화의 타파 방안'에 대한 이야깃거리

⇨

'블라인드 면접의 필요성'에 대한 이야깃거리

⇨

'재학생들로부터 외면받는 학생식당'에 대한 이야깃거리

⇨

'성매매 특별법은 위헌인가 합헌인가'에 대한 이야깃거리

⇨

'드라마 속 여성 캐릭터의 진화 혹은 후퇴'에 대한 이야깃거리

⇨

피드백의 두 가지 방식

발표에 대한 피드백은 형태에 따라 토론·토의거리에 대한 응답 및 자유로운 질문을 통한 구어(口語) 피드백, 발표 평가서를 통한 문어(文語) 피드백으로 구분할 수 있다. 이 중 구어 피드백은 질의와 응답을 통해 이루어지는 즉흥적인 피드백이며, 문어 피드백은 발표 후 생각을 정리하여 이루어지는 발표의 총체적 평가이다. 수업 중 청자는 구어 피드백과 문어 피드백을 동시에 발표자에게 제공하고, 발표자는 이 피드백을 수용해 발표 준비 및 발표 중에 발생했던 문제점을 수정할 수 있다.

함께 이야기해 봅시다

- **발표에 대해 교수자나 동료로부터 피드백을 받은 적이 있는가? 피드백이 도움이 됐다면, 혹은 그렇지 않았다면 그 이유에 대해 말해 보자.**
- **본인이 원하는 이상적 피드백에 대해 이야기해 보자.**

질의와 응답을 통한 피드백

발표 후에 이어지는 질의와 응답은 화자와 청자의 상호 작용을 통해 발표의 문제를 극복하는 방안이 될 수 있다. 발표자는 미리 토론거리와 토의거리를 준비해 오고 발표를 통제하고자 하지만, 질의와 응답이 이어지면서 발표자가 미처 생각하지 못했던 부분이 청자와의 상호 작용을 통해 보완되는 것이 가능하다. 질의와 응답을 통한 피드백 과정은 다각적인 방향에서 문제를 검토하는 계기를 마련하고, 이를 통해 발표자는 문제의식 자체를 점검해 보거나 누락 및 왜곡된 부분을 수정, 보충할 수 있다.

청중에게는 경청해야 할 의무가 있는 동시에 발표에 대해 질문하고 자기 의견을 피력할 권리가 있다. 다만 질문은 역시 두괄식으로, 요점이 분명하게 드러날 수 있도록 해야 한다. 질의와 응답 시간에 질문자가 자기 의견을 피력하는 것은 가능하다. 다만 질문의 목적은 발표를 원활히 이끌어나가며 문제의식을 더욱 적극적으로 공유하는 것이지, 개인적인 감상을 늘어놓기 위함이 아니다. 또 발표자의 사고를 자극할 수 있는 질문은 생산적이지만, 발표자의 입장 자체를 공격하거나 동의할 수 없다는 말만 되풀이하는 질문은 어느 누구에게도 도움이 되지 않는다.

아무리 능숙한 발표자라도 질문이 쏟아지게 되면 당황하게 마련이다. 예상 질문 리스트를 구체적으로 작성했더라도 청중의 반응을 완벽하게 통제하는 것은 사실상 불가능하다. 강연대에 서는 것이 두려운 이유는 발표 이후에 이어지는 질의와 응답 절차가 걱정되기 때문이다. 질문에 제대로 대처하지 못했을 경우 자신을 바라볼 청중의 시선이 두렵다.

두 가지만 명심하자. 먼저, 질문 자체를 이해할 수 없거나 그 의도가 불분명하다면 질의자에게 다시 한 번 질문을 해달라고 요청하는 것을 두려워하지 말자. 두 번째, 발표 주제와 관련한 모든 질의에 응답할 수 있으면 좋겠지만 이는 사실상 불가능하다는 점을 인지하자. 청중의 질문이 너무 광범위하거나 발표 목적과 다르다면, 답변 전 발표 주제와 관련해 준비한 선에서 대답하겠다고 제한하자. 질문을 정리해달라고 요청하는 것이나 발표 내용 안에서 대답을 하겠다고 공언하는 것은 결코 부끄러운 일이 아니다. 청중이 발표자에게 요구하듯, 발표자 역시 발표의 원활한 진행을 위해 청중에게 요구할 수 있다.

질의·응답 시간에 발표자와 질문자가 감안해야 할 것을 정리하면 다음과 같다.

질문하는 청중의 자세

1. 효율적인 단락 쓰기와 마찬가지로, 질문은 두괄식으로 한다. 의문 사항을 먼저 언급하고, 그 다음에 이 같은 의문을 품게 된 이유에 대해 설명한다.
2. 자기 평가를 삽입하는 것은 가능하지만, 다른 청중이 궁금해하지 않을 감상만 늘어놓는 것은 자제하자.
3. 사회 통념과 위배되는 반윤리적 주장 같은 특수한 경우를 제외한다면, 발표자의 주장 자체를 공격하는 것은 문제가 된다.

응답하는 발표자의 자세

1. 질문자도 다른 청중 앞에서 용기를 내 질문을 한다는 것을 감안하여, 자신있게 대답한다.
2. 대답하기 전에 질문자의 의도를 재확인하며, 초점이 명확하지 않을 경우 질문을 정리해 줄 것을 요청한다.
3. 발표 안에서 소화할 수 없는 질문이나 주제와 직접적인 관련이 없는 질문에 대해서는 응답할 수 없다는 것을 완곡하게 전달하라.

발표 평가서를 통한 피드백

질의와 응답까지 마치면 그날의 발표는 종료된다. 하지만 이게 끝난 것은 아니다. 청중은 이제 자신의 감상을 객관적으로 서술하면서 평가하는 절차를 갖고, 청중의 평가는 교수자의 평가와 합산하여 발표자에게 전달된다. 말을 통한 피드백이 즉흥적으로 이루어지는 평가라면, 글을 통한 피드백은 발표에 대한 인상을 구체화하고 객관화하는 평가 방법이다. 수업 중 이루어지는 조별 발표의 경우, 평가자는 다음과 같은 방식으로 의견을 전달하게 된다. 다음은 대학생 기부의 활성화 방안으로, '이화여대 내 나눔가게'의 역할을 모색하는 발표에 대한 청중의 발표 평가지 예시이다.

〈조별 발표 평가지〉

평가자 : 학번 이름

조, 발표 주제

■ 자신의 의견에 따라 공정하게 점수를 매겨 주세요.

I. 조별 활동에 대한 평가

심 사 내 용		평 가
1. 주제의 창의성 및 구성 : 발표가 참신하고 짜임새 있게 구성되었는가.	(10점)	6점
2. 논증의 타당성 : 주제와 사례 분석이 적절하고 깊이 있었는가.	(10점)	7점
3. 단체 활동의 협동성 : 조원들의 협조가 잘 이루어지고 있는가.	(10점)	8점
4. 매체의 활용 : 발표 요지, 시청각 매체 사용은 효과적이었는가.	(10점)	10점
5. 질문 대처 능력 : 질문에 대해 적절히 대처했고 청중을 배려했는가.	(10점)	9점
총계	(50점 만점)	40점

II. 총평 및 의견

1. 오늘의 발표에서 가장 우수했던 점을 써 주세요.

   – **구체적이고 실현 가능한 해결 방안을 제시했다. (예 : 나눔가게 페이스북 페이지의 개설)**

   – **자료 조사를 충실히 했다. (예: 이화여대 외에 타 대학의 나눔가게 사례를 충분히 확인함, 나눔가게 측 관계자와의 인터뷰를 근거 자료로 사용)**

2. 오늘의 발표에서 가장 미흡했다거나 아쉬웠던 점(보완해야 할 점)을 써 주세요. (또는 질문 사항도 좋습니다)

– 기부 활성화 방안으로 제안한 학보에 이름 실어주기가 효과적인 대안이 될 수 있을지 의문이다. 오히려 보여주기식 기부로 전락하는 계기가 되지 않을까.

– 대학생 기부에 대한 문제의식을 구체적으로 드러내기보다, 이화여대 안 나눔가게의 홍보에 치중한 것 같아 아쉬웠다.

– 서론에서 나눔가게에 대해 충분하게 설명하지 않아 질의 및 응답이 나눔가게의 성격을 묻는 일차원적 논의로 진행됐다.

3. 오늘의 발표에 대해서 평가자 자신이 생각하는 개선 방향을 써 주세요.

– 발표조가 제시한 해결 방안이 악용될 가능성에 대해 더 고려해야 할 것이다.

– 발표 및 질의에 대한 응답을 한 두 명이 전담하고 있다. 여러 사람이 적극적으로 참여하는 모습을 보여주기를 바란다.

– 나눔가게의 한계를 지적하며 시작한 발표가 새롭기는 하지만, 이 같은 전개가 효율적이지는 않다. 3단 구성에 충실하는 편이 좋겠다.

평가자는 발표의 주제, 논증, 협동성, 매체 활용, 질문 대처 등 다섯 가지 항목의 점수를 매겨 발표자/발표조가 부족한 부분을 스스로 점검할 수 있도록 유도했고, 이어 발표의 우수했던 점, 미흡했던 점, 개선 방향 모두에 충실하게 답변했다. 청중의 평가는 다른 청중 및 교수자의 평가와 함께 종합하여 발표조에게 전달되고, 이 같은 피드백 단계를 거쳐 발표조는 이후 보다 능숙하게 발표에 임할 수 있다.

발표 평가서가 청중으로부터 발표조에게만 전달되는 것은 아니다. 조별 발표의 경우 발표조 스스로도 서로의 발표 태도를 점검하면서 발표 준비 과정에 대한 피드백을 시행할 수 있다. 특히 대학 내 조별 발표의 경우 '무임승차'가 빈번한 상황에서, 발표조의 상호 피드백은 무임승차자를 가려내는 작업이 될 수 있다. 다음은 온라인상에서 팽배한 여성 혐오의 문제성을 지적한 발표조가 작성한 자체 평가서이다. 이 작업을 통해 발표조는 다른 발표조원뿐만 아니라 자신의 역할에 대해서도 점검해 볼 수 있다.

〈조별 과제 역할 분담 보고 및 자체 평가서〉

조 / 발표 주제 :

■조원 상호 평가 (본인을 제외한 나머지 조원에 대한 평가를 하면 됩니다.)

본인 이름 :

발표조원	참여도	특이사항
	① ② ③ **④** ⑤	관련 자료를 많이 찾았다. 특히 '여성 혐오'의 기원과 정확한 개념을 잘 정리했다.
	① ② **③** ④ ⑤	불필요한 부분을 대본에서 삭제하고, 질의 및 응답 시간에는 논의의 흐름이 끊기지 않게 유도했다.
	① ② ③ **④** ⑤	발표 준비시 다른 조원이 생각지 못했던 반론을 제기하여 발표장에서 자연스럽게 질의에 대처할 수 있었다.
	① ② ③ ④ **⑤**	조장으로서 발표에 대한 책임을 가지고 주제를 적극적으로 제안했으며, 발표 직전까지 발표의 전체 톤을 조율하는 역할을 맡았다.
	① ② ③ **④** ⑤	'프레지' 프로그램의 사용법을 잘 알고 있어서 자료의 효과적인 배치에 기여했다.

1. 자신이 맡은 분담 영역을 쓰고, 역할 충실도를 스스로 평가하세요.

   나는 발표조 모임 때 빠지지 않고 매번 참석해 발표 준비에 적극적으로 참여했다. 구체적으로 발표 개요를 정리하고 예상되는 질문을 예측하여 발표 중 질의에 철저하게 대비할 수 있도록 했다.

2. 준비 과정에서 느꼈던 점이나 건의하고 싶은 내용을 자유롭게 쓰세요.

   조원 전체가 모두 열심히 발표 준비에 참여했다. 조장이 골고루 역할을 분배했고, 직접

만나서 발표를 준비함으로써 좋은 결과가 나온 것 같다. 다만 발표 주제를 제대로 이해하지 못했거나 초점이 맞지 않는 질문은 적당히 차단했어야 하는데, 그러지 못한 점이 아쉽다.

살펴본 것처럼 발표조는 발표 이후 자체 평가서를 작성함으로써 각자의 역할을 점검하고, 발표를 통해 느낀 미진한 점은 향후 보완하기 위해 노력하는 동력을 얻게 된다. 이를 위해 자체 평가서 작성시 발표조 스스로도 객관적으로 발표 과정을 평가하는 작업이 필요하다.

여기서는 글을 통한 다양한 피드백 중 청중의 개별 평가서와 발표조의 자체 평가서만을 설명했다. 그러나 발표에 대한 피드백이 여기서 그치는 것은 아니다. 청중의 개별 평가서 외에 청중이 집단적 토의를 거쳐 발표조에게 의견을 전달하는 조별 평가서, 청중의 평가서를 받아 본 발표조가 이를 적절하게 수용 혹은 대응하는 보고서 형식 등 피드백은 여러 가지 방식으로 이루어질 수 있다.

연습 문제 1

왜 우리는 팀프로젝트('팀플')를 기피하는가. 다음 항목 중 조별 발표를 준비하면서 화가 났던 이유를 점검해 보고, 각자의 경험을 이야기해 보자.

1. 역할 분담의 불균형 ☐
2. 의견 조율 과정에서의 비효율성 ☐
3. 구성원의 책임감 부재 ☐
4. 발표조 구성의 수동성 ☐
5. 발표 취지의 불분명함 ☐

연 습 문 제 2 **앞의 답변을 토대로 효과적인 발표를 위한 팀프로젝트 운영의 개선 방향에 대해 생각해 보자.**

*** 발표의 효과적인 피드백을 위한 조언

실제 1) 청중의 조별 발표 평가지

tip▸▸ 주관식 문항 중 미흡한 점과 개선 방향을 구분해서 쓰도록 하자. 미흡한 점은 발표를 보며 느낀 문제점에 해당하며, 개선 방향은 그 문제점에 대한 현실적인 대안이다. 지나치게 이상적인 해결책은 실질적인 조언이 될 수 없다.

실제 2) 발표조의 자체 평가지

tip▸▸ 본인을 제외한 나머지 발표 조원의 참여도를 기록하도록 한다. 예를 들어 5점은 해당 조원이 발표에서 중요한 역할을 한 경우, 1점은 조원이 기여한 바가 거의 없을 경우 부여한다. 이어 발표조 안에서 자기 역할을 점검하고, 발표 중에 미처 하지 못했던 말 및 교수자에게 하고 싶은 말을 적어 보자.

청중 평가와 자체 평가는 발표의 문제점을 확인하고, 개선 방향을 모색하는 효과적인 피드백 자료가 될 수 있다. 이를 위해 청자는 발표를 비판적으로 듣고 자기 견해를 효과적으로 쓰는 방식을 고민해야 하며, 발표자는 청중 평가와 자체 평가 결과를 비판적으로 수용한 다음 발표 중 드러난 한계를 해결할 수 있는 방안을 모색해야 한다.

실제 1) 청중의 조별 발표 평가지

〈조별 발표 평가지〉

평가자 : 학번 　　　　이름

조, 발표 주제

■자신의 의견에 따라 공정하게 점수를 매겨 주세요.

I. 조별 활동에 대한 평가

심 사 내 용		평 가
1. 주제의 창의성 및 구성 : 발표가 참신하고 짜임새 있게 구성되었는가.	(10점)	점
2. 논증의 타당성 : 주제와 사례 분석이 적절하고 깊이 있었는가.	(10점)	점
3. 단체 활동의 협동성 : 조원들의 협조가 잘 이루어지고 있는가.	(10점)	점
4. 매체의 활용 : 발표 요지, 시청각 매체 사용은 효과적이었는가.	(10점)	점
5. 질문 대처 능력 : 질문에 대해 적절히 대처했고 청중을 배려했는가.	(10점)	점
총계	(50점 만점)	점

II. 총평 및 의견

1. 오늘의 발표에서 가장 우수했던 점을 써 주세요.

2. 오늘의 발표에서 가장 미흡했다거나 아쉬웠던 점(보완해야 할 점)을 써 주세요.

(또는 질문사항도 좋습니다)

3. 오늘의 발표에 대해서 평가자 자신이 생각하는 개선 방향을 써 주세요.

실제 2) 발표조의 자체 평가지

〈조별 과제 역할 분담 보고 및 자체 평가서〉

조 / 발표 주제 :

■조원 상호 평가 (본인을 제외한 나머지 조원에 대한 평가를 하면 됩니다.)

본인 이름 :

발표조원	참여도	특이 사항
	① ② ③ ④ ⑤	
	① ② ③ ④ ⑤	
	① ② ③ ④ ⑤	
	① ② ③ ④ ⑤	
	① ② ③ ④ ⑤	

1. 자신이 맡은 분담 영역을 쓰고, 역할 충실도를 스스로 평가하세요.

2. 준비 과정에서 느꼈던 점이나 건의하고 싶은 내용을 자유롭게 쓰세요.

3장
소통을 위한 글쓰기

1. 논점 요약에서 출발하라

좋은 요약을 위한 준비 운동: 한 줄 요약

언어 생활의 기본 영역인 말하기, 듣기, 쓰기, 읽기는 궁극적으로 나와 상대 사이의 '소통'을 지향한다. 이 네 가지 영역은 별도로 존재하는 것이 아니라 '소통'의 울타리 안에서 유기적 관계를 맺으며 상호 작용하는 것이다. 이런 의미에서 말하기는 곧 듣기이고, 쓰기는 곧 읽기라고 볼 수 있다.

글을 쓸 때 가장 먼저 고려할 것은 소통 대상을 누구로 설정하고 있느냐이다. 누가 나의 글을 읽을 것인가. 이것이 글쓰기의 출발점이다. 나의 생각을 들어줄 대상, 그를 생각하며 글을 쓰자. 그의 눈높이에 맞추어 주제를 선정하고 기술 방법을 선택하며 어휘를 고른다. 그리고 무엇보다 진심을 담아 나의 생각과 느낌을 전달하는 것이다. 그러면 그는 내 글에 담긴 '진정'을 이해하고 수용하며 허락할 것이다.

글쓰기의 대상을 정했다면, 이제 본격적으로 그에게 나의 생각을 전달해 보자. 내 생각을 전달하기 위해서는 제일 먼저 무엇을 해야 할까? 내가 하고 싶은 말이 무엇인가를 정리하는 일일 것이다. 말하고자 하는 핵심을 분명히 해야, 읽는 사람이 헷갈리지 않기 때문이다. 내 생각의 핵심을 정리하기 위한 연습, 그것이 논점 요약이다. 논점을 요약하는 것이 글쓰기의 출발인 것이다.

논점 요약을 연습하기 위해서 필요한 것들은 무엇일까? 다음의 내용들을 논의하며 '좋은 요약'에 대해 생각해 보자.

함께 이야기해 봅시다

- **친구, 선생님, 면접관 등 여러 경우의 대상을 상상하고 '나는 누구인가'에 대해 한 문장으로 이야기해 보자.**
- **'좋은 요약'이 되기 위해 가장 중요한 것이 무엇인지, 자신의 경험을 통해 논의해 보자.**
- **영화나 책 혹은 강연 내용을 쉽게 이해할 수 있게 하는 정리 방법이 있었는지 사례를 이야기해 보자.**

요약은 원래의 글이 가지고 있는 부피를 압축하는 작업이다. 풍선의 공기를 빼는 작업이라고 할 수 있겠다. 그러나 풍선의 핵심 재질은 남겨야 한다. 그래야 내가 요약한 것이 풍선임을 알 수 있다. 요약을 '이것이 무엇인가/어떠한 것인가?'에 대해 대답하는 작업이라고 보면 좋다. '영화 〈인사이드 아웃〉은 어떤 영화야?'라는 친구의 물음에, '응, 그거, ~한 영화야'라고 꼭 집어 말해 주는 것이다.

세미나나 스터디 그룹에서 각자 맡은 책 한 권을 발췌해야 할 때가 있을 것이다. 발췌는 요약의 또 다른 표현이다. 발췌는 중요한 부분을 뽑아낸다는 뜻이고, 요약은 핵심으로 모아 정리한다는 의미이다. 표현이 다르기 때문에 두 가지가 완전히 같다고 말할 수 없으나, 중요한 부분을 뽑아내든 묶어내든 그 목적은 같기에 우리는 흔히 '발췌하여 요약한다'고 말한다.

이제 글의 부피를 줄이는 연습을 해 보자. 한두 문단의 글을 핵심만 모아서 한 줄로 정리하는 것이다. 좋은 요약은 핵심이 무엇인지를 파악하는 것, 그리고 그것을 최대한 간략히 표현하는 것임을 기억하자.

연 습
문 제
1

다음 글을 읽고 그 내용을 한 줄로 요약해 보자.

1

경영은 '인문학'이다. 사람이 지닌 지식·자의식·지혜·지도력 등을 바탕으로 하기 때문이다. 경영은 또한 '예술'이다. 개인이 가진 재능을 실천하고, 이를 적재적소에 응용해야 하기 때문이다. '예술'을 뛰어넘어 '종합 예술'인 것이다.

경영자는 인문학과 사회과학, 이를테면 심리학, 철학, 경제학, 역사학 등, 그리고 자연과학과 윤리학에서 다루는 지식과 식견을 모두 흡수해야 한다. 흡수한 지식은 단순히 이론에만 그쳐서는 안 된다. 그 지식을 조직이 성과를 내는 데 집중시킬 수 있어야 한다. 즉 환자를 어떻게 치료할 것인지, 학생을 어떻게 길러낼 것인지, 다리를 어떻게 세울 것인지, '고객 만족'이란 소프트웨어를 어떻게 디자인하고 판매할 것인지 등등에 적용시켜 최대의 성과를 끌어내야 한다.

개인의 능력 계발에 힘쓰는 경영자는 인문학과 사회과학의 궁전으로 발을 들여놓을 것이다. 그러나 학문은 양날의 칼과 같으니 거기서 길을 잃을 수도 있다. 경영이론의 미궁 속에서 어떻게 빠져나오느냐는 자신에게 달려 있다. 무엇보다 실천이 중요하다. 사회과학과 자연과학의 식견을 뛰어넘어 이를 현실에 적용시킬 수 있어야 한다. 그리고 조직이 원하는 성과를 올려야 한다. 경영이 '종합 예술'인 이유가 바로 여기에 있다.

– 동시야, 김수연 역(2011), 『피터드러커의 경영블로그』, 미다스북스, 28–29쪽.

2

자판기에서 커피를 빼려고 하는데 누가 깜빡 잊고 갔는지 200원이 그대로 남아 있다. 횡재는 돈의 크고 작음을 떠나서 언제나 즐겁다. 커피 한 잔을 공짜로 빼고 나서는 왠지 그냥 돌아서기가 미안하여 호주머니에서 200원을 꺼내 자판기에 집어넣었다. (중략) 원래 자판기는 차가운 기계이다. 사람과 사람의 거래 관계가 기계와 삶의 관계로 대체되어버린 전형적인 대물(對物)관계의 시초라 할 수 있다. 그러나 기계를 따뜻함을 지닌 인격체로 만들어가는 것도 결국 우리 인간이 하기 나름일 것이다. 남을 위한 자그마한 호의는 호혜구조의 사슬로 이어진다. 그런 연결고리를 통해 비인격적 존재로서의 물(物, thing)은 사람과 사람 사이에서 따뜻한 인격을 매개하고 옮겨주는 제3의 존재로서 다시 탄생한다.

– 원용찬(2006), 『상상+경제학블로그』, 당대, 17–19쪽.

긴 글 요약하기: 뼈대 요약

한두 문단의 글을 한 줄로 정리하는 것이 익숙해지면, 조금 더 긴 글에 도전해 보자. 긴 글 요약은 여러 개의 문단을 각각 한 줄로 정리하여 나열하는 것이다. 그렇게 정리된 것을 우리는 '개요'라고 부를 수 있다. 일반적으로 개요는 글쓰기의 뼈대이다. 뼈대에 살을 붙이면 글이 되고, 글에서 살을 발라내면 뼈대만 남는다. 긴 글을 요약하면 개요가 되고, 개요에 내용을 더하면 글이 되는 것이다.

함께 이야기해 봅시다

- 여러 개의 문단으로 이루어진 글을 정리할 때, 어떠한 방법이 효율적인지 이야기해 보자.
- 사회 보도 기사문 등에서 특징적으로 드러나는 이야기 구조가 무엇인지 생각해 보자.

뼈대 요약인 개요는 목차로 연결할 수 있다. 목차는 글을 작성하기 위해 미리 마련하는 지도이지만, 글을 완성하고 난 후 검토해서 수정하는 것이 좋다. 목차가 치밀하게 짜인 경우, 설정된 각 항목을 이정표 삼아 집필을 해 나가다 보면 자연스럽게 글이 완성된다. 반면 목차가 엉성하면, 글을 쓰다가 글쓴이가 스스로 모순을 느껴 중단하거나, 자기도 모르게 다른 주제로 이동하게 된다. 다시 논지를 가다듬다 보면 예상치 않은 시간이 소모되어 효과적인 집필을 방해하므로 목차를 작성하는 습관을 기르도록 한다.

목차는 대분류 항목인 '장'과 그보다 하위 분류 항목인 '절'을 중심 구성 요소로 하는 것이 일반적이나, 필요에 따라 절 이하 하위 분류 항목의 설정도 가능하다. 목차를 구성할 때 유의해야 할 점은, 형식상 동일한 층위에 있는 항목들은 내용 면에서도 그 논리적 층위가 같아야 한다는 원칙이다. 즉, 장은 장끼리, 절은 절끼리 논리적 수준이 동일해야 한다는 것에 유념하자.

다음의 두 글 중 하나는 비평적 글쓰기 가운데 서론에 해당하는 글이고, 다른 하나는 결론의 성격을 지닌 글이다. 우리는 글을 쓸 때, 서론-본론-결론의 큰 흐름 안에서 다시 각각의 하위 단위로 몇 개의 문단을 구성한다. 각 문단은 하나의 소주제를 담고 있어야 하기에, 핵심 내용이 존재한다. 문단의 핵심 내용을 정리하는 것, 이것이 뼈대 요약이다.

연습 문제 1 **다음 글을 읽고 각 문단의 내용을 요약해 보자.**

1

여성이 갖는 젠더 정체성은 수동성이나 나르시시즘도 아니고, 관계 지향성이나 보살핌의 윤리도, 요조숙녀나 집안의 천사 혹은 모성성도 아니다. 부정적 요소든 긍정적 요소든 '여성성이란 어떤 것이다'라고 규정하는 순간, 그것은 여성성과 여성성이 아닌 것을 분리하고, 분리는 억압을 낳고, 억압은 병적 징후를 만든다.

그렇다면 여성 안의 남성성, 남성 안의 여성성을 인정하고 포용하는 것이 억압적 여성성이나 모성성을 극복하는 대안이 될 수도 있다. 꼭 드랙 킹(남장 여자)이나 드랙 퀸(여장 남자)이 아니라 해도 우리 모두가 여성의 내부에 남성성을, 남성의 내부에 여성성을 부분적으로 가지고 있음을 인정하는 것은 성별 분화가 되지 않은 다양한 '차이들'을 인정하는 방식이 될 수 있다. (중략)

섹스, 젠더, 섹슈얼리티는 이렇게 다양한 의미를 지니면서, 고정되거나 단일한 정체성이 실은 불가능하다는 것을 말해 준다. 섹스는 육체와, 젠더는 정체성과, 섹슈얼리티는 인간의 본능적인 욕망의 문제와 연관된다고 말해 왔지만 이 모두가 '문화적 인식 가능성'이라는 규범적 관념이 없이는 의미화될 수 없는 것이기 때문이다. 그리고 이 규범적 관념은 언제나 여성보다 지배적인 남성, 여성성보다 우월한 남성성, 동성애보다 자연스러운 이성애라는 신화를 창조하면서 억압적 요소로 작동해 왔다. 그러나 여성, 여성성, 이성애가 자신의 내부에 이미 남성, 남성성, 동성애를 이질적 타자로 안고 있는 것이라면 그 어떤 단일한 정체성도 가능하지 않다. 이렇게 언제나 재의미화되면서 새로운 해석의 가능성으로 열릴 수 있는 주체, 가변적이고 복수적인 주체야말로 히스테리나 우울증이라는 규범적 여성성, 가부장적 모성성의 억압을 피하는 방식이 될 수 있다. 모호하면서 불안한 젠더 정체성에 대한 논의가 필요한 것도 바로 이 때문이다.

– 한국여성연구소(2007), 「여성성과 젠더 정체성」, 『새 여성학 강의』, 동녘, 117-119쪽.

2

〈라스트 오브 어스(The Last of Us)〉라는 게임은 좀비 바이러스가 처음으로 인간에게서 나타나 아직 상황을 정확히 파악하지 못한 주인공 '조엘(Joel)'의 유일한 자녀인 딸 '사라(Sarah)'의 죽음을 도입부에서 소개하는 대담한 선택을 내려 플레이어가 첫 20분부터 느낄 것이라 예상치 못했던 상실감과 슬픔을 경험하게 한다. 도입부 이외에도 〈라스트 오브 어스〉는 기술적 차원에서의 높은 표현력과 치밀하고 섬세한 스토리텔링을 통해 플레이어가 더이상 인간의 세상이 아닌 좀비들의 세상에서 치열하게 생존해야 하는 주인공들과 공감하고 그들의 사연에 감정이입하는 특별한 경험을 선사했다.

이에 따라 이 게임은 게임 산업에서 한 획을 그었다고 할 만큼 대단한 성공을 거두었다. 2013년 6월 14일에 플레이스테이션과 개발사 '너티덕(Naughty Dog)'이 〈라스트 오브 어스〉를 플레이스테이션 3 콘솔용 액션 어드벤쳐 게임이자 서바이벌 호러 게임으로 발간하고 나서 2014년 7월까지 전 세계적으로 700만 개라는 획기적인 수량을 판매하였다. 이후, 게임 산업 뉴스와 평론의 대표강자인 IGN은 〈라스트 오브 어스〉에 10점 만점의 10점을 부여하고 "명작"이라는 평을 내린다. IGN의 만점 평 이외에도 이 게임은 200개 이상의 '게임 오브 더 이어(Game of the Year)' 어워드에서 상을 수상했고, 플레이스테이션과 너티덕은 2014년에 DLC(Downloadable Content)인 〈라스트 오브 어스: 레프트 비하인드(The Last of Us: Left Behind)〉까지 성공적으로 출시했다. 현재 너티덕의 개발자들은 〈라스트 오브 어스〉 게임 속편에 대한 구체적인 계획은 없으나 영화로 리메이크하겠다고 발표했다. 이

게임이 크게 성공하고 플레이어들의 많은 성원을 받은 만큼 〈라스트 오브 어스〉의 스토리텔링과 게임 디자인, 그리고 안에 내재된 감정적 메시지를 파악함으로써 왜 이 게임이 플레이어와 게임이 맺을 수 있는 감정적 소통의 창을 넓혔는지 파악해보고자 한다.

– 학생의 글

요약의 핵심: 주제문 쓰기와 제목 만들기

주제문은 글 전체를 문장 형식으로 요약한 것이다. 따라서 요약의 핵심이라 할 수 있다. 원래 모든 글은 생각과 생각의 연결로 이루어진다. 글 속에서 이런저런 생각들이 이어져 덩어리를 이루면서 글쓴이가 전달하고자 하는 의미를 드러낸다. 이때 머릿속에 떠오르는 중심 생각을 구심점으로 삼아서 살을 붙여 구체화하고, 그것을 문장들로 드러낼 때 바로 문단이 된다. 그리고 일반적으로 한 편의 글은 각각 생각의 요점이 다른 다수의 문단으로 구성된다. 각 문단의 주제문을 정리하는 것이 앞서 언급한 문단별 뼈대 요약이다. 즉 문단의 주제문인 소주제문은 뼈대 요약을 문장 형식으로 만든 것이라 하겠다. 그러한 소주제문을 통해 한 편의 글 전체가 전하려는 메시지, 이것이 주제이고 주제를 문장 형식으로 다듬은 것이 주제문이다.

함께 이야기해 봅시다

- 오늘날 사회에서 사람들에게 설득력 있게 다가오는 메시지의 내용에 대해 이야기해 보자.
- 같은 내용도 다르게 표현하면 관심이나 신뢰가 떨어진다. 이러한 경험이 있었는지 논의해 보자.

글의 핵심을 담은 주제문을 작성할 때 다음의 사항을 고려해야 한다.

첫째, 주제문은 명제문이어야 한다.

글쓴이의 견해가 들어 있지 않은 문장은 주제문이 될 수 없다. 대상에 대한 단순한 설명이나 의문문 형식의 문제 제기는 명제문이 될 수 없다. 가령 '문학은 가르쳐야 하는가?'라는 문장은 독자의 흥미를 유발하는 좋은 제목일 수는 있지만 주제문이 될 수는 없다. '문학 교육은 어떠 어떠한 교육적 효과가 있기 때문에 반드시 가르치고 배워야 한다'는 형태를 갖춘 것이 주제문이다.

둘째, 주제문에는 명확한 견해가 드러나야 한다.

이 '명확한 견해'가 바로 글의 핵심이다. 주제문 안에 글쓴이의 견해가 분명히 드러나지 않는다면, 주제를 다시 검토해야 한다. 예를 들어, '신자본주의는 인간의 존엄과 관계의 윤리를 파괴할 위험을 지니고 있으나, 반드시 신자본주의만 그런 것은 아니다'라는 주제문은 이 글의 주제가 무엇인지 애매모호하게 만든다.

셋째, 주제문은 구체적이고 직접적이어야 한다.

주제문에 함축적, 비유적 표현이 들어 있으면 논의 전개에 혼란이 생기기 쉽다. '사회학은 시를 쓰는 것과 같다'라는 주제문보다는 '사회학은 이러 이러한 점에서 시를 쓰는 것과 같다'라는 주제문이 훨씬 분명히 글의 핵심을 전달한다. 글쓴이의 견해, 글의 핵심을 구체적으로 드러내는 것이 요약의 기본이다.

주제문과 더불어 제목도 작품 전체의 핵심을 요약한다. 우리는 제목만으로도 작품의 내용과 그것이 전달하고자 하는 메시지를 추측할 수 있다. 원래 제목은 글을 계획하는 단계에서 일단 생각해 두고, 글을 다 쓴 다음에 최종적으로 다시 검토하는 것이 효과적이다. 제목은 독자에게 글의 강조점을 알려 주기 때문에 글의 요점을 이해하는 데 아주 긴요하다. 제목은 글의 내용에 대해 안내하는 성격의 것에서부터 주제를 암시하는 비유에 이르기까지 다양하게 붙일 수 있으나, 핵심은 자신이 전달하고자 하는 글의 주지를 요약한다는 것이다.

논문 형식이나 학술적인 내용의 글에서는 명사형의 제목을 붙이는 것이 일반적이나 가벼운 성격의 글에서는 종종 문장형의 제목이나 암시형의 제목 등 참신한 형식의 제목을 붙이기도 한다. 제목의 종류는 다양하다.

첫째, 글의 내용과 관련된 제목: 한일 경제 교류의 역사와 오늘, 우리 겨레의 체질상의 특성, 집에서 하는 환경 운동, 문학 치료의 이론적 기초 등

둘째, 글의 주제와 관련된 제목 : 물리학은 시를 쓰는 행위, 역사는 가르쳐야 하는가, 가사노동에서 지역살림으로, 자본주의 시장경제와 혼인, 무식하고 무책임한 쌀보도 등

셋째, 글의 중심 내용을 비유하는 제목: 옛여인에 빠지다, 도연명을 그리다 등

연습 문제 1 **다음 글이 전달하는 메시지를 문장 형식으로 정리하고, 자신만의 제목을 새롭게 붙여 보자.**

1

제목:

물론 나는 알고 있다.

오직 운이 좋았던 덕택에/나는 그 많은 친구들보다

오래 살아남았다.

그러나

지난 밤 꿈속에서

이 친구들이 나에 대하여

이야기하는 소리가 들려왔다.

"강한 자는 살아남는다."

그러자 나는 자신이 미워졌다.

— 베르톨트 브레히트, 김광규 역(2014), 「살아남은 자의 슬픔」, 한마당, 117쪽.

2

제목:

클림트, 여성의 세 시기(왼쪽), 클림트, 죽음과 삶(오른쪽)

연 습 문 제 2

다음 글을 읽고 주제문과 제목을 작성해 보자.

1 ______________________________

퀸즈베이글은 하루 단 800개의 베이글만을 만들고 그것들을 모두 판매하면 폐점하는 것을 원칙으로 한다. 퀸즈베이글의 사장은 인터뷰에서 이러한 운영 방식을 선택한 데에는 나름의 이유가 있다고 대답했다. "퀸즈베이글은 매우 특별한 방식으로 만들어집니다. 베이글이 나오기까지 16시간 이상의 오랜 발효 과정을 거치기 때문입니다. 장시간 발효를 할 수 있는 기계에 들어가는 베이글의 개수는 최대 800개인데, 턱없이 좁은 주방에 이 장비를 두 대 이상 설치하는 것은 불가능했습니다. 또한 처음 가게를 준비할 때 하루 800개면 충분하다고 판단하였죠." 800개의 베이글은 운영하는 데에 충분한 수익을 낼 수 있는 양이기 때문에 굳이 한 대의 발효 장비를 더 마련할 필요는 없었다는 것이다. 뿐만 아니라 베이글과 함께 판매되는 19종류의 크림치즈도 전날 만들어져서 다음날 모두 판매된다. 이는 필요한 만큼의 제품만을 생산하여 재고 발생량을 '0'에 가깝게 만드는 린 경영의 핵심 전략에 정확히 부합한다.

린 경영이 뿌리를 두고 있는 도요타의 린 시스템은 재고의 최소화에 그 핵심을 둔다. 2차 세계대전 이후 부족한 자본과 불규칙한 수요로 난항을 겪으며, 생산의 효율성을 저하시키는 근본원인이 불필요한 재고의 발생에 있다는 점을 깨달았기 때문이다. 필요 이상의 재고는 유지 비용과 제품 폐기 비용을 발생시킬 뿐만 아니라, 고객의 요구에 대한 유연하고 빠른 대응을 방해한다. 이러한 재고는 외식업에 있어서 특히 더 치명적이다. 식품이라는 외식의 주요 상품 자체가 시간이 조금만 지나도 바로 무용지물이 되어버리는 특성을 갖기 때문이다. 외식업에서 발생하는 재고는 고스란히 폐기물이 되어 비용을 발생시킨다.

이러한 측면에서 퀸즈베이글의 운영 방식은 매우 합리적이다. 하루 재고 발생량이 그야말로 '0'이기 때문이다. 재고를 위한 공간 소비와 비용 지출은 전혀 필요 없고, 오늘 고객의 요구에도 내일 당장 대응할 수 있다. 예를 들어, 퀸즈베이글은 매일 플레인, 어니언, 갈릭 베이글을 합쳐서 160개, 멀티그레인, 통밀, 블루베리, 크랜베리 베이글은 각각 160개씩을 만들고 있지만, 이는 고객의 다양한 요구와 반응에 따라 당장 다음날이라도 조절 가능한 것이다. 하지만 외식업에서 재고의 최소화는 이러한 합리성과 유연성만을 뜻하지 않는다. 식품을 다루는 사업에서 재고의 부재는 제품의 신선함과도 직결되기 때문이다. '죄송합니다. 금일 준비한 베이글이 모두 판매되었습니다. 내일도 맛있는 베이글을 만들겠습니다.' 매일 저녁 가게에 걸리는 이 안내문을 통해 퀸즈베이글은 소비자에게 재고의 부재를 확인시키는 동시에 제품의 신선함을 증명해 보이는 셈이다.

– 학생의 글

2

사는 게 참 힘든 세상이다. 저마다 이 거친 세상에서 약자를 제치고 강자로 살아남기 위해 분주하다. 경쟁의 끝은 보이지 않고 우리는 삶이라는 마라톤 코스가 100미터 단거리 트랙이라도 되는 양 숨 가쁜 전력 질주를 한다. 그러다 더 이상 달릴 수 없어 주저앉을 때가 되어서야 뒤돌아보면 더 강한 자가 되기 위해 더 나은 사람이 되기를 포기하지 않았나, 나를 외면하지는 않았나 하는 생각에 가슴이 퍽퍽하다. 과연 사람답게 산다는 것은 무엇일까? 나약한 나의 20대, 이 손 대면 사그라질 것 같은 순간들을 어떻게 견뎌내야 할까? 대답은 비운의 왕자 햄릿으로부터 돌아왔다.

인간은 네 발로 걸을 때나 세 발로 걸을 때나 늘 현재를 극복하고 나보다 더 나은 내가 되기를 소망한다. 더 번듯한 직업을 얻고 더 좋은 집에서 더 행복한 가정을 꾸려 더 강한 사람, 더 좋은 사람이 되고자 하는 것. 우리는 이토록 때로는 소박하고 때로는 거창하기도 한 이상을 바라보며 살아간다. 그러나 '생각할 수 있는 범위 안에서 가장 완전하다고 여겨지는 상태'를 일컫는 이상은 쉽게 닿을 수 없는 곳에 존재한다. 인간은 나약하고 불완전하기 때문이다. 맹수의 발톱도, 날짐승의 강인한 날개도, 들짐승의 민감한 청각도 우리에게는 허락되지 않았다. 하지만 인간의 숙명적인 연약함은 신체적 특징보다도 인간에게만 허락됐다는 이성과 감성에서 비롯된다. 이성이 만들어낸 많은 사회적 제약들이 인간을 속박하고 인간 스스로는 감성의 굴레 속으로 끊임없이 뒷걸음질친다. 햄릿 역시 이상을 품고 있었다. 아버지를 죽인 삼촌에게 복수하고 왕위 계승을 바로잡는 것이 바로 그것이었다. 그러나 햄릿은 인간답게도 기독교적 윤리와 사회적 법규로 수렴하는 이성의 무게를 감당하지 못했고 타고난 자신의 여린 심성을 넘어서지 못했다.

결정적인 복수의 순간을 놓치고 허망한 파멸을 맞은 햄릿을 두고 많은 사람들은 그가 복수에 실패했다고 말한다. 하지만 나는 그가 주저했기에 새로운 영웅이 될 수 있었다고 믿는다. 햄릿은 복수를 위해 돌아볼 겨를 없이 달리지 않았다. 결정적인 순간에 멈춰 돌아볼 줄 알았고 그랬기에 망설일 수 있었던 것이다. 섬세하고 여린 마음으로 인해 괴로워하며 연기와 광기의 경계를 오갔던 햄릿은 지혜와 용맹을 바탕으로 신의 영역에 끊임없이 도전했던 여느 비극의 영웅들과는 달랐다. 햄릿의 삶은 올림푸스산이 아닌 무대 위에 있었다. 그리고 그 무대는 우리네 삶과 지극히 가까웠다. 햄릿은 신격화된 인간이 아닌, 있는 그대로의 인간으로서 그 부서질 것 같은 인간의 본성과 내면을 속속들이 보여준 것이다. 'To be or not to be; that's the question(죽느냐 사느냐/존재하느냐 부재하느냐, 그것이 문제로다). 우리네 삶이 다 그런 거야. 인간은 다 같아. 욕망하고, 망설이고, 두려워하는 거야.' 세월과 언어를 넘어 햄릿은 내게 그렇게 말했다.

결국 우리의 과제는 스스로의 나약함을 직면하는 일이다. 느리게 걸으며 세상과 부대끼며 마음껏 망설이는 것이다. 멈춰 서서 망설이고, 두려워하고, 흔들릴 수 있음에 감사하는 것이다. 그것이 사람답게 사는 것이고, 더 나은 사람이 되는 길이다. 이상을 바라보며 달리는 것도 중요하지만 그 여정 가운데서 이상보다 값진 것을 발견하고 순간순간을 즐기는 것이 이 마라톤 경기의 묘미일 것이다. 인생의 마라톤 코스에서 지쳐 떨어지지 않도록, 갈대처럼 흔들리는 나의 청춘이 마음껏 부유할 수 있도록, 9월의 높은 가을 하늘 아래서 세 번째로 다시 만난 그 덴마크의 왕자는 내게 조심스레 면죄부를 건넸다.

– 학생의 글

연습 문제 3 **다음의 쓸거리로 글을 쓸 때 어떤 주제문과 제목이 나올 수 있을지 생각해 보자.**

쓸거리	주제문	제목
대중 문화		

세대 차이		
국가 방역		
교양 과목		
대학 교육		
다문화		

2. 역동적으로 진술하라

세밀한 글그림

글쓰기의 과정은 처음부터 마지막 순간까지 읽는 대상에 대한 배려가 고려되어야 한다. 즉 이 글을 읽을 사람이 쉽게 이해하도록 고민하는 것이다. 앞에서 중요한 부분을 뽑아내고 핵심을 중심으로 정리하여 묶어내는 '요약'은 상대에게 내용을 간략하고 분명히 전달하기 위한 기초 작업이었다. 좋은 요약은 읽는 이가 전체 글을 읽을 때보다 더 큰 만족을 느끼게 한다. 시험 기간에 시험 범위 전체의 핵심을 잘 요약해 주는 친구가 사랑스러운 이유이다.

이제는 대상에 살을 붙여 보다 풍성한 내용 전달을 시도해 보자. 어떻게 전달할 것인가. 그것을 '진술'이라 한다. 요약이 압축하기라면, 진술은 압축 풀기이다. 뼈대에 어떤 살을 어떻게 붙이느냐에 따라 그것은 보기 좋고 먹기 좋은 고급 요리가 될 수도, 혹은 그대로 쓰레기통에 버려질 수도 있다. 읽는 이가 군침을 흘리며 맛있게 읽는 글이라면, 당연 나의 진심은 신선하게 살아서 전해질 것이다.

역동적으로 살아 움직이며 맛있게 읽히는 글을 만들기 위한 레서피는 무엇일까. 본격적 논의에 앞서 '좋은 글의 조리법'에 대해 생각해 보자.

함께 이야기해 봅시다

- **어떤 인물이나 사물의 특징을 포착하기 위해서 고려할 사항이 무엇인지, 사례를 들어 이야기해 보자.**
- **각자 자신이 포착한 대상의 특징을 생동감 넘치게 전달해 보자.**

맛있는 글을 만드는 레서피의 대표적인 것이 '묘사'이다. 묘사는 말 그대로 그리듯 쓰는 말그림이다. 묘사만 잘해도 글의 분위기가 달라진다. 맛없는 재료를 가지고도 맛있게 만드는, 일종의 만능 양념조리장과 같은 것이 묘사이다. 다음은 말그림 그리는 법을 소개한 글이다.

러스킨은 여행을 하면서 스케치를 하라고 권했을 뿐 아니라, 아름다움에 대한 우리의 인상을 굳히려면 글을 써야 한다고, 그의 말로 하자면 "말로 그려야" 한다고 생각했다. 생전에 그가 데생으로 아무리 존경을 받았다 하더라도, 대중의 상상력을 사로잡은 것, 그리고 그가 빅토리아 여왕 시대 말기에 명성을 떨치게 된 것은 그의 '말 그림' 때문이었다.

매력적인 장소는 보통 언어의 영역에서 우리의 능력이 모자라다는 사실을 일깨워준다. 예를 들어 레이크디스트릭트에서 나는 친구에게 엽서를 쓰다가 약간의 절망과 초조함을 느끼며 경치는 예쁘고, 날씨는 흐리고, 바람이 많다고 썼다. 러스킨이라면 그런 산문을 무능력이라기보다는 게으름의 결과라고 평했을 것이다. 그는 우리 모두가 적절한 '말 그림'을 그릴 수 있다고 주장했다. 우리가 그렇게 하지 못하는 것은 스스로에게 충분한 질문을 하지 않기 때문이며, 우리가 보고 느낀 것을 분석하는 데 정확하지 못하기 때문일 뿐이다. 호수가 예쁘다는 관념에 안주하지 말고 한 걸음 더 나아가야 한다. '이 넓은 호수에서 매력적인 것이 구체적으로 무엇인가?' '거기서 연상되는 것은 무엇인가?' '크다는 말보다 더 좋은 말은 없을까?' 그렇게 해서 나온 결과물이 천재의 증거는 못될지 몰라도, 적어도

하나의 경험을 진정하게 표현하는 방법을 찾고자 하는 동기에서 나온 것임은 분명하다고 할 수 있다. (중략)

아름다운 광경이었다. 아름답다는 인상과 더불어 그 근원을 소유하고 싶다는 욕망이 일었다. 러스킨의 말에 따르면, 예술만이 제대로 충족시킬 수 있는 욕망이었다.

나는 '말 그림'을 그리기 시작했다. 묘사적인 구절들은 쉽게 나왔다. 사무실 건물들은 높았다. 꼭대기는 피라미드처럼 생겼다. 옆면에는 루비처럼 빨간 불들이 밝혀져 있었다. 하늘은 검은색이 아니라, 오렌지색을 띤 노란색이었다. 그러나 이러한 사실적 묘사는 내가 이 장면을 그렇게 인상적으로 받아들인 이유를 집어내는 데 거의 도움이 안 되는 것 같았기 때문에, 나는 좀 더 심리적인 용어로 그 아름다움을 분석하려고 시도했다.

이 장면의 힘은 밤과 건물들 위의 안개에서 나오는 것 같았다. 밤이 오자 낮에는 드러나지 않았던 건물의 작은 면들이 모습을 나타냈다. 햇빛을 받고 있었다면 이 건물들은 평범하게 보였을 것이고, 창문들이 눈길을 물리치듯이 효과적인 질문들을 물리쳤을 것이다. 그러나 밤은 이런 정상성에 대한 요구를 뒤집었다. 밤이 오자 외부인은 안을 들여다볼 수 있었고, 건물들이 얼마나 이상하고, 무시무시하고, 경탄할 만한지 놀라고 말았다. 이 건물들은 수천 명의 질서와 협동을 체현하는 동시에, 통제와 권태를 체현하고 있었다. 밤은 진지함에 대한 관료적 환상을 흔들어놓았다. 아니면 적어도 거기에 문제는 제기했다. 누군가 어둠 속에서 플립차트와 컴퓨터가 왜 거기에 있는지 궁금해한다. 그것들이 쓸모없다는 의미가 아니라, 날빛 속에서 보았을 때보다는 이상하고 수상쩍게 보일 수도 있다는 의미이다.

동시에 안개는 노스탤지어를 불러일으켰다. 안개 낀 밤은 마치 어떤 냄새처럼 우리를 전에 비슷한 경험을 했던 때로 데려갈 수도 있다. 나는 대학 시절의 밤을 생각했다. 불이 밝혀진 운동장을 따라 걸어서 집에 가던 밤. 그리고 그때의 내 삶과 지금의 내 삶의 차이를 생각했다. 그러자 당시 내가 겪었던 어려움과 그 이후로 내가 잃어버린 귀중한 것들이 떠오르며 달곰씁쓸한 슬픔이 밀려왔다.

이제 차 안은 종이로 뒤덮였다. 내 '말 그림' 수준은 랭데일 골짜기에서 그렸던 유치한

떡갈나무 스케치의 수준보다 별로 높지 않았다. 그러나 질이 문제가 아니었다. 나는 적어도 러스킨이 예술의 두 가지 목적이라고 말했던 것—고통을 이해하고, 아름다움의 근원을 헤아려보는 것—가운데 하나는 따라가 보려고 시도했다.

— 알랭 드 보통(2004), 『여행의 기술』, 이레, 313–315; 321–323쪽.

묘사는 말그림이고 말그림은 사실적이어야 한다. 사실적이라는 말은 살아 있는 듯 생생하게라는 뜻도 된다. '묘사'는 사물의 모습이나 인상, 느낌 등을 생생하게 그려 내는 것이다. 내가 보고 느낀 것을 상대도 동일하게 느끼도록 하는 것이 묘사의 목표이기 때문에, 묘사를 할 때는 대상을 있는 그대로 정확하게 재현하려는 노력을 하게 된다. 특히 기사문처럼 사실을 전달하는 경우에는 가능한 한 객관적으로 묘사를 해서, 대상에 대한 정확한 정보를 줄 수 있도록 해야 한다.

그런데 사진을 찍을 때 프레임 안에 대상을 잡는 순간 이미 풍경이 인위적으로 재단될 수밖에 없듯이, 아무리 객관적으로 묘사하려 해도 거기에는 주관적인 시선이 개입한다. 따라서 보고 느낀 것을 하나하나 객관적으로 나열한다고 해서 인상적인 묘사가 이루어질 수는 없다.

묘사를 효과적으로 하기 위해서는 먼저 대상에 관심을 갖고, 예리하고도 깊이 있게 그것을 관찰해야 한다. 그리고 지배적 인상을 중심으로 하여 부분과 부분, 부분과 전체를 유기적으로 연결하면서 전반적인 통일감을 만들어 나가야 한다. 또한 묘사는 감각에 호소하는 것이므로, 대상의 모양, 색채, 촉감, 향기, 소리, 맛 등을 감각적으로 그려 내서 추상적인 의미까지도 구체적으로 느낄 수 있도록 표현해야 한다.

연습 문제 1

다음 글은 사도세자의 죽음을 다룬 연극에 대한 평론이다. 밑줄 친 부분은 묘사의 방법을 통해 궁궐이라는 전통 공간에 새로운 이미지를 만들어 내고 있다. 이러한 묘사를 통해 우리가 원래 지니고 있던 느낌과 어떻게 다른 이미지가 형성되는지, 그것이 작품의 전체적 성격과 어떠한 관련이 있는지 이야기해 보자.

연극 〈뒤주박죽〉은 이승의 부조리를 관찰하며 풍자하는 저승사자들의 시선을 통해 전개된다. 현대식 복장을 하고 단말기를 들고 등장하는 저승사자들에게는 인간의 온기가 느껴지지만, 한 몸이 되어 영조를 연기하는 6명의 배우들은 오히려 원귀와 같은 형상을 하고 있다. 함께 영조의 의지를 발화하는 배우들은 때로는 각자 모습을 바꿔 혜경궁 홍씨, 세손, 홍봉한 등을 연기하는데, 실체 없는 영조를 표상할 때는 기괴한 목소리로 합창하듯 세자에게 "아직 준비가 되지 않았다"는 말만을 반복하며 뒤주 속에 갇혀 있는 그를 짓누른다.

권력에 대한 욕망, 그리고 자식세대를 인정하지 않는 기성세대의 집착을 저승사자들의 시선을 통해 풍자하려는 의도가 두드러진 연극이었다. 현대식 말투를 구사하는 저승사자들은 관객의 입장을 대변하면서 역사 속 영조와 사도세자 및 주변 인물들의 행위를 논평하고, 이를 통해 현재의 관객과 대화하고자 하는 작가의 의도가 드러난다. 또한 자유롭게 무대를 휘젓고 다니며 재담을 늘어놓는 저승사자들의 모습은 역사 속 인물들의 경직된 움직임과 대비되어, 자칫 침체될 수 있는 극에 생기를 불어 넣었다.

<u>극 중 영조에게로 가는 휘령전 전각은 마치 사당처럼 꾸며져 있고, 그 정문으로 간간이 영조의 그림자가 비친다. 그 거대한 그림자는 배우들의 기괴한 목소리와 함께 무대를 압도하면서 뒤주에 갇혀 있는 세자를 억누르고, 저승사자의 대사를 통해 영조가 결국 하늘의 흐름을 거슬러 삶을 지속하는 괴물임이 밝혀진다. 또 세자를 감싸고 있는 옷이 휘령전 전각의 양탄자와 연결되어 있으며, 이를 벗어나지 못하는 세자를 통해 아버지의 존재, 곧</u>

혈연의 무게가 암시된다. 이 같은 역사의 비극은 무대 왼쪽에 있는 악사의 북소리를 통해 울림이 더해진다.

〈뒤주박죽〉에서 세자는 개혁적인 젊은 군주이자 효자, 호색한, 광인 등 다양한 모습을 연기하고, 아들과 권력만을 생각하는 것처럼 보였던 혜경궁 홍씨가 남편을 진심으로 걱정하는 모습을 내비치기도 한다. 또한 영악한 아이처럼 보였던 세손은 아버지의 뒤주 앞에서 또래의 어린 아이처럼 행동하기도 한다. 이처럼 세자가 갇힌 상황을 둘러싸고 인물들의 다각적인 모습이 비춰지며, 모든 것이 뒤죽박죽이 되어가는 상황 속에서 뒤주 안에 든 것의 실체 자체가 불분명해지는 순간이 도래하지만, 연극의 궁극적 메시지는 세대론과 맞닿아 있다. 아들을 의심하는 아버지는 자신의 권력을 후세에게 이양하는 것을 두려워하고, 이 같은 집착이 결국 파국을 초래한다.

– 전지니(2013), 「네 가지 감성, 네 가지 현실인식의 조화: 2013년 '봄작가 겨울무대' 상연작 네 편에 대한 감상」, 『한국희곡』 52호, 322–323쪽.

연습문제 2 **다음 글은 '사과'를 묘사한 글이다. 이 글을 읽고 내 삶 속의 '사과'를 묘사해 보자.**

지난 10월을 나는 사과밭에서 보냈다. 그 붉고 향기로운 시간은 아직도 생생하기만 하다. 원만하고도 부드러운 곡선은 단단한 구형으로 응결되어 찬란하게 빛난다. 싱싱한 과

육이 내뿜는 달콤한 숨이 과수원에 가득하다. 열매들은 온통 태양만을 향하는 듯, 하늘이 높아질수록 더욱더 붉고 탐스럽다. 지상에서 불타는 작은 태양. 가을 과수원에서는 수많은 태양이 일시에 솟구쳐 오르는 우주적 진경이 벌어진다.

연습문제 3

다음 글은 '코끼리'를 묘사한 글이다. 이 글을 읽고 사회적 기억 속의 '코끼리'를 묘사해 보자.

괴상하고 잡스럽고 우습고 기이하고 거룩한 것을 구경하려면 선무문(宣武門) 안에 있는 상방(象房, 코끼리방)에 가야 한다. 내가 그동안 북경에서 코끼리를 열여섯 마리 봤는데, 한결같이 쇠사슬로 발을 묶어두어서 움직이지 못했다. 다행히 열하 행궁(行宮) 서쪽에서 본 코끼리 두 마리는 온 몸을 꿈틀거리면서 걸어가는 모양이 풍우(風雨)가 움직이는 듯 몹시 거창했다. 내가 한번은 동해(東海)에 나갔는데, 파도 위에 말처럼 우뚝우뚝 선 것이 수없이 많고 물고기인지 짐승인지 모를 집채만한 것이 있어서 해가 뜨기를 기다려 자세히 보려고 했었다. 그러나 해가 돋기도 전에 그것들은 바다 속으로 숨어 버렸었다. 이번에는 코끼리를 십 보 밖에서 보았는데 예전 동해에서 보았던 것과 비슷하게 크기가 컸다.

몸뚱이는 소 같고 꼬리는 나귀와 같고, 약대의 무릎과 범의 발톱을 지녔으며, 털은 짧고 잿빛이며 성질은 어질어 보이고, 소리는 처량하고 귀는 구름장같이 늘어졌고, 눈은 초

생달 같고, 두 어금니는 크기가 두 아름이고, 길이는 한 장(丈) 남짓 되며, 코는 어금니보다 길어서 구부리고 펴는 것이 자벌레 같고, 코의 부리는 굼벵이 같고, 코끝은 누에 등 같고, 물건을 끼울 때는 족집게 같이 두루루 말아 입에 넣는다. 간혹 코를 입부리로 오해하고 다른 곳에 코가 있나 찾아보는 사람도 있는데, 그것도 당연한 것이 코 생긴 모양이 이처럼 상상밖이기 때문이다. 어떤 이는 코끼리 다리가 다섯이라고 하고, 어떤 이는 눈이 쥐눈 같다고 하는 것은 코끼리를 볼 때 대개가 코와 어금니 사이를 주목하는 까닭이다. 그 몸뚱이를 통틀어서 제일 작은 놈을 따져보면 이렇게 엉뚱한 추측이 생길 수 있다. 코끼리는 눈이 몹시 가늘어서 간사한 사람이 아양을 부릴 때의 눈 모양 같지만 자세히 보면 어진 성품이 이 눈에 있다. (중략)

강희 시대에 남해자(南海子)에 사나운 범 두 마리가 있었는데, 길들일 수가 없어서 황제가 범을 코끼리 우리로 몰아넣게 했다. 코끼리가 겁이 나 코를 한 번 휘두르자 범 두 마리가 제 자리에서 넘어져 죽었다. 코끼리가 범을 죽이고 싶어서 한 것이 아니라 범의 냄새가 싫어서 코를 휘두른 것이 잘못 부딪쳤던 것이다. (중략) 사람들은 세상 사물(事物) 중에 털끝같이 작은 것이라도 모두 하늘이 만들어 낸 것이라고 한다. 이를 준 것도 하늘이 물건을 씹으라고 준 것이라는 것이다. 내가 '이를 가지고 물건을 씹는 다는 것이 무엇이냐'고 물으면, 사람들은 "이는 하늘이 낸 이치입니다. 금수는 손이 없으므로 입을 땅에 구부려 먹을 것을 찾게 됩니다." 라고 말한다. 내가 "하늘이 이를 준 것이 구부려서 무엇을 씹도록 한 것이라면 왜 코끼리에게는 쓸데없는 어금니를 주어서, 입을 땅에 대려고 하면 이가 먼저 땅에 닿아 걸리고, 물건을 씹는 데도 방해가 되게 하는가." 어떤 사람이 "그것은 코가 있기 때문이다." 라고 했다. 내가 "긴 어금니를 주고서 긴 코에 핑계를 대려면 차라리 어금니를 없애고 코를 짧게 하는 것이 더 나을 것이다." 이러자 말하는 자는 자기의 주장을 우기지 못했다.

코끼리는 범을 만나면 코로 때려눕힐 수 있어 천하에 대적할 것이 없어 보이지만, 쥐를 만나면 코를 가지고도 쓸모가 없어 하늘을 쳐다보고 멍하니 서 있는다. 그러면 쥐가 범보다 무서운 존재라는 말인가? 그렇지는 않을 것이다. 이처럼 코끼리는 눈에 보이는 존재인

데도 그것의 이치에 대해 모르는 것이 이처럼 많은데, 코끼리보다 더 복잡한 천하 사물의 이치는 더욱 알 수 없을 것이다. 옛날 성인이 『역경』을 지으면서 코끼리 상(象) 자를 따서 글을 쓴 것도 이 코끼리 같은 형상을 보고 만물이 변화하는 이치를 연구하게 하려는 뜻이다.

– 박지원, 〈상기(象記)〉, 『열하일기』.

유기적인 이야기

유기적이라는 말은 구성 부분이 서로 밀접한 관련을 맺으며 하나의 전체를 이룬다는 뜻이다. 이야기는 서사이고, 서사는 유기적으로 연결되어야 한다. 유기적 서사는 시간의 흐름 속에서 일어난 사건의 변화를 밀접한 관련성 속에서 서술하는 것이다. 우리는 일상 속에서 수많은 일들을 경험하고 그것을 기록한다. 하지만 경험한 일과 일어난 사건을 모두 나열할 수는 없다. 따라서 의미 있는 사건들만을 선택하여 맥락에 맞게 연결하는 과정이 필요하다.

함께 이야기해 봅시다

- **나와 주변, 사회에서 일어나고 있는 사건 가운데 가장 중요하다고 생각하는 것이 무엇인지 논의해 보자.**
- **하나의 사건이 의미 있는 대상이 되려면 어떤 요소를 갖추어야 하는지 생각해 보자.**

서사는 '누가 어떤 행동을 했는가?', '누구에게 무슨 일이 일어났는가?'에 대한 답이라고 할 수 있다. 즉 시간의 경과에 따른 움직임의 변화와 사건의 추이를 서술하는 것이다. 때문에 사건에 대한 인식이 중요하게 작용한다. 사건의 앞뒤 관계나 문맥적 연관성 등이 구체적으로 제시되어야 하는 것이다. 다시 말해 서사에는 사건을 움직이는 행동의 주체가 있어야 하고, 계기에 의해서 행동이 변화해야 하며, 그 변화가 전개되는 구체적인 배경이 있어야 한다. 주체는 사람이 아닐 수도 있다. 이때 '무엇을 의미 있는 사건으로 볼 것인가'에는 글쓴이의 세계관이 작용하게 되고, 이로 인해 동일한 사건에 대해서도 글쓴이에 따라서 전혀 다른 서사물이 만들어지게 된다.

연습문제 1 **다음 글을 읽고 누구에게 언제 어떠한 사건이 일어난 것인지 생각해 보자.**

1

남원 땅에 양생이라는 사람이 있었다. 그는 일찍 부모를 여의고 처자식도 없이 만복사의 동쪽 방에서 홀로 살았다. 밖에는 배나무 한 그루가 있었는데, 봄이 되어 꽃이 한창 흐드러지게 피어 있었다. 이는 마치 옥으로 깎은 나무에 은이 수북이 쌓여 있는 것 같았다.

양생은 달밤이면 그 아래를 거닐며 시를 읊곤 했는데, 그날 밤도 마찬가지로 시를 읊었다. 시를 읊고 나자, 갑자기 공중에서 소리가 들려왔다. 양생이 좋은 인연을 맺고자 한다면 이루어질 수 있다는 말이었다. 그 소리에 양생은 내심 기뻐하였다.

다음날은 바로 3월 24일이었다. 이 날이 되면 이 지방 사람들은 만복사에서 등불을 밝히고 복을 기원하였다. 그래서 젊은 남녀들이 줄줄이 모여들어 각자의 소원을 빌었다. 날이 저물어 법회(法會)가 끝나자 사람들이 몇 남지 않게 되었다. 양생이 소매에서 저포를 꺼내어 불상 앞에 던지며 말하였다. 부처와 저포 내기를 해서 자신이 지면 부처님을 위한 잔치를 열어드릴 것이고, 부처님이 지면 미인을 보내 자기 소원을 이루어달라는 내용이었다. 이렇게 빌고 나서 저포를 던졌는데 과연 양생이 이겼다. 그는 곧바로 불상 앞에 무릎을 꿇고 부처에게 약속을 저버리지 말라고 말했다. 그러고는 불상을 모신 자리 뒤에 숨어 그 약속이 지켜지기를 기다렸다.

잠시 후 한 미인이 나타났다. 나이는 열대여섯 정도 되어 보였는데, 수수한 옷차림에 머리는 두 갈래로 묶고 있었다. 아름다운 얼굴과 고운 몸가짐은 마치 하늘에서 내려온 선녀 같았고 보면 볼수록 얌전했다. 여인은 기름병을 가지고 와서 등잔에 기름을 붓고 불을 켠 후 향을 꽂고 세 번 절을 하더니 그 앞에 꿇어앉아 한숨 쉬며 준비해 온 글을 꺼내 읽었다. 여인이 글을 바치고는 여러 번 흐느껴 울었다. 불상 뒤에서 틈새로 엿보던 양생은 그 아름다운 모습을 보고는 감정을 추스리지 못하고 튀어나와 사연이 무엇이냐고 물었다. 그러고는 여인이 바친 글을 집어 들고 보더니, 그 사연이 짝을 구하는 것인 줄 알고 얼굴 가득 기쁜 빛을 띠며 여인에게 어디서 온 누구인지 물었다. 여인은 아름다운 배필만 얻으면 되지, 굳이 이름은 알 것 없다고 하였다.

절은 퇴락하여 스님들은 절 한쪽 구석진 곳에 기거하고 있었다. 법당 앞에는 행랑채만 덩그마니 남아 있고, 행랑이 끝난 곳에 아주 좁은 판자방이 있었다. 양생이 여인을 부추겨 들어가려 하니 여인은 어려워하지 않고 따라 들어갔다. 두 사람은 남녀 간의 즐거움을 나누었는데 여느 사람들과 다를 것이 없었다.

– 김시습, 〈만복사저포기〉

2

근대의 새벽이 열리기 전 길들은 적막했다. 인간의 발걸음으로 겨우 다져진 소로는 인간보다는 동물이 더 자주 드나들었다. 잡초는 금세 길의 흔적을 흐트러뜨리곤 했다. 인적은 자주 끊기곤 했다. 느릿느릿 걸어오는 사람이 눈에 띄면 사슴과 고라니는 멀찌감치 길을 비켜주었다. 인간은 동물들의 이동속도를 따라잡을 수 없었다. 숲에 포위된 길들은 신화와 전설을 나르는 통로였다. 마을과 마을 사이를 걸어가는 여행자들은 맹수나 산적들의 습격을 염두에 두어야 했다. 순례자들이나 병사들, 상인들을 빼곤 쉽게 길을 떠나려 들지 않았다.

기차의 날카로운 기적소리는 길의 평화를 금가게 했다. 수백 년 묵은 참나무는 밑동이 잘려나갔다. 대지는 금속성의 차가운 이물질로 파헤쳐졌다. 이제 길의 주인은 인간이 되었다. 동물들은 기계소리가 미치지 않는 곳을 찾아 멀리 떠났다. 동물들이 자취를 감춘 곳에서 인간의 도시는 번성했다. 인간은 적막 대신 소란을 선택했고, 자족 대신 탐욕에 몸을 맡겼다. 근대는 인간이 자연의 모태에서 떨어져 나온 짧은 이유기였다.

– 박천홍(2003), 『매혹의 질주, 근대의 횡단』, 산처럼, 59쪽

연습문제 2

다음의 글쓰기에서, 구성의 기준이 되는 것은 무엇인지 생각해 보자.

서울의 동대문 밖에 여느 고궁과는 달리 어딘지 낯설고 초라한 느낌을 주는 유적이 있다. 최근 보수공사가 진행되기 전 찾아보았을 때 이곳은 퇴락한 채로 방치되어 있었다.

건물은 허물어지다시피 서 있고 더러운 도시의 때가 켜켜이 쌓여 있으며 담장도 없는 경내에는 방뇨의 냄새가 코를 찔렀고 군데군데 노숙자들이 누워 있거나 배회하고 있었다. 주변에는 중고품 시장이 개설되어 하루종일 시끌벅적하였고 점포의 낡은 물품들은 오히려 이곳의 황량한 풍정을 대변하는 듯하였다. 바로 이곳이 한·중 간의 깊은 우호를 상징하는 유적인 동묘라는 사실을 기억하는 사람은 드물다.

동묘는 중국 촉한의 장군 관우를 모시는 사당이다. 주지하듯이 관우는 촉한의 선주 유비의 결의형제로서 한실 부흥을 위해 진력하였으나 오의 지장 여몽에게 패사한 후 충의의 화신으로 민간에서 숭배되었다. 그는 처음에는 군신이 되었다가 나중에는 재신을 겸하게 되어 더욱 광범위하게 숭배되었는데 마침내 중국의 토착종교인 도교에서 관성제군이라는 큰 신격으로 좌정하기에 이르렀다.

관우가 우리나라와 깊은 관계를 맺게 되는 것은 임진왜란 때부터이다. 왜군이 파죽지세로 북상하여 한양·평양이 속속 함락되고 선조가 압록강변의 의주까지 몽진하여 여차하면 중국으로 망명할 태세인 위기 상황에서 명의 장군 이여송이 구원병을 이끌고 조선으로 오게 된다. 이여송의 명군은 기대에 어긋나지 않게 평양을 탈환함으로써 조선을 망국의 위기에서 벗어나게 하였고 일거에 전쟁 국면을 전환시켰다.

조선이 명의 파병에 감사했음은 말할 나위가 없다. 오죽하면 "나라를 다시 만들어준 은혜(再造之恩·재조지은)"라고 까지 표현했겠는가.

물론 명의 파병 의도와 이후 명군의 소극적인 참전 태도 등은 정치적 차원에서 달리 읽을 여지가 있겠으나 당시 아니 그 이후 상당 기간 동안 조선과 명의 관계는 단순한 이해관계를 넘어선 신뢰와 인정의 차원에 기반하고 있었다.

그 증거로 명에 대한 의리를 지키기 위해 강국 청과 패할 것이 뻔한 전쟁을 해서 비극을 초래한 병자호란을 들 수 있다. 여하튼 조선 조야의 명에 대한 감사의 마음은 명군이 숭배하는 군신 관우의 사당을 각지에 건립하는 행위로 표현되었다. 전설에 의하면 이여송이 평양을 탈환할 때 관우가 현몽하여 승리의 전술을 계시하였다고도 한다. 동묘는 그때 건립된 여러 사당 중의 하나로 지금까지 존속해온 것이다.

선조 이후 조선 말기까지 관우의 사당인 동묘는 한·중 우호의 상징으로 정중하고 융숭하게 관리되어 왔다. 중국의 사신들 역시 내한할 때 이곳을 참배하여 한·중 간의 관계를 음미하며 감회의 시문을 남겼다. 그러나 근대 이후 한국과 중국이 역사의 격랑에 휩쓸리면서 이곳은 버려졌고 냉전의 세월을 거치는 동안 돌보는 이 없이 황폐해졌을 뿐만 아니라 유적이 지닌 본래의 의미조차 망각되어 갔다.

역사의 수레바퀴는 다시 돌고 돌아 한국과 중국은 이제 과거의 빈번했던 교류와 밀접했던 정치적· 경제적 협력관계를 회복하고 있는 중이다. 안타까운 것은 해마다 수많은 중국인 관광객이 한국을 찾아오지만 대부분 관광지와 상가를 배회할 뿐 자신들의 문화와 깊은 관계가 있는 동묘를 방문하는 이는 드물다는 점이다. 더구나 동묘가 지닌 역사적 의미에 대해 음미해보는 이는 거의 없다는 사실이다. 이러한 현상은 물론 우리의 경우도 마찬가지이다.

바야흐로 한국과 중국의 인터넷 상에서는 이른바 역사전쟁, 문화전쟁이 한참 진행 중이다. 동북공정의 획책으로 인해 촉발된 역사전쟁, 강릉 단오제에 대한 오해로 인해 야기된 문화전쟁은 모두 상대방의 역사와 문화에 대한 편견과 무지에서 비롯된 것인데 이 시점에서 우리는 동묘가 지녔던 따뜻한 우호의 정신을 회고해 볼 필요가 있다.

이를 위해 퇴락한 동묘의 겉모습을 보수하는 데에 그치지 않고 그 내재적 의미를 밝히 드러내고 진정성 있는 스토리를 만들어 오늘의 한·중 관계를 신뢰와 우의의 토대 위에 구축하는 역사적 근거로 삼아야 할 것이다.

– 정재서, 「동묘를 기억하라」, 서울신문, 2013. 01. 22.

연 습 문 제 3

다음 글은 어떤 사건에 대한 문제 제기인지 서술해 보고, 자신이 경험한 유사한 사건에 대해 이야기해 보자.

1

'어느 왕국의 아름다운 공주가 느닷없이 찾아온 악당에 의해 위험에 빠진다. 이웃나라 왕자가 악당을 제거하고 그녀를 구해내 둘은 행복하게 잘 살았다고 한다…….'

이 같은 동화에서 악당이나 왕자 없이 공주 이야기가 만들어질 수 있을까? 만약 있다고 한다면, 그것이 흥행에 성공할 수 있을까? 디즈니 사의 〈겨울 왕국〉(원제 〈Frozen〉)은 전통적인 공주 이야기 계보를 잇는 동화이기는 하나 두 명의 여주인공이 이야기를 이끌어간다는 점에서 개봉 이전부터 세간의 주목을 받았다. 안데르센의 동화 『눈의 여왕』을 원작으로 하면서도 구조적인 면과 감성적인 면 모두에서 새로움을 꾀하기 위해 디즈니 사는 눈의 여왕을 주인공으로 내세우고, 그에 대응하는 인물로 그녀의 여동생인 공주를 등장시켰다. 이러한 새로운 시도를 거쳐 2013년 겨울 개봉한 〈겨울 왕국〉은 원작 동화와는 전혀 다른 작품이 되었으며 개봉되자마자 디즈니 사의 전작인 〈라푼젤〉을 뛰어넘는 흥행 성적을 거두었다. 국내에서도 약 1029만 관객을 돌파했으며 2015년 6월 현재 역대 박스오

피스 12위를 기록하고 있다.

〈겨울 왕국〉의 흥행 성공의 가장 큰 요인은 이전의 전통 동화와는 차별화되는 새로운 스토리텔링이다. 입체적이고 능동적인 주인공들이 빚어낸 이 이야기는 기존의 고정관념에 얽매이지 않는 자유로운 삶을 간접 경험할 수 있게 한다는 점에서 아이들을 위한 애니메이션 그 이상의 가치를 지닌다. 본고에서는 구체적으로 〈겨울 왕국〉 스토리텔링의 구조를 분석하고 이를 뒷받침하는 감성적 측면을 살펴본 뒤, 이를 통해 작품의 의의를 살펴보고자 한다.

– 학생의 글

2

스마트폰의 대중화가 진행된 지 어언 10년, 스마트폰 사용자 4000만 명 시대인 지금 지하철을 타도 식당을 가도 심지어 길거리에만 나가봐도 사람들의 시선이 스마트폰을 향해 있는 것을 쉽게 볼 수 있다. 지금 당장 밖으로 나가 그들의 스마트폰을 본다고 했을 때 카카오톡을 사용하지 않는 사람은 몇이나 될까?

카카오톡은 휴대폰 번호를 이용자 식별에 사용하므로 가입과 로그인 없이 전화번호만 있으면 채팅을 할 수 있으며 그룹채팅이나 보이스톡뿐만 아니라 사진이나 비디오클립, 음성녹음 메시지도 전송이 가능하다. 특히 페이스북 같은 소셜네트워크 서비스처럼 '친구' 등록을 따로 할 필요가 없다. 사용자의 휴대폰에 연락처가 등록되어 있는 사람은 자동으로 카카오톡 친구 리스트에도 등록이 되기 때문이다. 또한 이 모든 것이 무료로 제공된다는 획기적인 장점 덕분에 카카오톡을 마다하고 굳이 유료로 문자 서비스를 이용하려는 스마트폰 유저는 거의 없다.

"카톡해~" 언젠가부터 이 말은 친구들과 헤어질 때 쓰는 인사말로 굳어졌다. "문자해", "전화해" 라는 말을 고등학교 1학년 때까지만 해도 입에 달고 살았었는데, 어느 순간 그것이 카톡으로 대체되었다. 길지 않은 20년을 살았지만 내게 있어서 처음으로 인사말 자체가 바뀐 것이다. 하나의 관용적인 표현이 되어버렸다. 카카오톡은 이제 없으면 불안할 정도로 우리 삶에 깊숙이 들어왔다. 그런데 이 현상이 마냥 좋다고만 할 수 있을까? 너무 잦은 사용으로 인해 이것에 지나치게 의존하고 있는 것은 아닐까?

카카오톡이 기존의 문자 서비스와 가장 크게 다른 점은 바로 '읽음 확인 기능'이라고 할 수 있다. 메시지를 보내면 바로 옆에 숫자 '1'이 생기는데 이는 상대방이 대화창에 들어와 읽는 순간 사라진다. 처음에는 마냥 신기하고 편리할 것이라고만 생각했던 이 기능이 지금 우리에게 어떤 영향을 끼치고 있을까. 이것은 우리에게 어떤 의미가 되었을까. 나는 최근들어 우리가 카카오톡을 단순히 이용하는 것이 아니라 오히려 카카오톡에 이끌려가는 것이 아닌가 하는 생각이 들었다. 우리가 카카오톡에 정서적으로 의존하고 있는 현실과 원인을 파악하고 그 해결방안 또한 모색해보려고 한다.

– 학생의 글

3

수업 시간 전에 잠깐 눈 좀 붙인다는 게 한 시간이 되어 수업을 놓쳤을 때, 열심히 쓴 레포트를 저장하지 않고 그냥 껐을 때, 밤새워 한 과제를 집에 두고 왔을 때. 말만 들어도 정말 "스트레스" 받는 상황들이다. 몸이 아파 병원에 갔을 때 "원인은 스트레스입니다"라고 말하는 의사 선생님들을 본 적이 있을 것이다. 눈에 보이지 않아 정확히 나에게 어떤 영향을 끼치는지도 모르는데, 그게 내 병의 원인이라니. 돌팔이 의사다 하면서 이 병원에 다신 가지 않으리라 하고 다짐한 적도 있을 것이다. 이렇게 우리는 일상생활 속에서 스트레스라는 말을 자주, 서슴없이 사용한다. 우리나라 사람들이 가장 많이 사용하는 외래어 1위가 스트레스라는 기사도 있다. 하지만 스트레스의 정의를 물어볼 때 자신 있게 답할 수 있는 사람은 몇이나 될까. 우린 스트레스가 무엇인지, 해결할 수 있는 방법은 없는지는 생각해보지 않고, 그저 받아들여야만 하는 숙명쯤으로 생각한 채 살아가고 있다. 만병의 원인이라는 스트레스. 아무리 즐겁게 살아가려고 해도 스트레스를 완전히 떨쳐내고 사는 것은 힘든 일이다. 스트레스 요인이 전혀 없는 것도 반드시 건강을 위해 좋은 것은 아니다. 하지만 지나친 스트레스는 몸과 마음을 허약하게 하는 법이다. 그렇다면 어떻게 하면 스트레스를 덜 받고 살 수 있을까? 그 전에 스트레스가 대체 어떤 것인지 알아보도록 하자.

– 학생의 글

4

"김미영 팀장입니다. 최저이율로 최대 3000만 원까지 30분 이내 통장입금이 가능합니다." 어느 한 개그 프로그램의 소재로 쓰이기도 하는 '김미영 팀장'이란 이름은 상당히 친숙하게 들릴 것이다. '김미영 팀장'은 "한국의 보이스피싱의 대명사격으로 알려져 있는 가상 인물"로 2011년부터 2014년까지 보이스피싱으로 활개를 쳤으며 한국에서는 모르는 사람이 없을 정도로 유명한 이름이다. 여기서 보이스피싱(voice phishing)이란 음성(voice)과 개인정보(private data) 그리고 낚시(fishing)를 합성한 신조어로 전화로 돈을 요구하거나 개인정보를 수집하려는 신종범죄를 일컫는다. 보이스피싱은 2006년에 처음 등장해 꾸준히 피해 현황이 증가하고 있었지만 금융당국과 금융회사에서 피해 예방 대책 시행을 실시한 결과 2009년부터 감소하는 추세였다. 하지만 최근 교묘해지고 치밀해진 수법 때문에 다시 증가하고 있다. 특히 2014년에 보이스피싱 발생건수와 피해가 전년과 대비해 증가하여 이를 전환점으로 보고 있다. 반면, 범인 검거율은 2011년 80%에서 2014년 54%로 하락했다.

초기에는 돈에 관한 지식이 부족한 노년층이 주요 공략 대상이었으나 최근에는 점점 연령이나 계층과 상관없이 보이스피싱의 대상이 되고 있다. 개인정보를 미리 알려주면서 정보 유출 또는 해킹 사고 등 사회적 이슈 사건과 연계하여 접근하는 경우가 많아졌기 때문이다. 특히 보이스피싱 때문에 대학등록금을 잃은 대학생, 전세보증금을 잃은 가족, 그리고 장례비를 잃은 할머니 등 돈이 많지 않은 서민층이 주를 이루고 있어 더욱 문제다. 따라서 누구든 언제든지 보이스피싱의 피해자가 될 수 있기에 더욱 예방에 각별할 필요가 있다.

– 학생의 글

알기 쉬운 설명

'설명'은 대상에 대한 기본적인 정보를 제공하여 이해를 도모하는 진술 방식이다. 정보를 제공할 때 주의할 점은 나만의 입장이 반영되지 않도록 한다는 것이다. 누가 읽어도 타당한 거리를 유지하는 것, 그것을 객관적이라 한다. 설명의 핵심은 객관성을 유지하는 것이다. 어떤 일의 내용이나 이유, 의의 따위를 누구나 알기 쉽게 밝혀서 말하는 설명은 모든 글쓰기에서 가장 일반적으로 쓰이는 진술 방식이다.

함께 이야기해 봅시다

- **인간의 감정이나 사회적 이슈에 대해 알기 쉽게 설명해 보자. 어느 것을 설명하는 것이 더 쉬운가. 그 이유가 무엇인지 이야기해 보자.**
- **대상에 대한 정보를 이해하기 쉽게 전달하려면 어떠한 요소가 필요할지, 자신의 경험을 토대로 논의해 보자.**

설명하는 글을 쓰기 위해서는 몇 가지 사항에 유의해야 한다.

첫째, 글쓰는 이는 자신이 다루고자 하는 쓸거리에 대해 체계적이고 깊이 있는 지식과 안목을 지니고 있어야 한다. 그렇지 못한 경우에는 피상적인 차원에서 동어반복을 하게 되거나 불필요할 정도로 어렵게 말을 하게 된다. 그럴 경우 조리 있는 설명이 되지 못하고 글이 어수선해진다. 또한 쓸거리의 한 부분만을 확대하거나 강조하지 않도록 주의해야 한다.

둘째, 글쓰는 이의 개인적 감정이나 주장을 배제해야 한다. 최대한 객관적이고 이성적인 태도로 문제를 풀어나가면서 가능한 한 정확히 기술해야 한다. 독자들로 하여금 자기 주장을 받아들이게 하려는 의도의 글이나, 자기 감정에 근거해 일부를 확대 혹은 축소하는 글은 설명의 범주를 벗어난 글이다.

셋째, 설명하는 글은 무엇보다도 독자의 이해를 우선으로 삼는 진술 방식이므로 읽는 이들의 성격과 수준을 파악해야 한다. 같은 쓸거리라도 그것이 일반 신문과 같은 대중 매체에 실리는 글이라면 대중적이고 폭넓은 독자를 대상으로 써야 하고, 학술지의 글이라면 전문 독자층을 고려하여 전문적이고 세부적인 문제에 초점을 두고 써내려가야 한다.

넷째, 설명하는 글쓰기에 적용할 수 있는 다양한 방법을 숙지하고 쓸거리와 문장의 성격에 맞게 활용할 수 있도록 한다. 다음은 설명하는 글쓰기를 보다 풍부하게 만들어 줄 다양한 서술 방법들이다.

설명 방법	설명 방법의 정의
지정	'그것은 무엇인가'라는 질문에 대해서 '그것은 무엇이다'라는 식으로 설명하여 어떤 대상을 간략하게 가리키거나 그것에 자격을 부여하는 것.
정의	어떤 대상이나 관념의 뜻을 설명하는 것. 짧은 사전적 정의만으로 대상의 복합적 의미를 설명할 수 없을 때는, 글쓴이의 해석이 첨가되는 확장적 정의 필요.
예시	구체적인 사례를 들어 어떤 사물이나 현상을 설명하는 방법으로 독자에게 설명하고자 하는 대상을 효과적으로 이해시키는 것.
인용	기존의 말이나 글, 이론이나 주장 등을 빌려오는 것. 잘 알려진 명언이나 일화, 경험, 대화, 저서, 통계 등을 인용하여 글의 신뢰도를 높임.
비교	두 사물을 놓고 유사성이나 공통적인 면을 탐색하는 것.
대조	두 사물을 놓고 차이점이나 구별되는 점을 부각시키는 것.
분류	대상이 여러 가지이거나 복합적일 때, 일정한 기준에 따라 나누거나 묶어서 설명하는 방법. 하위 개념들을 상위 개념으로 범주화하여 큰 부류로 묶는 것.
구분	상위의 개념들을 여러 개의 하위 개념으로 나누는 것.
분석	전체를 이해하기 위해서 대상을 각각의 요소들로 나누어, 구성 요소들의 관계와 기능을 따져보거나 현상의 원인을 따져보는 것.
종합	전체 구조를 고려하며, 분석한 결과를 수합하여 의미를 총체적으로 진단하는 것.

연습문제 1 **다음 빈칸을 채워 주어진 단어를 설명해 보고, 전공과 관련한 다양한 용어를 정의해 보자.**

나에게 인문학이란 ( )이다.

나에게 사회과학이란 ( )이다.

나에게 ( )이란 ( )이다.

나에게 ( )이란 ( )이다.

연습문제 2 **다음은 자유에 대한 다양한 정의를 소개한 글이다. 이 글을 읽고 자기가 생각하는 자유란 무엇인지, 정의를 내려 보자.**

철학자들은 자유를 여러 가지 방식으로 정의했다. 예컨대 스피노자는 완전한 합리성, 라이프니츠는 지성의 자발성, 홉즈는 방해 없는 상태, 로크는 자기 결정에 의한 행위, 칸트는 이성의 자율, 헤겔은 필연의 수용, 크로체는 삶의 영속적인 확장, 사르트르는 인간 존재의 자발성, 그리고 불교에서는 집착으로부터의 해탈 등으로 자유를 규정한다. 그들은 모두가 하나의 본질적인 자유를 정의하려고 했다는 점에서 공통된다. 그러나 실재하는 것은 하나의 자유가 아니라 다양한 측면에서 논의될 수 있는 여러 종류의 자유일 뿐이다.

– 신오현(1987), 『자아의 철학』, 문학과지성사, 196쪽.

연습문제 3 **다음은 남성과 여성의 개념을 생물학적 성과 사회적 성으로 비교 대조하여 설명한 글이다. 이 글을 읽고 '모성과 부성'에 대해 대비하는 글을 써 보자.**

sex는 인간의 생물학적 특질로만 규정되며, 이것 이외의 다른 특질들을 지칭하는 개념이 바로 gender이다. 따라서 sex는 해부학상 인간이라는 종 가운데 여성으로 태어났는가 아니면 남성으로 태어났는가를 구분하는 생물학적 특질들로 구성되는 생물학적 성(biological sex)을 의미하고, 반면 gender는 생물학적으로 결정된 sex에 기반한 자질로서 사회적으로 학습되어 구성된 구체적 행동과 그에 준하는 기대를 일컫는 사회적 성(Sociological gender, Social gender)을 의미한다. 이러한 sex와 gender의 개념적 구분은 남녀의 모든 성적 특질과 차이가 고정 불변하는 자연스러운 것이 아니며, 어떤 특질과 차이들은 필연적이기도 하고 어떤 것들은 사회 문화적 환경으로부터 비롯된 유동적인 것임을 효과적으로 보여주는 의미 있는 개념 구분이다.

– 김정선·이경미(1993), 「여성학 용어사전」, 『여성과 사회』, 4호, 한국여성연구소, 278–279쪽.

논리적인 증명

논리적인 증명을 논증이라 한다. '논증'이란 논리적으로 주장을 펼쳐 상대를 설득시키고자 하는 진술 방식이다. 논증을 성립시키기 위해서는 논제(주장)를 논거를 통하여 증명해 가는 절차와 조건들이 필요하므로, 논증은 실제로는 논리적 구조의 개념과 밀접한 관련이 있다.

함께 이야기해 봅시다

- **어떠한 경우에 나의 주장을 논리적으로 증명할 필요가 있었는지 생각해 보자.**
- **논증에 성공했던 경우와 실패했던 경우를 비교해 보자. 그때 나의 말하기 혹은 글쓰기 방식에 어떤 차이가 있었는지 생각해 보자.**

진술 방식으로서의 논증에서 중요한 것은 하나의 주장을 중심으로 독자를 설득해 가는 일관성 있는 서술이다. 물론 감정에 호소하지 않고 논리적으로 설득해야 하기 때문에 논증적 진술은 모호하지 않고 명료하게 전개되어야 한다. 또한 주장하는 내용이 분명하고 그 주장을 지지하는 내용도 유기적으로 연결되어야 한다.

논증은 합리적 근거를 바탕으로 자신의 주장을 구체화하는 것이다. 때문에 추론의 과정과 밀접한 관련을 지닌다. 합리적인 이유를 제시하면서 결론에 이르는 과정을 추론이라고 하는데, 추론의 대표적인 방법으로는 귀납법, 연역법, 유비추리를 들 수 있다.

귀납법은 구체적이고 특수한 사실들(경험)을 통해 보편적 원리를 추출해 내는 것이다. 과학사의 많은 발견은 '귀납적 일반화의 과정'을 거쳐서 이루어졌다. 지구가 돈다는 것을 입증할 천문학적 증거들이 축적된 뒤에야, 비로소 지동설이라는 가설은 일반화될 수 있었다. 이처럼 귀납법은 경험을 바탕으로 지식을 체계화하고 새로운 진리를 수립하는 추론 방법이다. 물론 귀납적으로 도출된 원리는 경우에 따라 참이 아닐 수도 있다. 하지만 구체적 사례를 축적해 가는 귀납적 추론을 통해서 참에 최대한 접근해 갈 수 있다.

연역법은 일반적으로 참이라고 받아들이는 어떤 전제를 바탕으로 결론이 필연적으로 도출되는 것이다. 삼단논법이 그 고전적인 예인데, 대전제(사람은 죽는다)를 근거로 소전제(소크라테스는 사람이다)를 매개하여 구체적인 문제(소크라테스는 죽는다)에 대한 결론을 이끌어낸다. 이때 대전제는 소전제는 물론 결론까지도 구속하게 되어, 전제가 참이라면 결론 역시 참이 된다. 따라서 연역적 추론은 완전히 새로운 무엇인가를 이끌어낼 수는 없지만, 지식을 축적해 가며 세계를 이해하는 데 있어서 중요한 역할을 한다. 또한 죽음이나 우주 등과 같이 경험적으로 쉽게 확인할 수 없는 세계를 설명하는 데도 유용하다. 연역적 추론을 바탕으로 하는 글은 논리의 형식상 신뢰할 만한 결론이 도출되기에, 안정적이고 설득력이 있다.

유비추리는 서로 다른 체계를 연결해 새로운 발상의 전환을 불러온다. 유비추리는 두 개의 대상에서 발견되는 약간의 비슷한 속성을 근거로 하여 그 밖의 다른 속성들도 비슷할 것이라고 추리하는 방법이다. 다른 것들 사이에서 본질적인 유사점을 투시해 내는 통찰력과 재치를 무기로 삼는다.

추론을 통한 논증에서 중요한 것은 근거이다. 근거들이 타당, 충분, 적절해야 좋은 논증이 된다. 때문에 좋은 논증이 되기 위해서는 다음과 같은 다섯 가지 조건이 잘 충족되어야 한다.

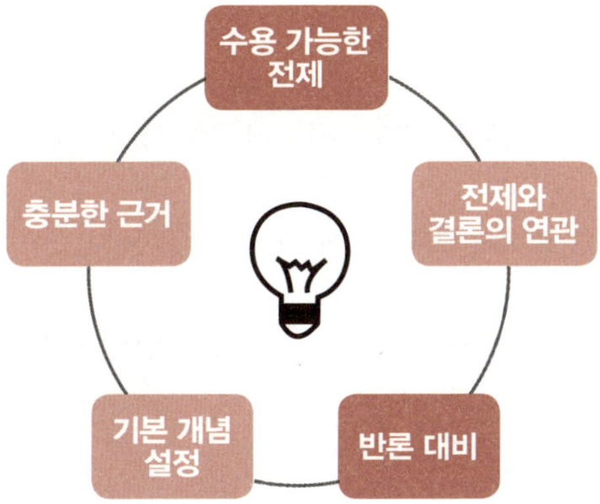

첫째, 수용 가능한 전제가 필요하다.

전제는 일반적인 상식이나 경험에서 비추어 볼 때 거짓이어서는 안 된다. 좋은 논증이 되기 위해서는 모든 전제가 일반적으로 수용할 수 있는 내용이어야 하는 것이다.

전제가 수용 불가능한 경우

전제 1) 이화여대 앞에는 옷 가게가 많다.

전제 2) 이대생은 모두 그곳에서 옷을 산다.

결론) 이대 앞 상업화는 이대생 책임이다.

둘째, 전제와 결론은 연관되어야 한다.

전제와 결론이 모두 틀림없는 사실이라 해도 서로 전혀 연관성이 없는 딴 이야기라면 결론은 참이 될 수 없다. 우연히 일치하는 사건이라고 해서 모두 관련이 있는 것은 아니다. 따라서 두 사항이 전제와 결론으로 연결되는 순간 이 명제는 거짓이 되고 만다. 그러므로 좋은 논증이 되기 위해서는 전제와 결론이 분명히 연관되어야 한다.

전제가 결론과 관련 없는 경우

전제 1) K-POP부터 게임까지, 한류가 유럽에서 꽃을 피우고 있다.

전제 2) 중국에서는 '교육 한류' 시장이 형성될 것이다.

결론) 한국영화는 앞으로도 지속적인 경쟁력이 있다.

셋째, 전제가 적절하고 충분해야 한다.

전제와 결론이 모두 참이고 연결성이 있다고 하여도, 결론을 지지해 줄 근거가 부족하다면 좋은 논증이 될 수 없다. 좋은 논증이 되기 위해서는 제시한 근거(전제)가 충분하고 적절해야 한다.

전제가 적절하고 충분하지 않은 경우

전제 1) 몬테규 가와 케플릿 가는 베로나 대표가문이다.

전제 2) 몬테규 가의 로미오와 케플릿 가의 줄리엣이 사랑에 빠졌다.

결론) 그들의 사랑은 비극으로 치달을 수밖에 없었다.

넷째, 기본 개념이 설정되어야 한다.

사용한 용어가 개념적으로 애매한 부분이 있어 전체의 논리가 흔들릴 위험이 있을 때는 개념을 설정해 주어야 한다. 예를 들어 '낙태가 살인이다'라는 주장을 할 경우, '태아는 과연 인간인가 아니면 그냥 태아인가?'에 대해 입장을 정해야 하는 것이다. 만약 누군가 '태아를 어떻게 규정할 것인가', '수정된 시점에서부터 태아는 인간인가' 등의 질문을 한다면 이 논증은 근본적으로 흔들리게 되기 때문이다. 전제 부분에서 태아가 인간이라는 개념 설정이 먼저 이루어져야만 낙태가 비윤리적인 살인 행위임을 주장할 수 있다. 좋은 논증이 되기 위해서는 전제의 전제라 할 수 있는 주요 용어의 기본 개념이 정립될 필요가 있다.

전제의 기본 개념 설정이 필요한 경우

전제 1) 인간은 존엄하다.

전제 2) 인간은 타인의 생명을 함부로 해쳐서는 안 된다.

결론) 낙태는 비윤리적 살인 행위이다.

다섯째, 예상되는 반론에 대비해야 한다.

자기 논리에 빠져서 글을 쓰다 보면, 다른 가능성은 배제해 버리기가 쉽다. 하지만 동일한 문제에 대해서도 전혀 다른 논점에서 접근할 수 있기에, 반론이 나올 가능성은 얼마든지 있다.

배아 연구, 사형 제도, 민족주의 문제처럼 찬반 양론이 대립하는 사안이나, 사회적 이슈를 몰고 다니는 민감한 주제들은 반론의 문제에 특별히 신경을 써야 한다. 이러한 주제의 경우에는 아무리 자신의 논리가 충족적이라 할지라도 다른 맥락에서는 상반되는 견해가 제기될 수밖에 없다. 따라서 가장 쉽게 나올 수 있는 반론을 예상하여, 그것에 미리 대비할 필요가 있다.

전제에 예상 반론을 대비해야 하는 경우

전제 1) 조선은 정체된 나라로 아무런 발전 가능성이 없었다.

전제 2) 일본은 조선에 근대적 기술 문명을 전달했다.

전제 3) 일본은 조선에 공장과 철도 등의 산업 시설을 만들어 주었다.

결론) 일본의 식민지 지배는 조선 근대화의 초석을 구축했다.

전제 1) 조선은 500년 동안 독자적인 사회 체계를 유지하며 문화적 전통을 축적해온 나라이다.

↓

전제 2) 서구적 근대화는 늦었지만 조선은 자생적 변화 가능성을 갖고 있었다.

↓

전제 3) 36년간 일본은 조선을 착취하고 유린했다.

↓

결론) 일본은 조선에 씻을 수 없는 역사적 과오를 저질렀다.

이 조건 중 하나라도 부족할 경우 우리는 오류가 있다고 한다. 오류란 논증이 타당성을 지키기 위해 지켜야 하는 규칙을 지키지 못할 때 발생한다. 논증하는 과정에서 오류에 빠지지 않고, 또 다른 사람의 논증에서 오류를 발견하는 일은 논박과 논쟁에서 매우 중요한 사항이다.

연습 문제 1

다음 글에서 사용된 추론 방식이 무엇인지 생각해 보고, 이러한 추론법은 어떠한 성격의 주장을 펼 때 유용한지 토론해 보자.

흰 눈을 이글루처럼 뒤집어 쓴 채
닻 같은 앞발톱으로 베란다 창을 긁고 있었어
두 눈을 流氷처럼 껌벅이면서
집에 들어가도 돼—
어떻게 여기까지 온 거야
안돼! 그렇게 앞발에 힘을 주면 아파트가 무너져
안돼! 그렇게 큰 몸으로는 들어올 수 없어

몸을 줄여야 해 그래 좋아 3층만 해졌구나
먹을 걸 줄 수 없어 좀더 작아져야 해
이제 1층만 해졌어 조금만 더 조금만 더
그렇게 울지마 사람들이 깨면 경찰이 달려올 거야
작살 이빨은 뽑아야 해 물면 위험하잖니
갈고리 발톱도 잘라야 해 긁히면 다쳐
그래 좋아 그렇게 진한 툰드라 냄새를 피우지 마
가시털을 세우면 안돼! 절대로 안돼!
그래 그래 착하지 좋아 좋아

손바닥만하게 된 하얀 북극 곰
꼭지에 고리를 묶어 아이 가방에 매달아 주었더니
온몸을 흔들며 유치원 가는 아이를 따라나선다
잘 잤니? 흰 곰 배를 꾹꾹 누르는 아이에게
어김없이 불러대는 북극곰의 코맹맹이 노래
유 아이 마이 썬샤인—
마이 온리 썬샤인—

오 낯익은 내 목소리

— 정끝별(1999), 「우리집에 온 곰」, 『현대시학』, 31권 10호, 현대시학사, 112–113쪽.

연 습 문 제 2 **다음 예문에서 유비추리의 두 대상을 밝혀 쓰고, 그 두 대상의 속성이 어떤 면에서 닮은 것으로 제시되고 있는지 이야기해 보자.**

쥐가 꼬리로 계단을 끌고 갑니다. 쥐가 꼬리로 병 속에 든 들기름을 빨아먹습니다. 쥐가 꼬리로 유격 훈련처럼 전깃줄에 매달려 허공을 횡단합니다 쥐가 꼬리의 탄력으로 점프하여 선반에 뛰어오릅니다. 쥐가 꼬리로 해안가 조개에 물려 아픔을 끌고 산에 올라가 조갯살을 먹습니다. 쥐가 물동이에 빠져 수영할 힘이 떨어지면 꼬리로 바닥을 짚고 견딥니다. 30분 60분 90분 — 쥐독합니다. 그래서 쥐꼬리만 한 월급으로 살아가는 삶은 눈동자가 산초열매처럼 까맣고 슬프게 빛납니다.

– 함민복(2003), 「샐러리맨 예찬」, 『눈물은 왜 짠가』, 이레, 166–167쪽.

연 습 문 제 3 **다음 글에서 '무지개가 물을 마신다'는 기존의 주장은 어떤 추론 과정을 통해서 '무지개는 물을 마시지 않는다'는 새로운 주장으로 전환되고 있는지 생각해 보자.**

옛사람들은 "무지개가 물을 마신다"고 하는데, 내가 경험해본 바로는 그렇지가 않은 듯하다. 습한 운무가 앞에 있을 때, 사람이 해를 등지고 그것을 바라보면 무지개가 보이는 데, 습기가 멀고 가까운 데에 따라 무지개가 멀리 보이기도 하고 가깝게 보이기도 한다. 사람이 한 걸음 앞으로 나아가면 무지개도 한 걸음 멀어진다. 무지개는 애초 정해진 위치에 나타나는 것이 아니다. 습기가 다 없어진 곳까지 가면 무지개는 보이지 않는다. 무지개가 물을 마신다는 설은, 일시적인 이변일 것이다. 어찌 무지개가 일정한 한 곳에서 물을 마셔 다 빨아들일 리가 있겠는가?

– 이익(1999), 「홍예음수(虹蜺飮水)」, 『성호사설』. 한길사, 64–65쪽.

연 습 문 제 4 **다음 글을 읽고 글쓴이가 주장하는 바가 무엇인지 생각해 보자.**

영화 맘마미아의 흥행으로 그룹 아바(ABBA)의 노래가 사람들의 귀를 즐겁게 하고 있다. 그 수록곡 중 "승자는 모든 것을 갖는다(The winner takes it all)"는 중·고등학교 시절 기자가 즐겨 듣던 노래다. 끝이 안 보이던 입시경쟁에 갇힌 청소년기, 이 노래의 가사는 나에게 꽤 효과 있는 촉매제였다. 어떤 게임에서든 승자는 패자에 비해 상대적으로 많은 것을 얻을 수 있다는 'The Winner takes it all'의 노랫말. 고등학교 시절에는 막연히 모든 것을 가질 수 있다는 승자가 되기를 바라는 철없는 다짐만 했던 것 같다.

하지만 대학생이 된 후, 내 눈에 비친 현실 사회는 승자가 모든 것을 가지고 패자는 몰락한다는 식의 이분법적 논리와는 다소 거리가 있다. 사회는 승자에게 영원한 해피엔딩을 허락하지 않는다. 승자가 가진다는 그 '모든 것'에는 기쁨·환희·만족감 등 긍정의 의미만 있는 게 아니다. 거기에는 책임감·희생정신·상반된 의견에 따른 질책 등 감내해야 할 요소들 역시 포함되게 마련이다.

철저하게 패자가 되는 것도 나쁘지 않은 경험이다. 젊은 우리에게 때로는 슬픔도 힘이 된다. 패배의 순간도 지속적으로 수레바퀴를 굴려 자신만의 역사를 만들어 가고 있다는 역사적 증명은 참으로 놀랍다. 고대 로마, 억압과 착취에 시달리다 못해 검투사의 반란을 일으킨 스파르타쿠스. 그는 패배했지만, 그 정신만은 2천여 년이 지난 지금도 죽지 않았다. 여성과 장애인이라는 자신의 현존을 그림으로 승화했던 멕시코 화가 프리다 칼로의 삶은 어떠한가. 소아마비·교통사고·남편의 외도 등 절망의 상황에도 불구하고, 이를 예술의 주제로 승화해 냈다. 링컨 역시 마찬가지다. 초등학교 1학년이 학력의 전부인 그는 어린 시절부터 온갖 실패의 경험을 딛고 미국 대통령까지 올랐다. 그러나 여기에서는 또 아이러니하게도 승리의 기쁨이 극대화된 순간 그는 암살을 당하고 만다.

다시 아바(ABBA)의 노래로 돌아가 보자. 잔잔하게 시작한 이 노래는 끝부분으로 치달으면서 비트가 빨라진다. 그리고 "게임은 다시 시작된다(The game is on again)"고 노래한다. 그렇다. 결론에 관계없이 우리가 이 사회에 존재하는 한 머지 않아 또 다른 게임은 다시 시작된다. 이제 지금부터 시작될 게임에서 어떤 카드를 내놓을 것인가.

대학생으로 살아가기 힘든 현실이다. 교육과학기술부와 한국교육개발원이 25일(목) 발표한 '2008년 고등교육기관 졸업자 취업통계조사'에 따르면 올해 4년제 대학 졸업생의 정규직·대기업 취업률은 48%로 지난해와 비교해 0.7% 낮아졌다고 한다. 뿐만 아니라 비정규직 취업률은 19.6%로 지난해보다 1.7% 상승해 취업의 질은 갈수록 악화되고 있다. 이렇게 가시적으로 나오는 절망적인 수치들은 아직 사회에 첫 발을 내딛지도 못한 대학생들의 힘을 빼고 있다.

벌써 한해의 절반이 지나고 날씨도 쌀쌀해져 제법 가을 냄새를 풍긴다. 시간은 우리에게 끊임없는 게임의 기회를 제공한다. 이렇듯 연속된 기회가 반복되는 과정에서 시간은 승자에게 모든 것을 기꺼이 안을 수 있는 포용력과 겸손함을 요구하고 패자에게는 또 다른 게임에서 승자가 될 수 있는 희망을 준다. 게임은 다시 시작된다. 역경 속에서 피는 꽃이 더 아름다움을 잊지 말자.

– 변선영, 「꽃은 흙속에서 핀다」, 『이대학보』.

연습 문제 5 **좋은 논증의 조건을 고려하며, 다음의 논증 과정을 완성해 보자.**

전제 1)

전제 2)

전제 3)

전제 4)

결론: 사형제는 폐지되어야 한다.

전제 1)

전제 2)

전제 3)

전제 4)

결론: 사형제는 유지되어야 한다.

이상의 역동적인 진술 방법을 요약하면 다음과 같다.

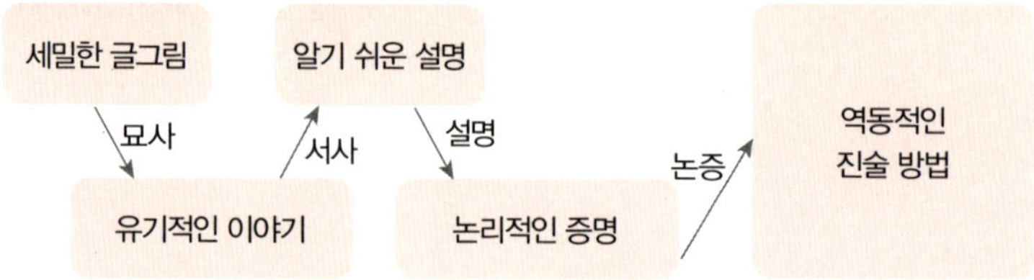

3. 체계적으로 표현하라

어법에 맞는 어휘

정성스럽게 만든 음식이 예쁜 그릇에 담기면 훨씬 더 먹음직스럽게 보인다. 글도 마찬가지이다. 좋은 생각들을 형식과 격에 맞도록 적절히 표현해 낼 수 있을 때 필자의 생각은 빛나게 된다. 그렇다면 글쓰기에서 형식과 격을 갖출 수 있는 방법은 무엇일까?

가장 기초적인 방법은 우리말을 바르게 적기 위한 한글 맞춤법의 원리를 이해하고 틀리기 쉬운 한글 맞춤법의 몇 가지 사항들을 통해 한글 맞춤법의 원리를 적용해 보는 것이다. 특히 어떤 표기가 맞춤법에 맞다 틀리다 하는 단순한 판단의 문제가 아니라 왜 그렇게 써야 하는지 그 이유에 대해 관심을 가지고 공부해 볼 필요가 있다.

함께 이야기해 봅시다

- **"꼰니피바라메흗날리고이써요." 이 말은 무슨 의미일까? 읽는 사람 입장에서 어떤 불편함이 있는가?**
- **어제 등교를 하는데 촬영하러 나온 강동원을 정문 앞에서 만났다고 상상해 보자. '강동원 참 잘생겼데!'라고 쓸까? 아니면 '강동원 참 잘생겼대!'라고 쓸까?**
- **택배 주문서에 '부재V시에는 경비실에 맡겨 주세요.'라고 쓰는가 아니면 '부재시에는 경비실에 맡겨 주세요.'라고 쓰는가.**
- **'공부를 못하다'와 '공부를 못V하다'의 뜻은 어떻게 다를까?**
- **'설거지'가 맞을까? '설겆이'가 맞을까?**

위의 질문에 대해 생각해 볼 수 있는 내용은 다음과 같다. "꼰니피바라메흗날리고이써요."는 '꽃잎이 바람에 흩날리고 있어요.'를 소리 나는 대로 쓰고 띄어쓰기를 하지 않은 문장이다. 이처럼 한글 맞춤법을 지키지 않고 띄어쓰기를 하지 않으면 읽는 사람의 입장에서는 그 문장의 의미를 해석하는 데 시간이 걸리고 매우 불편하다는 점을 알 수 있다. '-대'와 '-데'는 어떻게 표기하느냐에 따라 큰 의미 차이가 있다. '강동원 참 잘생겼데!'라고 쓰면 자신이 직접 강동원을 본 것이 된다. 반면 '강동원 참 잘생겼대!'라고 쓰면 누군가에게 듣고 전하는 것이 된다. 다음으로 택배 주문서에 쓰는 표현은 '부재∨시'로 띄어 써야 맞다. 많은 사람들이 '부재시'로 붙여 쓰는 경우가 많은데 '시'는 단어이기 때문에 한글 맞춤법의 원칙에 따라 띄어 써야 한다. '공부를 못하다'와 '공부를 못∨하다'는 띄어쓰기에 의해 다른 의미가 된다. '공부를 못하다'는 "공부를 하기는 했는데 일정한 수준에 못 미치다"의 의미이고, '공부를 못V하다'는 아직 공부를 안 한 상태일 때 하는 말이다. 마지막으로 '설거지/설겆이' 중 맞는 표기는 '설거지'이다. 현재 '설겆다'라는 말은 존재하지 않으므로 [설거지]라고 소리 나는 대로 적도록 한 것이다.

한글 맞춤법은 한국어를 한글로 표기할 때 지켜야 할 규범으로 글쓰기의 기초이기도 하고 나의 글을 읽을 사람들을 위한 기본적인 배려이자 예의이기도 하다. 사실 글을 쓰는 사람 입장에서는 '강동원 참 잘생겼데.'로 쓰든 '강동원 참 잘생겼대.'로 쓰든 큰 문제가 없다. 그러나 글을 읽는 사람의 입장에서 보면 '–데'와 '–대'를 구분해 써 주어야 글쓴이의 정확한 의도를 파악할 수 있다. 글쓰기의 목적이 나의 생각을 상대방에게 전달한다는 데 있다는 점을 상기해 본다면 한글 맞춤법은 글을 읽을 사람과의 원활한 의사소통을 위해 익혀 두어야 할 기본적인 전략인 것이다.

한글 맞춤법 원리에 대한 이해

사람들은 한글 맞춤법이 복잡하고 어렵다고 한다. 그러나 영어의 표기법과 비교해 보면 한글 맞춤법은 전혀 어렵지 않다는 것을 알게 된다. 'guarantee, leisure, Wednesday' 등 영어 공부를 할 때 수많은 단어의 철자를 하나하나 외워야 했던 것을 떠올려 보라. 그러나 '한글 맞춤법'은 영어 단어의 철자를 암기하는 것과는 차원이 다른 것이다. 한글 맞춤법에는 일정한 표기의 원리가 있으며 이러한 기본 원리를 익히면 우리말 표기에 적용할 수 있다.

한글 맞춤법의 원리는 현행 〈한글 맞춤법〉 총칙 제1항에 명료하게 나타나 있다.

> 제1장 총칙
>
> 제1항 한글 맞춤법은 표준어를 소리대로 적되, 어법에 맞도록 함을 원칙으로 한다.
>
> 제2항 문장의 각 단어는 띄어 씀을 원칙으로 한다.
>
> 제3항 외래어는 '외래어 표기법'에 따라 적는다.

총칙 제1항에는 세 가지 요소가 포함되어 있다. 한글 맞춤법의 대상은 '표준어'라는 점을 알 수 있다. 즉, 표준어를 대상으로 하여 글을 어떻게 적을지 정했다는 것이다. 둘째로, [책], [연필]을 들리는 대로 '책', '연필'로 적는 것처럼 '소리 나는 대로' 적으면 된다는 것이다. 셋째로, '어법에 맞도록' 함은 '꼰니피', '꼬또'로 적으면 읽는 사람이 그 의미를 파악하기 어려우므로 '꽃잎이', '꽃도'처럼 하나의 뜻을 가지고 있는 말은 원래의 형태(기본형)를 밝혀 '꽃'으로 고정시켜서 적는다는 것이다.

제2항은 띄어쓰기의 단위를 규정한 조항이다. 단어는 독립적으로 쓰이는 말의 단위이기 때문에 단어를 단위로 하여 띄어 쓰라는 합리적인 원칙을 정한 것이다. 다만, 우리말에서 '은, 는, 이, 가'와 같은 조사는 하나의 단어로 다루어지고 있으나 자립할 수 없는 의존적인 특성이 있으므로 앞의 단어에 붙여 쓴다. 사람들이 띄어쓰기를 어려워하는 이유는 '단어'의 개념을 제대로 이해하고 있지 못하기 때문이다. 이를 이해한다면 띄어쓰기는 더 이상 무조건 외워야 하는 암기 과목이 아니게 된다.

한글 맞춤법의 실제

(1) 된소리 제대로 표기하기

a. 머리를 {싹둑/싹뚝} 잘랐다.

b. 눈에 {눈곱이/눈꼽이} 끼었다.

한글 맞춤법의 원칙 중 하나는 표준어를 소리 나는 대로 적는 것이다. 그런데 조금 문제가 되는 것들이 있다. 위의 예들을 소리 나는 내로 적자면 '싹뚝', '눈꼽'

이라고 적는 것이 맞을 것이다. 그러나 a에서는 '싹둑'이, b에서는 '눈곱'이 올바른 표기이다. '싹둑[싹뚝]'을 소리나는 대로 적지 않는 이유는 '국수, 몹시' 등을 발음해 보면 알 수 있다. 이들은 [국쑤], [몹씨]로 소리가 나는데 우리말에서 'ㄱ, ㅂ' 받침 뒤에 이어지는 자음은 항상 된소리로 발음된다는 특징이 있다. 따라서 이는 국어의 자연스러운 발음 규칙이므로 이처럼 항상 된소리로 발음되는 경우는 그 소리를 표기하지 않기로 한 것이다.

그렇다면 b는 어떤가? [눈꼽]으로 소리가 나지만 '눈곱'으로 적는 것이 옳다. 분명히 [눈꼽]으로 소리가 나고 'ㄱ, ㅂ 받침 뒤'도 아닌데 왜 소리 나는 대로 쓰지 않는 것일까? 위의 원칙은 한 단어 내에서만 적용된다는 점에 그 답이 있다. '눈곱'은 '눈'과 독립적인 말인 '곱'이 결합하여 만들어진 말이므로 [눈꼽]으로 소리가 나지만 각 단어의 원형을 살려 '눈곱'으로 적는다. 즉, 우리말에서 이렇게 독립적인 단어가 결합한 경우는 구성 요소의 원형을 밝혀 적기로 한 것이다.

연습 문제 1 **다음 중에서 바르게 표기한 것을 고르고 그 이유를 설명해 보자.**

① 장인어른에게 {넙죽/넙쭉} 절을 했다.

② 진수는 땅바닥에 {털석/털썩} 주저앉고 말았다.

③ 계속 {쑥덕/쑥떡}거리는 사람에게는 쑥떡을 하나 주어라.

④ 그 광경을 본 사람들은 모두 {눈살/눈쌀}을 찌푸렸다.

(2) 두음법칙에 따른 표기

우리말에는 발음을 좀 더 편하게 하기 위해 특정한 자음이 단어의 첫 머리에 오는 것을 피하는 현상이 있다. 이를 두음(頭音)법칙이라고 하는데, 한자어로 된 단어에서 첫머리에 'ㄴ, ㄹ'이 오는 것을 꺼리는 현상을 말한다. 이에 따라 한자음 '녀, 뇨, 뉴, 니', '랴, 려, 례, 료, 류, 리'는 'ㅇ'으로, '라, 래, 로, 뢰, 루, 르'는 'ㄴ'으로 바뀐다.

a. 그의 태도는 언제나 {늠름/름름}하고 자신만만했다.

b. {실낙원(失樂園)/실락원}은 영국의 시인 밀턴이 지은 대서사시이다.

c. 톱스타의 사생활은 {가십난/가십란}의 주요 소재이다.

d. 경기 불황으로 올해 대학생 {취업률/취업율}이 저조하다.

a의 '늠름하다'의 '凜凜'은 발음이 [늠늠]이므로 '늠늠'으로 적어야 할 것으로 생각하기 쉽지만 '凜'의 본음이 '름'이므로 두음법칙에 따라 '늠름'으로 적는다.

b의 경우에는 주의가 필요하다. 두음법칙이 단어의 첫음절에 적용되기 때문에 '실락원'이 아닐까 생각하기 쉬우나, '실(失)-낙원, 신(新)-여성'처럼 접두사가 결합된 말이나 합성어 등에서는 단어별로 두음법칙이 적용된다. 즉, '실낙원'은 '낙원'이라는 단어에 접두사 '실-'이 결합한 것으로, 먼저 '락원'에 두음법칙이 적용되어 '낙원'이 되고, 그 다음 단계로 접두사 '실-'이 결합한 것이다.

c는 구분된 지면을 뜻하는 '란(欄)'이 외래어 '가십' 뒤에 붙은 것인데, 두음법칙이 단어별로 적용되는 원칙에 따르면 '가십란'으로 써야 할 것이나 '가십난'으로 쓰는 것이 맞는 표기이다. 한글 맞춤법에서는 언중들이 단어별로 두음법칙이 적용된다는 원칙을 적용하기 어렵다고 생각되는 경우, 그 어려움을 고려하여 '한자어+란'은 하나의 단어로 간주하고 '고유어나 외래어' 뒤에 붙는 '난'은 2개의 단어

로 간주한다. 이는 사람들이 고유어나 외래어 뒤에 붙은 '란'은 분리하여 인식하기 쉬운 반면, 한자어 뒤에 붙은 '란'은 그 경계를 인식하기가 어렵다고 생각했기 때문이다. 유사한 것으로 분량이나 수량을 나타내는 '량(量)'이 있다. '란'과 마찬가지로 '량(量)' 앞에 고유어나 외래어가 결합되면 '구름양, 알칼리양, 데이터양' 처럼 '양'으로 쓰고 한자어가 결합되면 '노동량, 작업량, 주사량, 유통량' 등으로 쓴다.

d는 모음이나 'ㄴ' 받침 뒤에 결합되는 '렬, 률'은 발음이 '열, 율'로 나므로 관용에 따라 '열, 율'로 적는 것이다. 모음이나 'ㄴ' 받침 뒤의 환경이 아닌 경우에는 '취업률, 합격률, 성공률, 진학률'처럼 '률'로 적고, '출산율, 비율, 실패율' 등에서는 '율'로 적는다.

연습 문제 2 **다음 중에서 바르게 표기한 것을 고르고 그 이유를 설명해 보자.**

① 올해의 물가 {상승율/상승률}은 지난해보다 높다.

② 우리 학과의 고시 {합격률/합격율}은 다른 학과에 비해 높은 편입니다.

③ 역시 {고냉지/고랭지} 배추가 맛있죠!

④ 산성을 중화시키기 위해 적절한 {알카리량/알카리양}을 측정해야 합니다.

⑤ 신문의 {어린이난/어린이란}에는 요즘 아이들의 바쁜 하루 일정이 실렸다.

⑥ 그 영화에는 인생의 {희노애락/희로애락}이 모두 담겨 있습니다.

(3) 모음조화

표기는 발음의 변화에 비하여 보수성을 지니고 있다. 이러한 표기의 보수성을 보여 주는 대표적인 현상이 모음조화이다. 모음조화란 하나의 단어 속에서 모음이 연결될 때, 양성 모음은 양성 모음끼리 음성 모음은 음성 모음끼리 어울리는 현상을 말한다. 현대 국어에서 양성 모음으로 간주되는 것은 'ㅏ' 모음과 'ㅗ' 모음에 국한되므로 이외의 모음들은 모두 음성 모음 어미를 취한다고 보면 된다.

그렇다면 다음 문장에서 '바래'와 '바라' 중 어떤 것이 맞는 표기일까?

생일 축하하고, 앞으로 더욱 행복하길 {바래/바라}.

많은 사람들이 발음을 할 때 [바래]로 하기에 앞의 경우로 쓰는 사람이 많지만 모음조화 현상에 따라 '행복하길 바라'가 맞는 표기이다. 존대를 하게 되면 '더욱 행복하길 바라요.'가 맞다. 표기는 보수적인 속성을 가지고 있다는 점을 명심하자.

연습 문제 3 **다음 중에서 바르게 표기한 것을 고르고 그 이유를 설명해 보자.**

① 여기 좀 {앉어/앉아}.

② 김치를 직접 {담가/담궈} 드세요?

③ 이번 세미나는 성공적으로 {치렀다/치뤘다}.

④ 네 말이 맞는 것 {같애/같아}.

⑤ 너 때문에 {놀랬잖아/놀랐잖아}.

(4) 불규칙용언

불규칙용언에 대해 알아보기 전에 우선 다음의 표에서 빈 칸을 채워 보자.

	어/-아	-으니	-고	-았/었다
가다	가	가니	가고	갔다
먹다				
묻다(問)				
놀다				

위의 표를 보면 '묻다, 놀다'는 규칙성이 없어 'ㄷ'이 'ㄹ'로 바뀌기도 하고 'ㄹ'이 탈락하기도 한다. 일관되게 모습을 바꾸는 '가다, 먹다'의 활용을 '규칙 활용'이라고 하고 규칙으로 설명하기 어려운 '묻다, 놀다'의 활용을 '불규칙 활용'이라고 한다. 영어에도 'go-went-gone'처럼 불규칙 변화 동사가 있듯이 국어에도 이렇게 일반적인 용언들과 다르게 모습을 바꾸는 불규칙용언들이 많이 있다. 그중 표기법에 혼란을 주는 몇 가지를 살펴보자.

1) 'ㄹ' 불규칙용언

a. 맞춤법 실력이 많이 {늘은/는} 것 같은데!

b. 번지점프는 하늘을 {나는/날으는} 것 같은 기분이 든다.

'ㄹ' 불규칙용언은 여러 가지 조건에서 'ㄹ'이 탈락하는데 글을 쓸 때 특히 문제가 되는 것은 '-ㄴ'이나 '-는' 앞에서 'ㄹ'이 탈락하는 경우이다. a, b의 문장에서 어떤 것이 바른 표기일까? 기억할 것은 '-ㄴ'이나 '-는' 앞에서는 반드시 'ㄹ'이 탈락되고 표기도 그렇게 한다는 점이다. 즉, "맞춤법 실력이 많이 는 것 같은데!", "번지점프는 하늘을 나는 것 같은 기분이 든다."와 같이 써야 한다. 'ㄹ'이 탈락시킨 형태가 가능하면 그것이 옳은 것으로 생각하는 것도 요령이다.

2) 'ㄷ'불규칙용언

a. 라면이 {붇기/불기} 전에 빨리 먹어야겠다.

b. 밥이 {눋지/눌지} 않게 해라.

자음과 만날 때는 별 상관이 없지만 '길을 묻다'처럼 어간이 'ㄷ'으로 끝나는 일부 용언이 모음 어미와 만나면 'ㄷ'이 'ㄹ'로 바뀌는데 이를 'ㄷ' 불규칙용언이라고 한다. 그 예로는 '긷다, 붇다, 싣다, 눋다' 등이 있다. 문제는 위의 예문처럼 익숙한 표현 중에서 틀리게 쓰고 있는 경우가 있기 때문이다. '라면이 붇기 전에'가 맞을까, '라면이 불기 전에'가 맞을까? '불기'가 틀리고 '붇기'가 맞다. '불었다, 불어서'가 자주 쓰여서 기본형이 '불다'인 것 같지만 실제로는 [부피가 늘어다다]의 의미로는 '붇다'가 기본형이고 자음 어미와 만난 경우이므로 어간은 고정되어 '붇-'으로 남아 '붇기'로 써야 맞다. b 역시 '눌지 않게'가 평소에 자주 쓰고 하는 말이라 익숙할 수 있지만 '밥이 눋지 않게 해라.'가 올바른 말이다.

(5) 사이시옷 바르게 적기

우리말에는 명사와 명사가 결합하여 합성어가 만들어질 때 소리에 변화가 생기는 경우가 있다. 예를 들어 '등교'와 '길'이 결합하여 합성어가 되었을 때 발음은 [등굗낄/등교낄]로 소리에 변화가 생긴다. 이러한 때 '등교길'이라고 원래의 형태대로 표기하면 실제 발음과 표기에 차이가 생겨 혼란을 일으키므로 소리의 변화를 표기에 반영하기 위해 만들어진 것이 '사이시옷'이다.

언제 사이시옷을 적을까?

사이시옷은 일정한 조건이 주어졌을 때에만 받쳐 적으므로 다음과 같은 사항을 기억해 두어야 정확하게 표기할 수 있다. 우선, 명사 합성어 중에서 그 구조가 '한자어+한자어', '외래어+고유어'인 경우는 제외된다. 이러한 경우가 아니면서 ① 앞말이 모음으로 끝나고 뒷말의 첫소리가 된소리로 날 때와(예: 등굣길, 장맛비) ② 뒷말의 첫소리가 ㄴ, ㅁ이거나 모음인 경우 이들 앞에서 ㄴ 소리가 덧날 때(예: 나뭇잎, 아랫니) 사이시옷을 적는다.

예외는 없을까?

위의 조건을 모두 만족한다고 하더라도 두 가지 예외의 경우가 있다. 첫째, '한자어+한자어' 구성의 명사 합성어는 사이시옷의 적용 대상이 아니다. 그러나 '곳간, 셋방, 숫자, 찻간, 툇간, 횟수'의 여섯 단어는 예외적으로 사이시옷을 적는다. 둘째, 사이시옷이 들어갈 환경이라고 하더라도 '위쪽', '위칸'처럼 뒷말의 첫소리가 원래 된소리거나 거센소리일 경우에는 사이시옷을 적지 않는다.

실제 예들을 통해 사이시옷 법칙을 이해하고 적용해 보도록 하자.

a. {귀병/귓병}과 {화병/홧병}

b. {전세집/전셋집}과 {전세방/전셋방}

c. 선생님께서 먼저 {인사말/인삿말}을 하셨다.

d. {아래턱/아랫턱}과 {위쪽/윗쪽}

a에서 '귀'와 '병'이 결합하여 합성명사가 될 경우 사이시옷은 들어갈까 안 들어

갈까? 발음을 해 보면 쉽게 알 수 있는데 '귀를 앓는 병'의 발음은 [귀병]이 아니라 [귀뼝/귇뼝]이므로 사이시옷을 받쳐 적어 '귓병'이라고 쓴다. 그렇다면 같은 병의 종류인 듯한 화가 치밀어서 난 병은 어떨까? 이 경우는 발음이 [화:뼝]이지만 사이시옷을 적지 않고 '화병'으로 쓴다. 왜냐하면 '화(火)'와 '병(病)'은 '한자어+한자어' 구성의 명사 합성어로 사이시옷의 적용 대상이 아니기 때문이다.

b에서 '전세'와 '집'이 결합하여 합성명사가 되면 [전세집/전섿찝]으로 발음이 되며, 사이시옷을 적는 조건에 해당하므로 '전셋집'이 된다. 그런데 비슷한 유형인 '전세방'은 '전셋방'으로 표기하면 틀리게 된다. 이는 '전세(傳貰)'와 '방(房)'이 모두 한자어이기 때문에 사이시옷을 적는 조건에 해당하지 않기 때문이다. 한자어에 대한 인식이 부족할 경우, 사이시옷을 적어야 하는지에 대한 판단이 어려울 수 있다. 이러한 때는 사전을 찾아보는 습관을 기르는 것이 가장 좋다. 사이시옷을 받쳐 적는 어형은 한 단어이기 때문에 사전에 표제어로 올라와 있으므로 쉽게 찾을 수 있다.

c는 사이시옷 규칙을 정확히 알고 있더라도 혼란을 보이는 예에 해당한다. 많은 사람들이 '인사'와 '말'이 결합된 말을 [인산말]로 발음하는 경우가 많은데, 사실 이 경우 표준 발음은 [인사말]이다. 따라서 사이시옷을 받쳐 적지 않고 '인사말'로 표기하는 것이 맞다. 이렇게 사이시옷 표기 여부는 표준 발음이 무엇인지에 따라 결정된다. 이와 비슷한 경우로 '머리말'이 있다. '머리말'의 표준 발음 역시 [머린말]이 아니라 [머리말]이므로 사이시옷을 받쳐 적지 않는다.

d의 단어들은 발음해 보면 [아래턱]인 것 같기도 하고 [아랟턱]인 것 같기도 하다. '위쪽'도 발음해 보면 [위쪽]인 것 같기도 하고 [윋쪽]으로 소리가 나는 것 같기도 하다. 이렇게 뒤에 '턱'과 같은 거센소리나 '쪽'과 같은 된소리가 올 때에는 사이시옷을 표기하지 않는 것이 원칙이다. 이는 '턱'이나 '쪽'은 단어들이 결합하면서 소리에 변화가 온 것이 아니기 때문이다.

연 습 문 제 4 **다음 중에서 바르게 표기한 것을 고르고 그 이유를 설명해 보자.**

① {등교길/등굣길}에 옛날 남자 친구를 만났다.

② 올해 여름 {장마비/장맛비}에 벼가 모두 쓰러지고 말았다.

③ 어떤 {대가/댓가}를 기대하고 그 사람을 도운 것은 아니다.

④ 친구들과 {피자집/피잣집}에서 자주 만났었다.

⑤ 비가 그치자 구름 사이로 {해님/햇님}이 살며시 고개를 내밀었다

⑥ 이렇게 쌀쌀한 날에는 따뜻한 {북어국/북엇국}이 제격이다.

(6) 준말에 관한 맞춤법

단어가 줄 때 준말을 잘못 쓰는 경우들이 있다. 실제 예문들을 통해 혼동되는 표기들을 정리해 보도록 하자.

a. {깨끗지/깨끗치} 못하게, 그게 무슨 짓이냐?

b. 여기로 오면 {되/돼}.

c. 오늘은 {왠지/웬지} 어릴 적 친구가 보고 싶다.

a는 거센소리가 들어가는 단어가 줄 때 준말을 잘못 쓰는 경우에 해당한다. 예를 들어 '익숙하지'를 줄여서 쓸 때 '익숙지'로 쓰는 것이 맞는지 '익숙치'로 쓰는 것이 맞는지는 헷갈리기 일쑤이다. 이때 어간의 끝음절 '하'의 'ㅏ'가 줄고 'ㅎ'이 다음 음절의 첫소리와 어울려 거센소리가 될 경우에는 거센소리로 적고, 어간의 끝음

절 '하'가 아주 줄 적에는 준 대로 적는다. 발음을 표준 발음으로 익히고 있으면 가장 좋겠지만 익숙하지 않을 때는 다음을 기억하자.

⇨ '하' 앞에 [ㄱ], [ㄷ], [ㅂ] 소리로 끝나는 받침이 있을 때는 '하' 전체가 떨어지지만 그 외의 받침이 오거나 받침이 없는 경우에는 '아'만 떨어지고 'ㅎ'은 남게 된다.

예컨대 '~하지' 앞의 소리가 무성음(ㄱ, ㄷ, ㅂ)으로 끝나면 '하' 전체가 떨어져 '지'만 남는다. '익숙지, 넉넉지, 답답지, 깨끗지, 섭섭지' 등이 이에 해당한다. '~하지' 앞의 소리가 유성음(모음, ㄴ, ㄹ, ㅁ, ㅇ)일 때는 'ㅏ'가 떨어져 '치'가 된다. '무심치, 간편치, 편치, 적절치, 만만치' 등이 이와 같은 예에 속한다. 즉 '~하지' 앞이 무성음이냐 유성음이냐에 따라 '지'와 '치'로 다르게 표기된다는 것이다.

이러한 규칙은 '하도록(도록/토록), 하게(게/케), 하기로(기로/키로), 하기는(기는/키는) 하건대(건대/컨대)'에도 동일하게 적용된다. 따라서 '생각도록, 생각게, 생각기로, 생각건대', '단언토록, 단언케, 단언키로, 단언컨대'로 써야 한다.

b에서 '되어'의 준말인 '돼'는 발음상 구분이 잘 안 되기 때문에 표기할 때 헷갈리는 것 중 하나이다. '되어'로 풀어 쓸 수 있으면 '돼'라고 쓸 수 있으며, '되어'는 기본형 '되다'에서 활용된 형태라는 것을 기억하면 도움이 된다. b의 예는 '여기로 오면 돼.'로 써야 하는데 여기서 '돼'는 '되어'의 줄임말로 쓴 것이다. '돼'는 기본형 '되다'의 어간 '되-'에 문장을 끝내는 어미 '-어'가 결합된 형태이다.

c에서 '왜'와 '웨'는 발음에서 구분이 잘 안 되기 때문에 표기할 때 틀리는 경우가 있다. '왜인지'가 줄어서 된 말은 '왠지'이다. '웬지'라는 말은 없으며 '웬'은 '웬일', '웬만하면'처럼 다른 말과 결합된 형태로만 쓰이거나 '웬 사람이', '웬 바람이'처럼 뒤의 명사를 수식할 때 쓰인다.

연습문제 5 **다음 중에서 바르게 표기한 것을 고르고 그 이유를 설명해 보자.**

① 오늘 오후 1시에 소방 훈련을 {실시고자/실시코자} 합니다.

② 보수는 내가 {섭섭지/섭섭치} 않게 드릴 테니 염려하지 마세요.

③ 할 말이 있으면 {서슴지/서슴치} 말고 하세요.

④ {생각다 못해/생각타 못해} 제가 직접 왔습니다.

⑤ 나무에 기대면 안 {되요/돼요}.

⑥ 그게 말이 {되느냐/돼느냐}?

⑦ 이제 눈동자만 그려 넣으면 {되죠/돼죠}?

⑧ 제발 사람 좀 {되라/돼라}

⑨ 그 일은 잘{되도/돼도} 걱정, 안{되도/돼도} 걱정이에요.

(7) 틀리기 쉬운 표현

a. 그녀는 감격에 겨워 {금새/금세} 눈물을 흘릴 것 같았다.

b. 오늘이 몇 월 {몇 일/며칠}이지?

c. 공공장소에서는 흡연을 {삼가해/삼가} 주시기 바랍니다.

d. 예, {아니오/아니요}로 답하시오.

e. 내 친구가 그러는데 〈암살〉이 그렇게 {재밌대/재밌데}.

a의 '금세'는 '금시(今時)+에'가 줄어든 말이므로 '금세'로 적어야 한다. '어느새'에 이끌려 '금새'라고 많이 적지만 이는 잘못이다.

b의 '몇 일'은 '며칠'로 적어야 한다. 만일 이 말이 '몇 일'과 같은 구성이라면 [며칠]로 소리 나지 않고 [며딜]로 소리가 나야 한다. '몇 월', '몇 억'은 [며췰], [며척]이 아니라 [며둴], [며덕]으로 소리 나는 것과는 다른 현상이다. 따라서 [며칠]로 소리 나는 것은 한 단위로 굳어졌다는 것을 의미하므로 이러한 경우 소리 나는 대로 '며칠'로 적는 것이 옳다.

c의 경우 '흡연을 삼가해 주시기 바랍니다'와 같이 '삼가하다'로 많이 쓰지만 기본형이 '삼가다'이므로 '흡연을 삼가(삼가-+-아) 주시기 바랍니다'로 써야 옳다. '삼가하다'라는 기본형은 없다.

d는 '아니요'가 맞다. 어미 '-오'와 조사 '요'를 구별하여 써야 하는데, '-오'는 문장 종결 어미로 문장을 끝맺는 기능을 하므로 생략하면 문장이 성립하지 않는다. 그러나 '요'는 문장의 끝에 붙어 존대의 뜻을 더해주는 조사로, 생략되어도 문장은 성립한다. 이 둘을 기억한다면 '-오'와 '요'를 정확히 구별하여 사용할 수 있다.

e는 다른 사람에게 들은 말을 인용하는 것이므로 '내 친구가 그러는데 〈암살〉이 그렇게 재밌대.'가 맞다. '-대'는 직접 경험한 사실이 아니라 남이 말한 내용을 간접적으로 전달할 때 쓴다. 반면 '-데'는 말하는 사람이 과거에 직접 경험한 사실을 나중에 회상할 때 '-더라'의 의미로 쓴다.

(8) 띄어쓰기에 유의하라

『한글 맞춤법』 총칙에서 제시하고 있는 띄어쓰기 원칙인 "문장의 각 단어는 띄어 씀을 원칙으로 한다.(제2항)"는 상당히 단순해 보인다. 그러나 실제로 글을 쓸 때, 어떤 것이 한 단어인지 별개의 단어인지를 판단하기에 혼란스러운 경우가 있다. 그러므로 띄어쓰기를 잘할 수 있는 가장 좋은 방법은 국어사전을 자주 찾아보는 것이다. 국어사전에 표제어로 올라와 있으면 단어이므로 띄어 쓰고 사전에 표제어로 나와 있지 않으면 단어가 아니라는 의미이므로 붙여 쓰면 된다. 그러나 매번 사전을 찾아보기는 어려운 일이므로 몇 가지 혼동하기 쉬운 예들을 중심으로 띄어쓰기를 공부해 보기로 하자.

1) 조사, 의존명사, 접사의 띄어쓰기

a. 까지, 부터, 조차, 처럼, 마저, 커녕, 라고

b. 때문, 것, 수, 채

c. 제(第)–, –가량, –짜리

조사는 단어의 자격을 가지지만 자립성이 없으므로 앞에 오는 단어에 붙여서 쓴다. 조사는 체언이나 부사, 어미 따위에 붙어 그 말과 다른 말과의 문법적 관계를 표시하거나 그 말의 뜻을 도와주는 품사이다. 조사에는 문법적 관계를 주로 표시해 주는 격조사와 나름대로의 뜻을 더해 주는 보조사가 있다. a와 같은 보조사의 경우 특정한 의미를 가지고 있으므로 격조사에 비해 조사라는 인식이 뚜렷하지 않고, 다른 의존적인 형식인 의존명사와 혼동하여 띄어 쓰는 경우가 생기므로 주의해야 한다.

반면에 b와 같은 의존명사는 의미의 독립성은 없으나 다른 단어 뒤에 의존하여 명사적 기능을 담당하므로 하나의 단어로 다루어진다. 자립성이 없다는 점에서 조사와 공통점이 있기 때문에 띄어쓰기에 있어서도 붙여서 써야 하는 조사와 종종 혼란을 겪거나 어떤 형식이 의존명사인지 아닌지를 잘 구별하지 못하는 경우가 있다.

보조사, 의존명사와 헷갈리기 쉬운 문법 단위로 접사가 있다. c의 '제(第)–'는 대다수의 한자어 수사에 붙어 '그 숫자에 해당하는 차례'의 뜻을 더하는 접두사이고, '–가량'은 수량을 나타내는 명사 또는 명사구 뒤에 붙어 '정도'의 뜻을 더하는 접미사, '-짜리'는 수나 양 또는 값을 나타내는 명사구 뒤에 붙어 '그만한 수나 양을 가진 것' 또는 '그만한 가치를 가진 것'의 뜻을 더하는 접미사이다. 이들 접사는 반드시 앞말 또는 뒷말과 붙여 써야 한다.

앞 단어에 붙어야 하는 조사·접사와 형태가 비슷한 의존명사를 구별해 내는 일에도 주의를 기울여야 한다. 외형상 동일한 형태인데 품사가 다른 경우 띄어쓰기에 혼란을 겪기 쉽다. 다음은 그러한 이유로 띄어쓰기에서 잘못 표기되는 빈도가 높은 경우이다.

① 조사 대 의존명사

a. 이제 믿을 것은 오직 실력뿐이다.
a′. 이수는 착할 뿐 아니라 예쁘기도 하다.

b. 처벌하려면 법대로 해라.
b′. 내일 동이 트는 대로 떠나겠다.

c. 그녀만큼 글씨를 잘 쓰는 사람은 아직 본 적이 없다.
c′. 이 세상엔 목숨을 걸 만큼 가치 있는 일이란 그리 흔하지 않다.

d. 너무 피곤해서 눈만 감아도 잠이 올 것 같다.
d′. 도대체 이게 얼마 만인가?

위의 예에 보이는 '뿐, 대로, 만큼, 만'은 사전을 찾아보면 조사와 의존명사의 두 가지 용법이 있다. '뿐'이 a와 같이 체언 뒤에 붙어서 한정의 뜻을 나타내는 경우는 조사이고, a′과 같이 용언의 관형사형 '-을' 뒤에서 '따름'이란 뜻을 나타내는 경우는 의존명사이다. ‘대로’가 b와 같이 체언 뒤에 붙어서 ‘그와 같이’란 뜻을 나타내는 경우는 조사이고, b′과 같이 용언의 관형사형 뒤에서 ‘그와 같이’란 뜻을 나타내는 경우는 의존명사이다. ‘만큼’이 c와 같이 체언 뒤에 붙어서 ‘그런 정도로’라는 뜻을 나타내는 경우는 조사이고, c′과 같이 용언의 관형사형 뒤에서 ‘그런 정도로’ 또는 ‘실컷’이란 뜻을 나타내는 경우는 의존명사이다. ‘만’이 d와 같이 체언에 붙어서 한정 또는 비교의 뜻을 나타내는 경우는 조사이고, d′과 같이 경과한 시간을 나타내는 경우는 의존명사이다. a, b, c, d는 보조사로 사용된 경우이므로 선행 체언에 붙여 쓰고, a′, b′, c′, d′은 의존명사로 사용된 경우이므로 앞말과 띄어 쓴다. 의존명사는 띄어쓰기에서 독립적인 단위인 단어로 간주되기 때문이다.

② 의존명사 대 접사

a. 부모와 자식 간에도 예의는 지켜야 한다.

a′. 이번 방학에 미국에 있는 친척집에 한 달간 머물 예정이다.

b. 지구 상의 생물이 모두 몇 종이나 될까?

b′. 가정 형편상 이번 학기에 장학금을 꼭 받아야 한다.

위의 예에 보이는 ‘간, 상’은 의존명사와 접사의 두 가지 용법이 있다. ‘간(間)’이 a와 같이 ‘한 대상에서 다른 대상까지의 사이’라는 뜻을 가지는 경우는 의존명사이고, a′과 같이 기간을 나타내는 일부 명사 뒤에 붙어 ‘동안’의 뜻을 가질 때는 접미사이다. ‘상(上)’이 b와 같이 물체의 위나 위쪽을 이르는 말일 때는 명사이므로 띄어 쓰고, b′과 같이 일부 명사 뒤에 붙어 ‘그것과 관계된 입장’ 또는 ‘그것에 따름’과 같은 추상적인 뜻을 나타내거나 ‘추상적인 공간에서의 한 위치’라는 뜻을 더할 때에는 접미사이므로 붙여서 쓴다. 즉, ‘위’의 의미와 거리가 멀어졌을 때

'-상'은 접미사로 보면 된다.

③ 의존명사 대 연결어미

a. 그가 떠난 지 보름이 지났다.
a'. 바람이 얼마나 세게 부는지 가로수 가지들이 꺾였다.

b. 그 책을 다 읽는 데 삼 일이 걸렸다.
b'. 그 애는 노래는 잘 부르는데 춤은 잘 못 춰.

a와 같이 '지'가 용언의 관형사형 뒤에서 경과한 시간을 나타내는 경우는 의존명사이므로 띄어 쓰고, a'의 '지'는 막연한 의문이 있는 채로 그것을 뒤 절의 사실이나 판단과 관련시키는 데 쓰는 연결어미인 '-ㄴ지/-은지/-는지'의 일부이므로 붙여 쓴다.

'일'이나 '것', '곳'이나 '장소', '경우'를 나타내는 b의 '데'는 의존명사이므로 앞의 말과 띄어 쓰고, b'의 '-는데'는 뒤 절에서 어떤 일을 설명하거나 묻거나 시키거나 제안하기 위하여 그 대상과 상관되는 상황을 미리 말할 때에 쓰는 연결어미로 그 사이를 띄지 않는다.

④ 부사(어) 대 조사

a. 예상한 바와 같이 주가가 크게 떨어졌다.
a'. 그녀는 얼음같이 차게 나를 대하였다.

b. 밖에 나가서 놀아라.
b'. 나를 알아주는 사람은 너밖에 없다.

'같이'가 '둘 이상의 사람이나 사물이 함께', '어떤 상황이나 행동 따위와 다름이 없이'라는 뜻을 나타낼 때는 부사로 사용된 경우이고(a), 체언 뒤에 붙어 '앞말이 보이는 전형적인 어떤 특징처럼'의 뜻을 나타내거나 때를 나타내는 일부 명사 뒤에 붙어 앞말이 나타내는 그때를 강조할 때는 조사로 사용된 경우이다(a′).

'밖에'가 '무엇에 의하여 둘러싸이지 않은 공간, 또는 그쪽'을 뜻하는 명사 '밖'에 조사 '에'가 결합된 경우는 부사어이고(b), 체언 뒤에 붙어 '그것 말고는', '그것 이외에는'의 뜻을 나타내는 경우는 조사이다(b′).

a, b와 같이 독립적 품사인 부사로 사용된 경우는 띄어 쓰고, a′, b′와 같이 조사로 사용된 경우는 선행 체언에 붙여 쓴다.

2) 보조용언의 띄어쓰기

a. 어머니를 도우려 설거지를 하다 그릇을 깨뜨려 버렸다.

b. 그 일은 제법 할 만하다.

c. 새로 산 신발이 강물에 떠내려가 버렸다.

d. 하늘을 보니 비가 올 듯도 하다.

보조용언도 한 단어이므로 원칙적으로는 띄어 써야 한다. 그러나 보조용언은 항상 본용언 뒤에 오는 특수한 성질을 지니므로 경우에 따라 붙여 씀도 허용한다. 보조용언을 붙여서 쓸 수 있는 경우는 첫째, 연결어미 '–아/–어' 뒤에 보조용언이 결합된 경우와 둘째, 의존명사 '듯, 만, 법, 척' 뒤에 '하다'나 '싶다'가 붙은 보조용언이 올 경우이다. 따라서 a, b의 경우 '깨뜨려 버렸다'와 '깨뜨려버렸다', '할 만하다'와 '할만하다'가 모두 맞는 표기이다. 다만 '–아/–어' 뒤에 오는 '지다', '하다'는 '만들어지다, 예뻐지다', '행복해하다, 애통해하다'처럼 항상 앞말과 붙여 써야 하므로 주의해야 한다. '–어지다', '–어하다'는 앞말의 품사를 바꾸는 경우가 있어 일률적으로 붙여 쓰기로 한 것이다.

또한 앞말에 조사가 붙거나 앞말이 합성동사인 경우, 그리고 중간에 조사가 들어갈 때, 그 뒤에 오는 보조용언은 띄어 쓴다. c는 반드시 띄어 써야 하는데 본용언이 합성어인 경우 '떠내려가버렸다'와 같이 길어지는 것을 피하기 위하여 띄어 쓰도록 한 것이다. d에서 '듯도 하다'는 의존명사 '듯'에 조사 '도'가 붙고 동사 '하다'가 뒤에 붙은 것이므로 이와 같이 의존명사 뒤에 조사가 붙으면 뒤의 '하다'와 붙여 쓰지 못한다.

＊ 주의!

보조용언은 본용언과 띄어 쓰는 것이 기본이지만 본용언과 보조용언이 새로운 합성어를 이룬 경우에는 다음과 같이 반드시 붙여 써야 한다.

합성어		합성어가 아님	
원칙	허용 안 됨	원칙	허용
도와주다	도와 주다	알려 주다	알려주다
물어보다	물어 보다	들춰 보다	들춰보다
돌려놓다	돌려 놓다	옮겨 놓다	옮겨놓다

본용언과 보조용언이 함께 있을 때 합성어인지 아닌지를 구분하는 것이 중요하다. 왜냐하면 합성어면 붙여 써야 하고 합성어가 아니면 띄어 써야 하기 때문이다. 그렇다면 합성어인지 아닌지를 어떻게 알 수 있을까? 합성어를 구분할 수 있는 몇 가지 기준이 있긴 하지만 완벽한 기준은 아니다. 따라서 헷갈리는 단어가 나오면 사전에서 확인하여 띄어쓰기 여부를 판단하는 것이 가장 좋은 방법이다.

3) 수, 단위를 나타내는 말의 띄어쓰기

a. 제 나이가 올해 스물다섯이에요.

b. 고향을 떠나올 때 풀 한 포기, 나무 한 그루까지 눈에 밟혔다.

a와 같이 수를 적을 적에는 '만(萬)' 단위로 띄어 쓰는 것이 원칙이다. 그러므로 만 단위 이내의 숫자인 '스물다섯'은 붙여 써야 한다. '십이억 삼천사백오십육만 칠천팔백구십팔'과 같이 한글로만 수를 표기할 때는 물론이거니와 '12억 3456만 7898'과 같이 아라비아 숫자와 한글을 아울러 수를 표기할 때도 마찬가지로 만 단위로 띄어 쓴다. 다만 은행 등에서 금액을 적을 때는 변조 등의 사고를 방지하려는 뜻에서 붙여 쓰는 것이 관례이다.

b와 같이 단위를 나타내는 명사는 그 앞의 수관형사와 띄어 쓴다. 다만 수관형사 뒤에 의존명사가 붙어서 차례를 나타내는 경우나 의존명사가 아라비아 숫자 뒤에 붙는 경우는 붙여 쓸 수 있도록 했다. 예를 들어 '삼 학년 이 반'이 원칙이나 '삼학년 이반', '3학년 2반'도 허용한다.

4) 열거하는 말, 고유명사의 띄어쓰기

a. 정치, 군사, 경제, 사회 등 여러 방면에 걸쳐 개혁이 이루어졌다.

b. 삼촌은 이번 개각에서 장관 겸 부총리로 임명되었다.

c. 홍길동, 이퇴계, 최치원 선생, 김 사장, 충무공 이순신 장군

d. 그의 성은 남씨입니다.

a, b와 같이 두 말을 이어주거나 열거할 때에 쓰이는 '겸, 대, 등, 및, 내지' 등의 말들은 앞의 말과 띄어 쓴다. c와 같이 성과 이름, 성과 호 등은 붙여 쓰고, 호칭어, 관직명 등은 띄어 쓴다. '선생, 사장' 등의 호칭어는 별개의 단어이므로 반드시 띄어 써야 한다. '성'에 '씨, 군, 양' 등의 1음절 호칭어가 연결된 경우에도 '김씨, 김군, 김양'이 아니라 '김 씨, 김 군, 김 양'과 같이 써야 한다. 단, '씨'가 호칭어로 쓰이는 경우가 아니라 d와 같이 성씨를 가리킬 때에는 접미사 '–씨'이므로 앞말에 붙여 써야 한다.

5) 복합적 구성이 한 단위로 굳어진 경우의 띄어쓰기

a. 아이는 묻는 말에 거침없이 대답했다.

b. 은서는 화가 못지않게 그림을 잘 그린다.

c. 그가 차에 오르자마자 차는 쏜살같이 영내를 빠져나갔다.

d. 내가 거짓말을 한 것은 이때가 처음이었다.

a~d는 원래부터 하나의 단어였던 것이 아니라 복합적 구성에서 온 것이다. 그러나 그 쓰임이 굳어져서 한 단어로 인정된 예들이다. 이들은 사전에 올라 있는 한 단어이므로 '거침 없이, 못지 않게, 쏜 살 같이'와 같이 구성 요소별로 나누어 띄어 쓰지 않고 전체를 하나의 단위로 붙여 쓴다.

d는 시간상의 어떤 점이나 부분을 이르는 '그때'와 바로 지금의 때, 또는 바로 앞에서 이야기한 시간상의 어떤 점이나 부분을 이르는 '이때'는 한 단어로 굳어져 쓰임에 따라 합성어로 인정되었다. 따라서 '그때, 이때'와 같이 붙여 써야 한다. 이와 유사한 것으로 '이쪽, 그쪽, 저쪽', '이곳, 그곳, 저곳'이 있다.

연습 문제 1 **다음의 문제를 읽고 답해 보자.**

1. 다음 문장 중에서 단어의 표기가 바르게 쓰인 것을 찾아보자.

① 전화 받는 사이에 국수 면발이 퉁퉁 붇겠다.

② 그 찻집에는 감미로운 클래식의 선률이 흐르고 있었다.

③ 무를 납짝하게 썰어서 넣으세요.

④ 관세 철폐로 와인의 수입양이 늘어나면 가격도 내릴 것이다.

2. 다음 문장 중에서 단어의 표기가 바르게 쓰인 것을 찾아보자.

① 검색하고자 하는 용어를 입력하여 주십시요.

② 감기에 걸렸을 때는 뜨끈한 만두국이 최고다.

③ 직접 보니 준형이가 참 멋있데.

④ 대화로서 갈등을 풀 수 있을까?

3. 다음 문장 중에서 단어의 표기가 바르지 않은 것을 찾아보자.

① 왜 너의 아까운 재주를 썩히고 있니?

② 그는 어제의 기억을 곰곰이 더듬어 보았다.

③ 앞으로 수사 중인 사건에 관한 이야기는 삼가기로 하겠다.

④ 이 옷 너무 얇어서 추운걸.

4. 다음 중 띄어쓰기가 바른 문장을 찾아보자.

① 그 동안 연락이 없어 궁금했습니다.

② 아무리 어려도 자기 방만큼은 스스로 정리해야 한다.

③ 주민들에게 지역 개발이 가능한 지에 대해 문의를 받곤 합니다.

④ 그를 설득하는데 열흘이 걸렸다.

5. 다음 중 띄어쓰기가 바른 문장을 찾아보자.

① 지금은 회의중입니다.

② 그는 새벽 같이 길을 떠났다.

③ 공사를 해서 이틀간 단수가 될 예정이다.

④ 사고로 기차의 도착 시간이 한 시간 가량 지체되었다.

연습 문제 2 **다음의 문장을 읽고 적절하지 못한 어휘를 찾아 바르게 고쳐 보자.**

1. 귀에 익은 음악 소리가 들리자 그는 눈을 지긋이 감았다.
2. 그 사람이 그런 것이 아니예요.
3. 어려서부터 부모님의 속을 많이 썩힌 것이 후회된다.
4. 너는 왜 걸음이 그리 빠르니?
5. 피곤할 때는 따뜻한 물에 몸을 푹 담궈서 피로를 풀어야지.
6. 재산이 부는 재미에 하루 종일 일을 해도 힘든 줄을 모르겠다.
7. 몇 년 보지 못한 사이에 얼굴이 많이 틀려졌다.
8. 앞으로도 좋은 친구가 되길 바래.
9. 우리 팀의 경기를 마음을 조리며 지켜보았다.
10. 그 당시는 감금도 서슴치 않는 어두운 시대였다.

연습 문제 3 **다음 문장에서 맞춤법에 어긋난 어휘를 찾아 바르게 고쳐 보자.**

1. 여비가 넉넉치 않아 입석표를 구매했다.
2. 이번 개편에 고정난 하나를 맡게 되었다.

3. 신문에서는 이 사건을 고위 관리들의 말을 빌어 보도했다.

4. 촛점이 맞지 않는 안경을 썼더니 스포츠란의 기사들이 잘 보이지 않는다.

5. 옥상에서 바라보니 길가에서 노는 아이들이 눈꼽만하게 보였다.

6. 그때 미안하다고 사과할껄.

7. 거무스름하면서도 푸른빛을 띄는 새벽녘의 하늘을 가장 좋아한다.

8. 잘 되면 좋지만 탈락율이 높으니 너무 기대하지는 마라.

9. 윗층 사람은 새벽 1시만 되면 소리를 크게 하고 음악을 듣는다.

10. 천하의 막되먹은 인간도 제 자식 귀한 줄은 안다.

연습 문제 4 **다음 문장에서 띄어쓰기 원칙에 맞지 않는 부분을 찾아 바르게 고쳐 보자.**

1. 작년에 오천만명의 관객이 영화관을 찾았다.

2. 해외는 커녕 국내도 제대로 다녀 보지 못했기 때문에 할 말이 없다.

3. 그 남자와는 단지 커피 한 번 마신 것 뿐인데 쓸데없는 소문이 나 버렸다.

4. 그 여자는 부끄러운 듯 여전히 고개를 숙인채 말했다.

5. 어린 나이에 부모를 모두 잃다니 그 아이도 참 안 됐어.

6. 그녀의 마음 속에는 어떤 고민이 있을까?

7. 영수는 공부도 못 하고 운동도 못 한다.

8. 그 때의 경험은 내가 이 고비를 넘기는데 많은 도움을 주었다.

9. 서울과 부산간 거리가 얼마인데 걸어서 간다는 거냐?

10. 그의 탁월한 지도 하에서 승리를 거뒀다.

정확하고 명료한 문장

글을 쓸 때 우리의 생각을 싣고 가는 것은 '문장'이다. 자신의 생각을 상대방에게 정확하고 명료하게 전달할 수 있다면, 더 나아가 결이 곱고 생명력이 넘치는 글로 표현할 수 있다면 얼마나 좋을까. 이를 위해서는 문장을 잘 다듬을 줄 알아야 하며 구체적으로는 문법에 맞는 문장을 쓸 수 있어야 한다. 문법을 어렵게만 생각할 필요는 없다. 문법이라는 것이 있고 나서 글을 쓴 게 아니라 사람들의 글을 잘 관찰하고 거기서 나온 규칙이 문법이기 때문이다. 정확하고 명료한 문장을 쓰기 위해 알아야 할 사항들에 대하여 알아보자.

함께 이야기해 봅시다

- **자기가 좋아하는 작가가 쓴 책이나 잘 읽히는 책이 있다면 문장의 특징을 이야기해 보자.**
- **그동안 수업 시간에 쓴 글을 읽어 보고 문장이 어색하다고 생각하는 것에 표시해 보자.**

한국어다운 문장 구조를 이해하라

(1) 번역 투 문장 줄이기

올바른 문장을 쓰기 위해 고려해야 할 사항 중 하나로 외국어를 직역한 듯한 번역 투 문장을 사용하는 문제를 들 수 있다. 번역 투 문장을 많이 사용하면 간결성이 떨어져서 의미 파악이 쉽지 않거나 국어의 자연스러운 문장 규칙을 깨뜨려 어색하게 느껴지는 경우가 많다. 다음의 예문을 수정해 보자.

① 권 선생에 의해 표현된 문장은 내 글보다 훨씬 유려하다.

⇨

② 글을 쓸 때 가장 중요한 것 중의 하나는 글의 주제를 잡는 일이다.

⇨

③ 우리 과가 사태를 악화시킨 데에는 여러 이유가 있음에 틀림없다.

⇨

④ 저는 많은 고민을 가지고 있습니다.

⇨

⑤ 외국어를 공부함에 있어서 왕도란 없다.

⇨

피동 표현은 최소한으로 사용하는 것이 좋다. 서구어와 달리 우리말에는 피동형이 적다. ①의 문장은 "권 선생이 표현한 문장은 내 글보다 훨씬 유려하다." 정도로 수정하는 것이 적합하다. ②번의 문장은 영어에서 최상급의 번역 투 문장이 사용되었다. '가장 중요한 것'은 하나이므로 굳이 '~의 하나'라는 표현을 사용하지 않아도 되며, 이 문장은 '글을 쓸 때 가장 중요한 것은 글의 주제를 잡는 일이다.'라고 써도 같은 의미로 해석될 수 있다. 따라서 번역 투 표현을 쓸 필요는 없다. ③에서 '~에 틀림없다'는 번역 투 문장이다. "이만큼 사태를 악화시킨 데에는 여러 이유가 있다."로 수정하는 것이 좋다. '여러 이유가 있음에 틀림없다.'라는 불필요한 표현 대신 쉬운 표현을 사용해 보자. ④는 문법적으로 문제가 없는 문장이지만 자연스러운 우리말 표현은 아니다. "저는 고민이 많습니다."가 훨씬 우리말답다. 영어의 'have' 동사에 비하면 한국어의 '가지다' 동사가 쓰이는 빈도는 그리 높지 않다는 점을 기억하자. ⑤에서 '~에(게) 있어'는 일어 번역 투의 문장이다. "외국어 공부에 왕도란 없다."나 "외국어를 공부하는 데에 왕도란 없다." 정도로 고치면 문장이 더 간결해진다.

(2) 정확한 조사 사용

한국어는 조사가 매우 발달한 언어이다. 따라서 문장에서 조사를 바르게 사용하지 않으면 뜻이 제대로 전달되지 않을 뿐 아니라 비문(非文)이 되기 쉽다. 조사의 쓰임에 주의하여 아래의 문장을 고쳐 보자.

① 몇몇 기자들의 끈질긴 질문 끝에 정부는 구조 작업이 큰 어려움이 있음을 실토했다.

⇨

② 원시시대부터 인간은 끊임없이 발전을 거듭해 온 것은 우리가 인정해야 할 사실이다.

⇨

③ 정부는 독도 문제를 일본에게 강력히 항의하였다.

⇨

①의 문장은 얼핏 보면 크게 잘못된 부분이 없는 것 같다. 그러나 서술어 '있다'를 고려하여 조사를 고쳐 보아야 한다. 이 문장은 "몇몇 기자들의 끈질긴 질문 끝에 정부는 구조 작업에 큰 어려움이 있음을 실토했다."로 수정하는 것이 적절하다. ②의 문장이 비문인 까닭은 관형사절인 '인간은 끊임없이 발전을 거듭해 온' 안에 사용된 보조사 '은/는' 때문이다. 국어에서 '은/는'은 주격 조사가 아니면서도 종종 주어 자리에 나타나곤 한다. 그러나 모든 주어 자리에서 사용할 수 있는 것은 아닌데, 관형사절로 안긴문장의 주어 자리에서는 잘 쓰이지 않는 경향이 있다. 예컨대 "그는 {우리가/*우리는} 돌아온 사실을 모른다."의 문장에서도 쉽게 확인할 수 있다. 그러므로 ②의 문장은 "원시시대부터 인간이 끊임없이 발전을 거듭해 온 것은 우리가 인정해야 할 사실이다."로 수정해야 한다. ③에서 '일본에게'는 '일본에'로 쓰는 것이 적절하다. '에'와 '에게'는 유사한 의미를 가지는 부사격 조사이다. 그러나 일반적으로 '에'는 사물, 장소, 기관과 같은 무정명사에, '에게'

는 사람이나 동물과 같은 유정명사에 쓰인다. 따라서 '일본'은 무정명사이므로 '에'를 쓰는 것이다.

(3) 문장 성분 간의 호응

좋은 문장이란 주어, 목적어, 서술어 등 문장을 구성하는 성분끼리 적절히 호응하는 것을 말한다. 문장의 구성 성분에 주의하여 아래의 문장을 고쳐 보자.

① 우리의 첨단 기술 개발은 아직도 걸음마 단계이다.

⇨

② 고등학교에서 행해지고 있는 의무 봉사 활동이 대학 진학을 위한 수단으로써 많은 학생들이 인지하고 있다.

⇨

③ 근처 식당 주인에 따르면 오피스텔이 들어선 이후 회사원들이 꾸준히 늘었다.

⇨

①의 문장은 주어와 서술어의 호응이 잘 이루어지지 않아서 어색한 문장이다. ①의 주어 '개발은'과 서술어 '단계이다'가 호응이 되지 않는다. 주어와 서술어의 호응이 잘 이루어지도록 "우리의 첨단 기술 개발 수준은 아직도 걸음마 단계이다."로 수정해야 한다. ②는 학생들이 인지하고 있는 대상이 무엇인지 나와 있지 않은 문장이다. 따라서 적당한 목적어를 보충하여 "고등학교에서 행해지고 있는 의무 봉사 활동을 대학 진학을 위한 수단으로써 많은 학생들이 인지하고 있다." 정도로 고쳐야 한다. ③은 부사절 '근처 식당 주인에 따르면'과 서술어 '늘었다'가 호응이 되지 않는 예이다. 이 문장은 "근처 식당 주인에 따르면 오피스텔이 들어선 이후 회사원들이 꾸준히 늘었다고 한다." 정도로 수정할 수 있다.

나열에는 균형 감각이 필요하다

글에는 주어와 서술어가 하나씩 있는 단문과 주어와 서술어가 두 개 이상인 복문이 뒤섞여 있다. 여기서 글을 쓸 때 문제가 생기는 쪽은 대부분 복문이다. 문장이 길어지다 보니 여러 내용을 나열하기에 급급하여 적절한 접속어미를 선택하지 못한다든지 여러 내용을 연결하는 과정에서 호응해야 하는 성분 중 하나를 빠뜨리는 오류를 범하게 되는 것이다. 그러므로 복문을 사용할 때에는 자신의 생각을 정확하고 효과적으로 표현할 수 있도록 문장의 구성에 특별히 주의해야 한다.

(1) 접속어미의 사용

접속어미는 절과 절을 연결하여 한 문장 안에 여러 개의 명제를 담아내는 수단이 되기도 하고, 사건이나 상황들이 어떤 식으로 얽혀 있는지를 알려 주기도 한다. 아래 예문에서 접속어미를 적절하게 고쳐 보자.

① 어린 아이의 눈으로 세상을 이해하려는 부분이 인상적이었으며 친구에게 추천하였다.

⇨

② 이 돈은 원래 복지관 예산으로 쓰여야 하고 직원들의 휴가비로 쓰여 한동안 세상이 시끄러웠다.

⇨

위 예문은 '이유', '역접', '조건' 등을 표시하는 적절한 어미가 있는데도 불구하고 앞 뒤 문장을 단순 나열하는 접속어미 '–고/–며'를 사용하여 문장이 어색하게 된 경우이다. ①은 '어린 아이의 눈으로 세상을 이해하려는 부분'이 친구에게 추천한 '이유'가 된다. 따라서 '이유'의 의미를 나타내는 어미 '–어서'를 사용하여

"어린 아이의 눈으로 세상을 이해하려는 부분이 인상적이어서 친구에게 추천하였다."로 고쳐 쓰는 것이 좋다. ②는 앞 절의 내용과 뒤 절의 내용이 역접의 의미이므로 '–지만'이나 '–으나'와 같은 역접의 의미를 갖는 어미가 오는 것이 적절하다. 따라서 "이 돈은 원래 복지관 예산으로 쓰여야 했지만 직원들의 휴가비로 쓰여 한동안 세상이 시끄러웠다."나 "이 돈은 원래 복지관 예산으로 쓰여야 했으나 직원들의 휴가비로 쓰여 한동안 세상이 시끄러웠다."로 고치는 것이 좋다.

(2) 문법적으로 대등한 것의 병치

'A와 B', 'A이나 B', 'A하고 B하다'와 같이 두 개 이상의 요소가 이어진 구성에서 접속되는 두 요소는 대등한 지위를 가져야 한다. 즉 앞의 말이 명사면 뒤의 말도 명사, 앞의 말이 동사면 뒤의 말도 동사여야 한다. 접속되는 두 요소가 대등하지 않게 사용되는 것은 문장 쓰기에서 가장 많이 발생하는 오류이다. 다음의 문장을 문법에 맞게 고쳐 보자.

① 환자의 침대 시트를 교체하고 병동 물품 관리, 의료 기구 소독, 약품 정리 등을 혼자서 해야만 했었다.

⇨

② 얼마나 판매되었는가와 제품 선호도가 진열의 기준이 된다.

①은 문장이 길어지면서 자주 나타나는 문법 오류의 예이다. '침대 시트를 교체하고'와 '병동 물품 관리, 의료 기구 소독, 약품 정리'가 병치되어 있는 문장이다. 앞 요소는 '침대 시트를 교체하고'와 같이 동사로 되어 있고 뒤의 요소들은 명사구로 되어 있다. 이렇게 동사와 명사구가 접속되면 문장의 균형이 깨진다. 영어에서도 'apple and orange'라는 접속은 가능해도 'apple and eat'라는 접속은 불가

능한 것과 마찬가지다. 따라서 앞 성분을 명사형으로 바꾸어서 "환자의 침대 시트 교체, 병동 물품 관리, 의료 기구 소독, 약품 정리 등의 일을 혼자서 해야만 했었다."로 수정하든지 뒤의 성분을 동사형으로 바꾸어 "환자의 침대 시트를 교체하고 병동 물품을 관리하고 의료 기구를 소독하고 약품을 정리하는 등의 일을 혼자서 해야만 했었다."로 수정해야 한다. ② 역시 나열할 때 문법적으로 대등한 요소를 병치해야 한다는 조건을 어긴 문장이다. "판매량과 제품 선호도가 진열의 기준이 된다."나 "얼마나 판매되었는가와 얼마나 제품을 선호하는가가 진열의 기준이 된다."로 수정해야 한다.

(3) 문장 성분의 공유 관계

공유하고 있는 요소와의 호응 관계는 문장이 길어질 경우, 문법적 오류가 자주 생기므로 신경을 써야 한다. 공유 관계가 제대로 성립될 수 있도록 나열, 접속되는 두 구절의 구조를 확인하는 글쓴이의 세심한 주의가 필요하다. 특히 둘 이상의 요소가 접속된 구성이 목적어로 쓰인다면 목적어와 서술어의 호응 관계가 각각에 대하여 성립하는지 살펴보아야 한다. 아래의 문장을 문장 성분의 공유 관계에 주의하여 수정해 보자.

① 아침에는 주로 빵과 우유를 즐겨 마시는 편이다.

⇨

② 성격과 외모는 물론 능력까지 뛰어난 사람을 찾기란 여간 어려운 일이 아니다.

⇨

①에서 '우유를 마시다'는 자연스러우나 '빵을 마시다'는 호응하지 않는다. 따라서 이 경우에는 서술어를 따로 써서 "아침에는 주로 빵을 먹고 우유를 즐겨 마시

는 편이다."로 수정해야 한다. ②에서 '외모가 뛰어나다', '능력이 뛰어나다'는 성립할 수 있으나 '성격이 뛰어나다'는 옳지 않은 표현이다. 따라서 "성격이 좋고 외모는 물론 능력까지 뛰어난 사람을 찾기란 여간 어려운 일이 아니다." 정도로 수정해야 한다.

글의 생동감은 명료함과 간결함에서 나온다

다른 이의 글을 읽다 보면 문법적으로 맞는데도 내용이 정확하게 이해되지 않을 때가 있다. 심지어는 무슨 말을 하려는지 알 수 없는 경우도 있다. 문법적으로 문제가 없는 문장이라 하더라도 쉽고 자연스럽게 읽히지 않는다면 좋은 문장이라고 할 수 없다. 이를 위해 유의해야 할 점은 수식 관계를 명확하게 나타내야 한다는 점이다.

(1) 문장의 중의성

중의적인 문장은 정확한 의미 전달에 방해가 된다. 이때에는 문장의 어순을 바꾸거나 쉼표를 적절히 사용하여 문장의 의미를 분명하게 표현할 수 있도록 해야 한다. 아래의 문장에서 중의성을 해소할 수 있도록 바르게 고쳐 보자.

① 저 여자애가 정말로 옆집 키가 작은 할머니의 손녀였는지 분명치가 않다.

⇨

①은 키가 작은 사람이 할머니였는지 손녀였는지 분명치가 않다. 만약 손녀만을 수식하려고 한다면 "저 여자애가 정말로 옆집 할머니의 키가 작은 손녀였는지

분명치가 않다."로 고쳐야 한다.

(2) 수식의 범주에 따른 중의성 해소

문장의 중의성은 수식어가 길어질 때에도 발생할 수 있다. 이때에는 수식어와 피수식어의 위치를 가까이 함으로써 수식 관계의 모호성을 해소할 수 있다. 수식어와 피수식어 사이의 거리가 멀면 멀수록 수식어의 길이가 길어지면 길어질수록 문장은 점점 길고 복잡해진다.

이러한 사실에 주목하여 아래의 문장들이 어떠한 중의성을 가지고 있는지 파악하고 중의성을 해소할 수 있도록 바르게 고쳐 보자.

① 나카타는 자기에게만 있는 고양이와 대화할 수 있는 특별한 능력으로 잃어버린 고양이를 찾아주는 일을 하는 사람이다.

⇨

② 이때 한 용감한 시민이 소리를 지르면서 도망가는 범인을 뒤쫓기 시작했다.

⇨

①은 '자기에게만 있는'이 '고양이'를 수식해 주는지 '고양이와 대화할 수 있는 특별한 능력'을 수식해 주는지 수식의 범위가 모호한 문장이다. 이럴 때에는 수식어를 피수식어 가까이에 써 주면 모호성이 해소될 수 있다. 또한 이 문장에서 관형격 어미 '-는'이 '자기에게만 있는'과 '대화할 수 있는'에서 반복되고 있으므로 '자기만의'로 표현도 바꿔 보았다. 따라서 이 문장은 "나카타는 고양이와 대화할 수 있는 자기만의 특별한 능력으로 잃어버린 고양이를 찾아주는 일을 하는 사람이다." 정도로 수정할 수 있다. ② 역시 '시민이 소리를 지르면서 뒤쫓는 것'인지 '범인이 소리를 지르면서 도망가는 것'인지가 분명치 않다. 의미를 명확히 해 줄 수 있도록

수식어의 위치를 바꾸어 "이때 한 용감한 시민이 도망가는 범인을 소리를 지르면서 뒤쫓기 시작했다."로 쓰거나 간단하게 쉼표를 사용하여 "이때 한 용감한 시민이 소리를 지르면서, 도망가는 범인을 뒤쫓기 시작했다."로 수정할 수 있다.

(3) 지나치게 긴 수식어구의 회피

① 방만한 자본주의 제도하의 개인의 무제한적인 경제적 자유에 대해서 더 이상 국가는 손만 놓고 있을 때가 아니라는 사실을 명심해야 한다.

⇨

② 안정적인 환율 정책과 지속적인 주가 상승 정책의 원활한 성취를 위하여 정부는 노력해야 한다.

⇨

①은 6개의 관형어가 연달아 이어진 구조여서 의미 전달이 모호한 경우이다. ② 역시 환율(의) 정책, 주가(의) 상승에 생략된 조사 '-의'를 포함시킬 경우 관형어의 지나친 사용으로 부사절이 어색한 경우이다. 의미를 명확하게 해줄 수 있도록 문장을 고쳐야 한다.

지금까지 자신의 생각을 담을 수 있는 좋은 문장을 쓰기 위해 필요한 몇 가지를 알아보았다. 이는 초고를 쓸 때에도 유념해 둘 필요가 있지만 글을 다 쓰고 나서 고쳐 쓸 때도 도움이 될 것이다. 물론 퇴고를 하려 해도 자신의 글에서 단점을 발견하기란 쉽지 않다. 이미 나에게는 익숙한 문장이라 단점이 쉽게 보이지 않기 때문이다. 그럴 때마다 몇백 년 전 이규보가 남긴 말을 떠올려 보기 바란다. 그는 "마치 내 원수가 지은 글을 대하듯 나의 글을 대하여 잘못된 점을 열심히 찾아 문제가 없게 된 뒤에야 세상에 글을 내놓으라."라고 했다. 글을 다 썼다면 자신의 글을 반복해서 살펴보라. 내 눈을 덮은 콩깍지가 하나씩 벗겨질 것이다.

연습 문제 1 **다음의 문제를 읽고 각 질문에 답해 보자.**

1) 다음 중 조사나 어미의 사용이 모두 적절한 문장은?

① 연극을 인생과 비유하는 데는 이유가 있다.

② 여당이나 야당이나 모두 상대 당에게 비난만 퍼부어서는 안 된다.

③ 시민들은 평소 사회 문제에 별 관심이 없었고 이번 어린이 성폭행 사건에는 매우 격분했다.

④ 이 아이템은 한정판으로 출시된 것이어서 피규어 수집가들의 집중적인 관심을 받고 있다.

2) 다음 중 문장 성분 간의 호응이 적절한 문장을 찾아보자.

① 정국 정상화 방안에도 의견을 접근한 것으로 알려졌다.

② 소비자는 유기 농산물을 구입하는 일이 이 땅을 화학물질의 재앙으로부터 구하는 환경 실 천 활동으로 인식해야 한다.

③ 세월이 흐르는 것을 막을 수 없듯이, 물이 흐르는 것 또한 막을 수 없다.

④ 인간들은 한편으로는 자연에 순응하면서, 다른 한편으로는 이용하면서 살아왔다.

3) 다음 중 주술 성분 간의 호응이 적절한 것을 찾아보자.

① 고요한 이 밤에 한 줄기 시냇물이 들 가운데를 감돌아 흐르는 모습이 마치 한 폭의 그림 같았다.

② 주목할 만한 점은 여성뿐 아니라 남성들도 화장에 관심을 보이고 있다.

③ 합격 소식을 전하는 그의 얼굴에 스치는 빛은 의외로 담담한 표정이었다.

④ 내 고향은 상주인데 이곳에는 감나무가 많아 예전부터 곶감으로 유명한 곳이다.

연습 문제 2 **다음 문장에서 군더더기 표현을 없애고 간결하게 고쳐 보시오.**

① 일본의 초등학교에서 가르쳐지고 있는 역사 교과서의 오류가 수정되지 않아서 한국 정부는 이에 대해 공식적으로 문제를 제기했다.

⇨

② 입법의 문제점 또한 지적하지 않을 수 없다.

⇨

③ 인간은 노동을 해야 인간다울 수 있다는 사실은 의심할 여지가 없다.

⇨

연습 문제 3 **다음의 문장을 문법에 맞고 우리말다운 자연스러운 문장으로 고쳐 보시오.**

① 언론 매체는 보도를 함에 있어서 객관성을 잃지 않도록 주의해야 한다.

⇨

② 그의 취미는 분야를 가리지 않는 방대한 독서였으며, 아무리 중요한 약속도 저녁 6시 이후에는 반드시 귀가해서 독서 시간을 지켰다.

⇨

③ 〈춘향전〉은 계층이 다른 남녀의 사랑을 통해 신분 사회의 병폐와 인간의 존엄성을 성찰하게 하는 소설이다.

⇨

④ 인간에 대한 전통적 정의의 하나인 '인간은 이성적 동물이다.'가 논리적으로 만족스러운 정의일 수 있는가에 대해 제기된 다음의 비판적 의문 중에서 적절하지 못한 것은 무엇인가?

⇨

⑤ 영화 〈카트〉의 주제에 공감을 느낀다면 주변 친구들에게 이 영화를 꼭 추천해 주세요.

⇨

⑥ 저희 업체는 얼마나 성실한가와 영어 실력을 기준으로 인턴을 선정합니다.

⇨

⑦ 한글과 세계의 여러 문자를 비교해 볼 때 매우 조직적이며 과학적인 문자라고 하는 사실은 널리 알려져 있다.

⇨

⑧ 가정과 사회에서 치열히 싸우다 무수히 결국 포기하고만 여성들의 예를 들어 깨달음을 주고 있다.

⇨

⑨ 좋은 이름의 조건에는 얼마나 부르기 편한지, 그 건물이 특성이 반영된 정도, 이름의 실용성 혹은 듣기에 아름다운지 등이 들어간다.

⇨

⑩ 동아리에 가입하기 위해서는 절대로 직접 손으로 쓴 작품을 제출해야 한다.

⇨

긴밀성을 갖춘 문단

글은 생각과 생각의 연결로 이루어진다. 이런저런 생각들은 이어져 덩어리를 이루고 글쓴이는 그 속에서 자신이 전달하려는 의미를 드러내게 된다. 머릿속에 떠오르는 중심 생각에 살을 붙여 구체화하고 그것을 문장으로 표현할 때 바로 '문단'이 된다.

함께 이야기해 봅시다

- **문단이란 무엇인가? 형태적으로는 문단을 어떻게 구분하는가?**
- **글을 쓰다가 어떤 때 문단을 바꾸는가?**
- **문단 구분은 왜 할까? 문단 구분을 하면 독자에게는 어떤 점이 좋을까? 필자에게는 어떤 점이 좋을까?**

문단이란 글을 구성하는 가장 기본적인 구조적 단위이자 생각의 단위이다. 생각의 변화를 드러내기 위해 문단의 첫 번째 문장은 두 칸 정도를 들여 써서 형태적으로 구분해 준다. 문단은 독자에게는 글의 내용 전개를 파악하기 쉽도록 도와주며 필자에게는 주제에서 벗어나지 않고 글을 논리적으로 전개할 수 있게 한다.

문단의 구성 요소

한 편의 글은 다음 그림과 같은 구조로 이루어져 있다. 글 전체의 주제가 있고 그 주제를 뒷받침하기 위해 여러 개의 문단들이 존재한다. 다시 각각의 문단은 중심 개념을 표현하는 문장인 '소주제문'과 그것을 '뒷받침하는 문장'으로 구성된다.

문단 쓰기에서 유의할 점은 우선 하나의 문단에는 한 개의 소주제문만 있어야 한다는 것이다. 다른 생각을 전달하면서 의미적 중요성이 대등한 두 개의 소주제문이 들어 있다면 문단을 반드시 구분해 주어야 한다. 다음으로 소주제문을 논증하거나 설명하기 위한 뒷받침 문장이 풍부하게 기술되어야 글쓴이는 자신의 의도를 독자에게 잘 전달할 수 있게 된다.

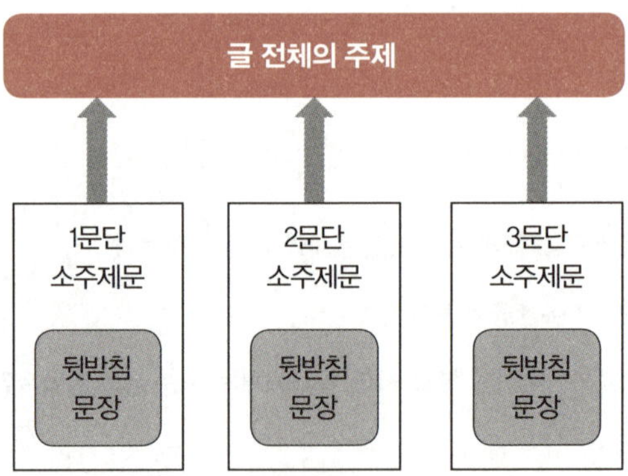

그렇다면 '좋은 소주제문'이란 무엇일까? 소주제문은 문단의 핵심적인 내용을 집약한 것으로 글쓴이의 주장이나 평가, 느낌이 드러나는 문장을 말한다. 일반적인 사실을 서술한 문장은 소주제문으로는 적합하지 않다. 또한 소주제문의 내용은 뒷받침이 가능한 것이어야 하고 뒷받침하는 내용을 필요로 하는 것이어야 한다. 그리고 논의의 범위와 방향이 한정되어 있을 때 좋은 소주제문이라고 할 수 있다.

아래의 글은 '문단은 하나의 소주제문과 여러 개의 뒷받침 문장으로 구성된다'는 글쓰기의 규칙이 잘 지켜지고 있다. 필자는 '한국의 기독교는 큰 위기를 맞고 있다.'는 소주제문을 설정하고 한국의 기독교가 큰 위기를 맞고 있는 이유에 대하여 예시와 설명 등을 통해 뒷받침 문장으로 기술하고 있다.

지금 한국의 기독교는 큰 위기를 맞고 있다. 교회가 예수 대신 목사를 섬기고 교회의 주인이 예수에서 목사로 옮아가면서 기독교인들이 방황하는 모습을 보이고 있는 것이다. 목사들이 교회와 목회를 사유화하여 재산 물리듯 자녀에게 물려주고 있기 때문이다. 우리나라의 개신교 목사들을 상대로 한 조사에서 목사의 65퍼센트가 담임목사직을 자녀에게 세습할 수 있다고 대답한 것은 일반인들에게도 충격적이다. 재벌을 빼고는 사회 각 분야에서 자리나 권한을 자녀에게 물려주는 것을 금기로 알고 있는 국민 정서상 영적인 것에 종사하는 종교인들이 교회를 세속적인 재산으로 이해하는 것을 납득하기 어려워서다. 세습을 반대하는 기독교인들은 목회자들이 사랑하는 자녀들에게 십자가의 고통을 물려주어야 함에도 불구하고, 그 대신 예수님께로 돌려야 할 모든 영광을 세습의 형태로 자녀에게 돌리는 행위는 신학적으로 옳지 않다고 말하고 있다. 그러나 목사 세습을 강행하는 교회들은 성경의 어느 구절에도 아들에게 물리지 말라는 구절이 없기 때문에 성경에 부합하는 것이라고 강변한다.

– 김선주(2010), 「예수 없는 한국 교회」, 『이별에도 예의가 필요하다』, 한겨레출판, 68쪽.

앞의 글에서 소주제문과 뒷받침하는 문장의 내용들을 요약 정리해 보면 다음과 같으며, 이를 '문단 개요'라고 한다. 글을 작성하기 전에 개요를 작성하는 습관을 들이면 문단의 요건을 잘 갖춘 글을 쓸 수 있다.

〈문단 개요〉

- 소주제문: 한국의 기독교는 큰 위기를 맞고 있다.
- 뒷받침 문장:

1) 목사들이 교회와 목회를 사유화하여 자녀에게 물려주는 모습에 기독교인들이 방황

2) 사회 각 분야에서 자리나 권한을 자녀에게 물려주는 것을 금기로 알고 있는 국민 정서상 종교인들이 교회를 세속적인 재산으로 이해하는 것은 납득하기 어려움.

3) 세습에 반대하는 기독교인들은 목회자들의 세습 행위가 신학적으로 옳지 않다고 말하나 목사 세습을 강행하는 교회들은 성경의 어느 구절에도 아들에게 물리지 말라는 구절이 없기 때문에 성경에 부합하는 것이라고 강변함.

연습문제 1 **다음은 소주제문으로서 적절하지 않은 예이다. 그 이유에 대해 말해 보자.**

- 대학이란 초등, 중등, 고등 교육으로 나누어 볼 때 최고의 교육 기관을 말한다.
- 도스토예프스키는 "인류에 대한 사랑을 말하는 사람일수록 구체적인 인간을 사랑하지 못한다"라고 말했다.
- 누구에게나 그렇듯이 나에게는 장단점이 있다.

연습 문제 2 **다음 문단의 문제점은 무엇인지 이야기해 보자.**

내 친구 수현이는 많은 장점을 갖고 있다. 수현이는 누구보다도 정직한 성품을 지니고 있다. 그 애가 거짓말하는 것을 본 적이 없다. 너무 정직해서 손해보는 일이 많다고 주변에서 걱정을 할 정도다. 수현이는 매우 부지런하다. 한 번도 자기 맡은 일을 미룬 적이 없다. 조발표를 할 때는 누구보다 열심히 자료 조사를 하고, 친구들의 의견을 수합한다. 그뿐 아니라 성적도 좋아서 성적 우수 장학금을 놓친 적이 없다. 얼굴도 예쁘고 자기 관리도 잘한다.

연습 문제 3 **다음 글에서 소주제문을 찾고 뒷받침하는 문장의 내용들을 요약 정리하여 문단 개요를 만들어 보자.**

인생은 선택의 연속이다. 외출할 때 입을 옷을 고른다거나 점심으로 먹을 음식을 고른다든지 혹은 언제 점심을 먹을 것인지 등의 사소한 문제에서부터 직업, 결혼, 대통령 선거와 같이 좀 더 크고 중요한 결정을 내려야 하는 문제까지 우리는 살아가면서 계속 선택하고 판단한다. 그리고 이 과정에서 타인의 조언이나 그들과의 협력으로 더 나은 결정을 할 수도 있지만, 때로는 갈등 상황에서 나의 욕구를 포기해야 할 때가 있기도 한다. 나의 자유로운 선택은 자기 책임과 함께 사회적 환경 안에서의 조율을 포함하는 개념인 것이다.

– 학생의 글

• 소주제문: ____________________

• 뒷받침 문장: 1)

2)

3)

연습 문제 4 **자신이 쓴 글을 토대로 문단 개요를 작성해 보고 조원들끼리 문단 개요를 수정하고 보완해 보자. 문단 개요를 작성할 때 점검할 사항은 다음과 같다.**

① 뒷받침 문장이 소주제문과 관련된 것들로만 이루어졌는지 확인하자.

② 뒷받침 문장의 배열이 소주제문을 가장 잘 드러낼 수 있는 순서로 배열되어 있는지 확인하자.

③ 뒷받침 문장의 내용이 소주제문을 구체화하기에 적절하고 충분한지 검토하자.

〈내가 쓴 글의 문단 개요 작성〉

• 소주제문: ____________________

• 뒷받침 문장: 1)

2)

3)

문단의 유형

문단의 유형은 소주제문의 위치에 따라 두괄식, 미괄식, 양괄식, 중괄식으로 결정된다. 소주제문이 문단의 서두에 놓이면 두괄식, 문단의 꼬리 부분에 놓이면 미괄식, 문단의 서두와 말미 모두에 놓이면 양괄식, 문단의 중간에 오면 중괄식이라고 한다.

그렇다면 소주제문의 위치를 이렇게 달리 배치하는 이유는 무엇일까? 필자는 자신의 의도나 내용을 효과적으로 독자에게 전달하기 위해서 문단의 유형을 적절하게 선택한다. 다음 예문을 읽어 보면서 소주제문의 위치에 따라 어떠한 효과가 나타나는지 그 차이점을 중심으로 생각해 보도록 하자.

> 우리에게 너무나 익숙한 단군신화에는 곰의 변신인 웅녀라는 여성이 있다. 그러나 단군신화는 그 이름처럼 단군과 환웅, 그리고 환인의 신화이지 웅녀의 신화가 아니다. 주지하다시피 단군신화에서 만나는 웅녀－의 형상이란, 본래 한 동굴 속에서 범과 함께 살던 곰이었는데 늘 천신의 아들인 환웅에게 사람 되기를 빌어 환웅이 제시한 쑥과 마늘의 동굴을 통과한 뒤에야 여자－사람이 되었고, 또 다시 아이를 낳기를 간절히 원하여 가화한 환웅과의 결합을 통해 건국주 단군을 낳는 존재이다. 단군을 낳은 후 웅녀는 단군신화에서 사라진다. 물론 환웅이 신단수에 하강할 때에도 웅녀는 거기 없었다. 웅녀는 자기의 이야기를 잃어버린 존재, 환웅이나 단군과의 관계 속에서만 의미를 부여받는 존재인 것이다. 이런 웅녀의 위상은 웅녀가 단군신화에서 소외된 존재, 즉 타자화된 존재라는 사실을 시사한다. 대단히 부차적이고 기능적인 존재로 자리매김되어 있다는 것을 의미한다.
>
> － 조현설(2003), 「웅녀·유화신화의 행방과 사회적 차별의 체계」, 『고전문학과 여성주의적 시각』, 소명출판, 11－12쪽.

이 글은 다양하고 구체적인 내용들을 먼저 제시한 후 글을 마무리하는 부분에서 소주제문을 제시한 미괄식 글이다. 왜 필자는 자신의 견해를 가장 마지막에 제시한 것일까? 이 글에서 필자는 "웅녀의 위상은 웅녀가 단군신화에서 소외된 존재, 즉 타자화된 존재라는 사실을 시사한다."는 견해를 밝히고 있다. 그런데 이 생각은 단군신화를 떠올렸을 때 사람들이 쉽게 떠올릴 수 있는 일반적인 생각이 아니며 화자의 여성주의적 관점이 강하게 제기된 것이다. 따라서 필자는 자신의 이러한 견해를 글의 제일 첫 부분부터 제시하지 않고 왜 자신이 이러한 생각에 다다르게 되었는지 그 흐름을 사람들에게 차근차근히 설명해 나가는 미괄식을 택했다. 이 글처럼 자신의 견해가 독특한 관점을 지니고 있거나 다른 사람의 가치와 충돌할 수 있거나 다른 사람들이 잘 이해하지 못할 것 같은 이야기를 하려고 할 때 필자는 내용의 효과적인 전달을 위해 미괄식을 선택한다.

그렇다면 미괄식과 반대인 두괄식은 어떤 때 쓰는 것일까? 두괄식은 자신의 견해가 가치 중립적이거나 큰 반론이 예상되지 않을 때, 특히 정보를 전달하거나 설명하는 글에서 많이 사용된다. 두괄식 글은 소주제문이 가장 앞에서 제시되므로 문단의 주요 정보가 무엇인지 명확하게 알려 줄 수 있다는 장점이 있다. 단, 풍부한 예시나 근거를 제시하면서 문단이 길어질 경우에는 소주제문을 맨 뒤에 한 번 더 놓게 되는 양괄식이 효과적이다.

마지막으로 소주제문을 문단의 중간에서 밝히는 중괄식 글의 예를 보며 어떠한 때에 중괄식으로 자신의 생각을 밝히는지 생각해 보도록 하자.

어렸을 적 들었던 우화 가운데 '코끼리와 여섯 사람의 소경'이라는 이야기가 있다. 코끼리 한 마리를 놓고 여섯 사람의 소경이 저마다 어느 특정한 부위를 만져 보고는 '코끼리는 이렇다!'고 말했다. 옆구리를 만진 이는 '코끼리는 마치 벽과도 같다'고 하고, 코를 만진 이는 '코끼리는 마치 뱀과 같은 존재'라고 하고, 다리를 만진 이는 '나무 같은 코끼리'를 상상하고, 귀를 만져 본 이는 '코끼리는 부채 같다'고 하고, 상아를 더듬고 난 이는 코끼리가

'창과도 같은 존재'라고 하고, 꼬리에 손을 댔던 사람은 '코끼리는 밧줄과 같은 존재'라고 말한다. 이 우화의 원래 가르침이 무엇이었는지는 생각이 나지 않는다. 그러나 필자는 과학이 이와 비슷하다는 사실을 말하려 한다. 어느 과학도 혼자서 자연이나 세계 전체를 파악하지 못한다. 심지어 우화에 등장하는 것과 같은 코끼리 한 마리라도 그것을 완전히 파악할 수 있는 단일한 과학은 존재하지 않는다. 과학이 발달한 21세기에도 사정은 똑같다. 코끼리라는 존재 자체의 다면성 그리고 코끼리가 우리에게 의미하는 바의 다양성 때문이다. 특정 문화권에서 흰 코끼리가 신성한 동물로 간주된다는 사실은 인문학자의 관심사일 수 있겠지만 반면에 코끼리가 인도의 노동력에서 차지하는 비중에 관한 이야기는 사회과학자의 몫이다.

– 고인석(2007), 『과학의 지형도』, 이화여자대학교출판부, 235–236쪽.

위의 글은 "어느 과학도 혼자서 자연이나 세계 전체를 파악하지 못한다."는 주장을 글의 가운데에서 제시하고 있다. 이 글에서 소주제문 앞의 코끼리 우화 비유를 삭제하면 이 글은 두괄식 글이 된다는 것을 알 수 있을 것이다. 한번 코끼리 우화 이야기를 삭제하고 읽어 보자. 글의 느낌이 어떻게 다른가? 아마도 대부분의 일반인들이라면 '과학'이라는 소재가 낯설게 느껴져서 이 글에 대해 생경함을 느낄지도 모른다. 필자의 주장이 나의 가치관이나 평소의 생각과 부딪히는 부분은 없으나 그렇다고 쉽게 이해되고 받아들여지지도 않을 것이며 내용이 다소 추상적으로 느껴지기도 할 것이다. 그렇기 때문에 필자는 누구나 다 알고 있을 만한 우화를 예로 들어 소개하며 우선 가볍고 쉽게 독자에게 접근한 것이다. 그 다음으로 자신이 원래 전하고 싶은 소주제문을 배치한 후, 앞의 우화에서 제시한 내용에 빗대어 자신의 견해를 펼쳐 나가고 있다. 이렇듯 중괄식은 독자에게 낯선 소재나 개념에 대해서 이야기할 때 효과적이다.

좋은 문단이 갖추어야 할 요건

(1) 문단의 통일성

문단을 작성할 때 주의할 점은 의미의 통일성을 유지하는 것이다. 하나의 주제를 논의하기 위해서는 여러 문장들이 서로 관련을 맺고 연결되는 과정에서 전체적으로 통일된 논의를 해야 한다. 지금 다루고 있는 핵심 생각인 소주제문과 관련없는 내용의 문장들이 문단 내에 나타나면 안 된다. 그러한 문장들은 논의의 통일성을 해쳐서 일관성 있는 논지 전개를 어렵게 만든다. 그럼에도 불구하고 많은 학생들은 다양한 생각들을 모두 내보이고 싶거나 조사한 자료들을 버리기 아깝기에 문단의 통일성을 깨는 문장들을 문단 내에 포함시키곤 한다. 문단 내에 불필요한 문장이 있다면 과감하게 삭제해야 한다는 점에 주의하며 다음 예문을 살펴보자.

> 다문화 가정에 대한 공익광고에서 가장 흔히 나타나는 오류는, 다른 나라의 문화가 한국 문화에 묻혀버리는 모습을 보여주는 것이다. 그리고 그것을 상징적으로 보여주는 것은 바로 한글과 김치이다. 이 두 가지 키워드는 다문화 가정 공익광고에서 절대 빠지지 않는 요소이다. 예전에 TV에 방영되었던 다문화 가정 공익광고를 예로 살펴보자. "베트남 엄마를 두었지만, 이 아이는 한국인입니다. 김치가 없으면 밥을 못 먹고, 세종대왕을 존경하고, 독도를 우리 땅이라 생각합니다." 이것은 광고 내레이션의 일부이다. 공익광고 속 다문화 가정의 아이는 한국어를 잘하고 김치를 잘 먹는다.
>
> ⓐ다른 나라에서 온 엄마가 아이에게 차려주는 음식은 모두 한국 음식이다. ⓑ이렇듯 다른 나라의 문화는 전혀 보이지 않는다. ⓒ이 공익광고들이 보여주는 것은 한국 문화 속에 매몰된 디아스포라이다. 그들은 한글을 쓰고, 김치를 잘 먹기 때문에 한국인이 된다. ⓓ그래서 그들은 다르지 않다고, 한국인이라고 공익광고들은 호소한다. ⓔ그러나, 이러한

광고에는 큰 문제점이 있다. 인종이 같지 않다면 적어도 한국 주류문화에 물들어 있어야 한국인이라는 주장을 은연중에 내포하고 있기 때문이다. 요새 우리나라 아이들에게 가장 좋아하는 음식이 무엇이냐고 물어봤을 때 김치라고 대답할 확률이 과연 얼마나 될까? 그렇지만 우리는 김치를 싫어하는 한국 아이를 보고 한국인인지 아닌지 의심하지 않는다. 한글을 모르는 한국인을 보고도 한국인이 아니라고 말하지 않는다.

ⓕ하지만, 유독 공익광고에서 이런 한국 문화를 강조하는 것은 동질감을 불러일으키는 것에만 그치지 않고, 디아스포라들에게 '단일민족 한국인'의 모습을 강요하는 또 하나의 억압이 될 가능성이 있다. ⓖ공익광고는 사람들의 의식과 행동을 바꾸려는 데 목적이 있다. 그렇기에 조심스러워야 하고 한쪽으로 치우치지 말아야 한다. 따라서 다문화 가정에 대한 인식을 바꾸기 위한 공익광고라면 한국 문화에 가득 물들어 있는 디아스포라들만 보여주어서는 안 된다. 공익광고에서 나와야 할 것은 디아스포라의 있는 그대로의 모습이다. 그들의 존재 자체를 긍정하고, 그들이 가진 또 다른 문화가 한국 내에서 공존하고 있다는 것을 보여주어야 한다. 한국어에 능숙한 디아스포라가 아니라, 다른 나라 말로 인사해도 웃으며 받아주는 한국인이 나와야 한다. 다문화 가정의 아이의 도시락은 김치가 아닌, 다른 나라의 문화가 담겨 있는 색다른 모습으로 비춰져야 한다. 다문화 가정에 대한 공익광고는 한국 내에 다른 문화가, 음식이, 언어가 있을 수 있다는 것. 그런 사람도 한국인일 수 있다는 사실을 알리는 교두보가 되어야 한다. (학생의 글)

위 예문의 첫째 문단의 소주제는 다문화 가정에 대한 TV 공익광고에서 가장 흔히 나타나는 오류이다. 이 문단에서 글쓴이는 논지의 통일성을 유지하기 위해 공익광고의 내레이션과 장면을 서술하고 있다. 그런데 둘째 문단으로 제시되어 있는 ⓐ~ⓓ문장은 첫째 문단의 내용에 대한 부연 설명이므로 문단을 나누지 않는 것이 적절하다. 그 다음에 제시된 ⓔ문장부터 필자의 시각으로 파악한 공익광고의 문제점이 직접적으로 제시되어 있으므로 이 부분이 둘째 문단의 시작이 되는 것이 바람직하다. 그리고 셋째 문단의 ⓕ는 둘째 문단의 내용과 상통하는 것이므로 위 문단에 이어 써야 한다. ⓖ문장부터는 바람직한 공익광고의 대안이 제시되어 있으므로 여기에서부터 셋째 문단을 나누어야 한다. '문제 제기–분석–주장'으로 이어지는 각 내용이 통일성 있게 제시되도록 문단을 재구성해야 한다.

(2) 문단의 연결성

좋은 문단은 논지의 흐름이 자연스럽게 전개된다. 이를 위해 글을 쓸 때 신경 써야 할 것은 내용의 논리적 전개와 문장 간의 형태적 연결이다. 우선, 문장들의 논리적 전개를 위해 고려할 사항을 예로 들면 연대기적, 공간적, 중요도 등의 순서에 의해 서술하는 것이다. 예컨대 과거부터 현재에 이르기까지 시간의 흐름대로 글을 전개한다든가 덜 중요한 것부터 시작해서 가장 중요한 것 순으로 기술하는 등 독자가 글의 흐름을 따라오기 쉽도록 내용을 전개하는 것이다. 한편 문장 간의 형태적 연결을 위해서는 글의 핵심어를 반복해 주거나 지시어를 사용하여 앞의 말을 받아 주거나 국어의 다양한 접속어를 적절히 삽입하는 방법 등이 있다.

문장 사이의 연결이 긴밀하려면 문장을 통해서 전달하는 의미가 조리 있게 이어져야 한다. 다음 예문을 문장 사이의 논리적 연쇄를 고려하며 읽어 보고 수정해 보자.

ⓐ교양은 실용적인 이익은 별로 없더라도 세상을 바라보는 안목과 가치관을 형성하는 데에 중요한 의미가 있다. ⓑ입시에 목을 매고 있는 현재의 한국 고등학교에서 이러한 것을 기대하기는 불가능하며, 대학에서도 취업률에 급급하고 있는 상황에서 교양 교육은 거의 이루어지지 않고 있다. ⓒ대학생들의 현실은 어떠한가? ⓓ교양 없는 수업을 들으며 교양 없는 사람으로 성장하고 있다. ⓔ기본적 지식이 없기 때문에 사회에 대한 이해가 부족하고 학점이나 취업에 관계된 공부 이외의 다른 영역은 쳐다보지도 않는다. ⓕ지금 대

학생들은 훨씬 양적으로 더 많이 공부하지만 이전보다 더 '사유'하고 있는지에 대해서는 의문이 든다. ⓖ잘못된 현실과 교육 과정 속에서 학생 개인에게만 그 책임을 돌리는 것은 옳지 않다. ⓗ연애, 취업, 성적, 친구, 패션은 분명 대학생들의 대화 중 큰 화두이고 삶을 살아가면서 중요한 요소이지만, 이 외의 이야기는 대학생들 사이에 오가는 경우가 흔치 않다. (학생의 글)

ⓐ문장과 연결되는 ⓑ, ⓒ의 문장이 각기 별개의 것으로 나열되어 있어 수정할 필요가 있다. ⓐ에서는 교양의 필요성을 제시했는데, ⓑ에서는 그와는 반대되는 현실 상황을 제시했으므로 역접의 접속어를 써야 한다. 그리고 ⓒ에서는 보다 구체적인 국면을 제시하고 있으므로, 앞의 문장과 자연스럽게 연결될 수 있는 표현이 필요하다. 그리고 ⓓ와 ⓔ의 논의는 중복되는 내용이므로 표현이 다소 어색하고 모호한 ⓓ문장을 삭제하는 것이 적절하다. ⓕ문장에서는 비교형이 쓰였는데 그에 해당하는 대상이 제시되어 있지 않으므로 이를 분명하게 밝혀 주는 것이 좋다. 그 다음에 제시된 ⓖ문장은 앞뒤 문장과 논리적인 연결이 어색하고 문단 자체의 통일성을 깨는 내용이므로 삭제하는 것이 적절하다. 지금 대학생들이 진지하게 사유하지 못하는 문제 상황을 제시하다가 갑자기 책임 소재를 운운하는 것은 부적절하다. ⓗ문장은 ⓕ문장에 대한 구체적인 서술이므로 바로 뒤에 연결하는 것이 좋다.

다음은 문장들 사이의 논리적 연결을 고려하면서 글쓴이의 핵심적인 생각들이 질서정연하게 드러날 수 있도록 앞의 글을 수정한 것이다.

ⓐ교양은 실용적인 이익은 별로 없더라도 세상을 바라보는 안목과 가치관을 형성하는 데에 중요한 의미가 있다. ⓑ그러나 입시에 목을 매고 있는 현재의 한국 고등학교에서 이러한 것을 기대하기는 불가능하며, 심지어 대학에서도 취업률에 급급하고 있는 상황에서 교양 교육은 거의 이루어지지 않고 있다. ⓒ이러한 상황에서 대학생들의 현실은 어떠한

가? (ⓓ문장 삭제) ⓔ기본적 지식이 없기 때문에 사회에 대한 이해가 부족하고 학점이나 취업에 관계된 공부 이외의 다른 영역은 쳐다보지도 않는다. ⓕ특히 과거에 비해 지금 대학생들은 훨씬 양적으로 더 많이 공부하지만 이전보다 더 '사유'하고 있는지에 대해서는 의문이 든다. ⓖ연애, 취업, 성적, 친구, 패션은 분명 대학생들의 대화 중 큰 화두이고 삶을 살아가면서 중요한 요소이지만, 이 외의 이야기는 대학생들 사이에 오가는 경우가 흔치 않다.

연습 문제 1 **(　　) 안에 알맞은 접속어와 지시어를 넣어 보자.**

〈2014 수다연극—청춘인터뷰〉는 공연 형식과 내용에서 분명 차별화된 면모를 구축했다. (　　) 배우들이 적극적으로 개입하여 공연 준비 과정이 내용으로 직결되는 연극을 만들었다는 점에서 새로운 제작 방식을 제안했다. (　　) 청춘을 대상으로 하는 허다한 대중문화 텍스트와 달리 이들의 목소리를 담론화하거나 발화에 굳이 의미를 부여하려 시도하지 않았다. (　　) 공연의 진행 방식은 분명 이색적이었으며, 공연장을 찾은 관객들이 거부감 없이 배우들과 고민을 공유하고 함께 호흡하는 것이 가능했다. (　　) 여전히 공연 현장은 준비된 대본과 전개 방식에 맞춰 완벽하게 통제되고 있다는 점, 이에 따라 관객의 개입 여지가 차단되어 있어 이들이 인터뷰의 청자로 침묵하는 점은 다소 아쉬운 지점이었다.

– 전지니(2014), 「2014 수다연극 청춘 인터뷰–일상의 연극화, 연극의 청각화」, 『공연과 이론』 53호, 297쪽.

연습 문제 2 **다음 글을 읽고 문단의 통일성과 연결성을 고려하면서 글쓴이의 핵심적인 생각들이 질서정연하게 드러날 수 있도록 글을 수정해 보자.**

(1) 내가 대학에 진학을 할 때 대학을 가지 말지를 생각해 본 적은 한번도 없었다. 대학교를 진학하는 것은 너무나 당연한 일이었고 그래서 대학에 가야 하는 이유에 대한 생각을 진지하게 해본 적이 없는 것 같다. 그리고 이유를 생각해보더라도 사회에서 인정 받기 위해, 대학을 안 가면 이상하게 보일까봐처럼 주변 사람들을 의식했기 때문이 아니었나 싶다. 내가 왜 대학에 진학했을까 곰곰이 생각을 해보니 아직 꿈을 찾지 못해서인 것 같다. 대학에서 앞으로 더 많은 경험을 해보고 정말 하고 싶은 일을 찾고 싶다. 대학도 꿈을 위한 한 계단이 될 수 있다. (학생의 글)

⇨

(2) 남녀의 첫사랑은 큰 차이를 보인다. '남자의 첫사랑은 무덤까지 간다'라는 노래까지 있을 정도로 남자에게 첫사랑은 아주 중요한 존재로 자리한다. 다음 사랑을 만나더라도 그 사람에게서 첫사랑의 모습을 찾으려는 경우가 많으며, 심한 경우 첫사랑에 인생을 바치기도 한다. 따라서 첫사랑을 잊지 못해 다음 사랑과 이별을 하게 되는 경우도 많다. '여자의 첫사랑은 그 여자가 사랑한 남자 수만큼이다'라는 말이 있을 정도로 연인이 바뀔 때마다 또 다른 '그'에게 열정적으로 사랑을 줄 수 있는 게 여자의 첫사랑이다. 즉, 현재 자신의 옆에 있는 남자가 여자에게는 가장 중요한 것이다. 여자는 그러한 여러 명의 '첫사랑들'을 거쳐 자신이 진정으로 원하는 사랑을 찾아간다. 하지만 그렇다고 해서 과거의 남자들이 여자에게 아무런 의미로 남지 않게 되는 것은 아니다. 과거의 남자들은 여자의 추억 속에 깊게 묻힌다. (학생의 글)

⇨

(3) 1970년대 한국의 역사에는 인간의 생각을 변화시키는 사회정신을 창조한 한 인물이 있었다. 바로 전태일이다. 그는 암담하고 어두운 70년대 노동 현실을 폭로했고 그것을 개선하기 위해 민주적이고 자주적인 노동운동을 했다. 그의 일기를 통해 거슬러 올라간 과거 한국의 모습은 실로 비참하고 참담했다. 지금의 나로서는 상상할 수도 없는 빈곤함이 도처에 널려 있었고 전태일은 그중에서도 가장 하층에 속하였다. 그 와중에서도 무엇인가를 이뤄내야겠다는 일념은 그를 평화시장으로 이끌었고 그 평화시장이 지금의 전태일을 있게 하였다. 평화시장의 노동 현실은 이루 말할 것도 없이 비참했다. 더욱 비참한 것은 그 어느 누구도 그것을 바꾸려 하지 않았다는 것이다. (학생의 글)

⇨

연습 문제 3 **다음 글을 읽고 문단을 나누어 보자.**

'슈퍼맨이 돌아왔다'의 주된 촬영 무대는 각 출연진이 사는 집의 거실이다. 가정의 일상생활을 관찰하는 방송인 만큼 제작진의 개입을 최소화하기 위해 무인 촬영 방식을 적극적으로 활용한다. 이는 매주 여행지를 옮겨가며 대규모의 촬영 팀으로 방송을 제작하는 '아빠! 어디가'와 확연히 다른 양상이다. '슈퍼맨이 돌아왔다' 12월 1일 방송분 중 이휘재의 집을 보면 무인카메라가 소파 뒤, TV 옆, 화장실 출입문 쪽 벽에 1대씩, 부엌과 거실 천장에 각각 2대씩 설치되어 있음을 확인할 수 있다. 이렇게 집안 곳곳에 설치된 무인카메라는 위치가 한 곳에 고정되어 있기 때문에 시선의 움직임이 적다는 특성을 가진다. 이는 출연진마다 전담 카메라맨이 따라다니며 역동적으로 촬영을 하는 다른 리얼리티 방송들에 비해 차분한 느낌을 준다. 또한, 조명을 담당하는 제작진의 부재로 인해 밤에 촬영된 영상들은 전체적으로 조금 어두운 편이다. 이러한 영상 내적 요소들은 관찰하는 느낌을 극대화시키고, 보는 사람이 영상 속의 상황에 더 쉽게 몰입할 수 있게 도와준다. 시청자들은 방송에 비친 현실에 빠져듦으로써 훔쳐보기 욕망을 충족시킬 수 있다. 철학자 하이데거에 의하면 인간은 호기심이라는 존재 경향을 충족시키기 위해 '봄'이라는 일상 행위를 행한다. 이러한 보는 행위가 공개되지 않은 타인의 사생활을 대상으로 삼을 때에 사람은 쾌감을 느끼게 된다. 즉, 훔쳐보기 심리는 병적인 수준이 아니라면 "인간 본연에 내재되어 있고 누구나 조금씩 가지고 있는 것"이다. '슈퍼맨이 돌아왔다'의 촬영 기법은 시청자의 시선을 무인카메라의 전지적 시선과 일치시켜 시청자가 출연자의 가정을 훔쳐보는 느낌을 가지게 만든다. 특히, 훔쳐보기의 대상이 공인이라는 점은 더 큰 쾌락을 가져온다. 시청자는 '슈퍼맨이 돌아왔다'를 통해 화려한 연예인이 아닌 육아에 쩔쩔매는 아빠로서의 출연자를 발견한다. 그래서 연예인과 자신의 삶을 동일시할 수 있다는 생각에 흥미를 느끼게 된다. 과거에는 방송의 세계와 일상의 세계가 엄격히 구분되었다면 이제는 무대장치가 가정이라는 가장 기본적인 인간의 생활환경으로까지 녹아들어 온다. 프랑스의 철학자 올리비에 라작은 이러한 현상에 대하여 '주거지의 무대장치화'라는 개념을 제시했다. 이때, 출연자의 집 모든 장소가 무대가 되는 것은 아니고, 무대와 무대 뒤는 카메라의 "가시 범위에 따라 구성된다." 그래서 시청자들은 손에 닿을 듯 말 듯한 무대 뒤 연예인의 모습을 보고 싶어 하기 때문에 집안 구석구석을 렌즈로 비춰주는 '슈퍼맨이 돌아왔다'의 훔쳐보기 촬영 기법에 매력을 느끼는 것이다. (학생의 글)

2부

계열별 글쓰기의 실제

1장 나에 대한 질문

글쓰기는 글을 쓰는 나에 대해 질문하는 것으로부터 시작된다. 이 장에서는 나는 어떤 사람인가를 생각하는 데 도움이 되는 자기 성찰의 시간을 가져 보도록 한다. 또한 입사나 구직을 목적으로 인상적으로 자신을 드러내기 위한 자기소개서 쓰기 방법에 대해 배워 볼 것이다. 이를 통해 현재의 나를 점검하는 한편, 자신의 전공과 관심사에 비추어 미래의 나를 가늠해 보는 시간을 갖도록 하자. 마지막으로 시론 쓰기를 통해 특정 사안에 대한 자신의 문제의식을 논리적으로 가다듬고 생산적인 대안을 강구하는 연습을 해 보자.

연습 1. 창조적 표현과 자기소개서

자기 성찰의 글쓰기

글쓰기는 자기를 표현하고, 타자와 소통하며, 세계를 이해하는 구체적인 통로를 마련한다. 이때 핵심이 되는 것은 바로 '나' 자신이다. 다른 사람과 차별화되는 '나'만의 시각은 세계를 새로운 방향으로 해석하는 기회를 제공한다. 또한 이것이 개성 넘치는 글을 쓰게 만드는 원동력이 된다.

그런데 나는 나 자신을 정말 잘 알고 있을까? 오늘날 우리는 성공한 사람들의 이야기를 담은 수많은 자기 계발서를 읽고, 다양한 동영상 강의를 시청하며 살아간다. 이와 같은 이야기를 접하는 것도 물론 의미 있는 일이다. 그러나 정작 '나' 자신이 꿈꾸고 욕망하는 것이 무엇인지 하루에 단 5분이라도 생각해 본 적이 있는가? 어쩌면 우리는 다른 사람의 삶에 대해 훨씬 더 많은 관심을 두고 살아가고 있는 것이 아닐까? 우리의 삶에서 가장 중요한 것은 언제나 바로 '나' 자신이다. 글쓰기의 시작은 이러한 '나'에 대한 성찰로부터 비롯되어야 한다.

유의 사항

- **보이지 않는 '나'를 소개하라.**
- **대학생으로서의 '나'를 탐색하라.**
- **자신이 추구하는 삶의 지향점을 찾아라.**

① 보이지 않는 '나'를 소개하라

우리는 학기 초가 되면 종종 친구들에게 자기를 소개하는 시간을 갖는다. 학교를 졸업하고 사회에 나가서도 처음 만나는 사람에게 자신을 소개하는 것은 인간관계의 기본이 되고 있다. 지금부터 다른 사람에게 자신을 소개하는 상황을 가정하고, 이때 반드시 들어가야 할 내용들을 떠올려 보자.

연습 문제 1 **다른 사람에게 자신을 소개할 때 빼놓을 수 없는 단어 10개를 적어 보자.**

1	2	3	4	5
6	7	8	9	10

▷ 앞에서 쓴 것 가운데 다섯 가지만 고른다면?

1	2	3	4	5

▷ 마지막까지 놓칠 수 없는 단 하나의 단어를 고른다면? 그 하나의 단어를 선택한 이유에 대해서도 함께 생각해 보자.

1

만일 처음부터 자신을 소개하기 위한 하나의 단어를 선택하라고 했으면 어땠을까? 지금처럼 쉽게 하나의 단어를 선택하기는 쉽지 않았을 것이다. 위의 과정은 '나'를 탐색하는 과정이기도 하지만, 글쓰기에서 주제를 선정하는 과정과도 연결된다.

② 대학생으로서의 '나'를 탐색하라

이제부터는 '대학생'으로서의 '나'에 관한 탐색을 시도한다. 이를 위해 자신의 머릿속에 떠오르는 생각들을 '마인드맵'을 통해 자유롭게 나열해 보자. 이러한 작업 역시 글쓰기의 주제를 확장하는 과정으로 활용될 수 있다. 또한 대학을 입학하면서 세운 계획들을 떠올려 보자. 그리고 그것들을 얼마만큼 성취했는지, 새롭게 갖게 된 목표는 무엇인지 생각해 보자.

연습 문제 2

다음은 글쓰기라는 주제를 바탕으로 작성한 마인드맵이다. 이를 참고하여 '대학'이라는 말에서 떠오르는 단어를 마인드맵으로 표현해 보자. (20개 이상)

마인드맵 – 주제: 글쓰기

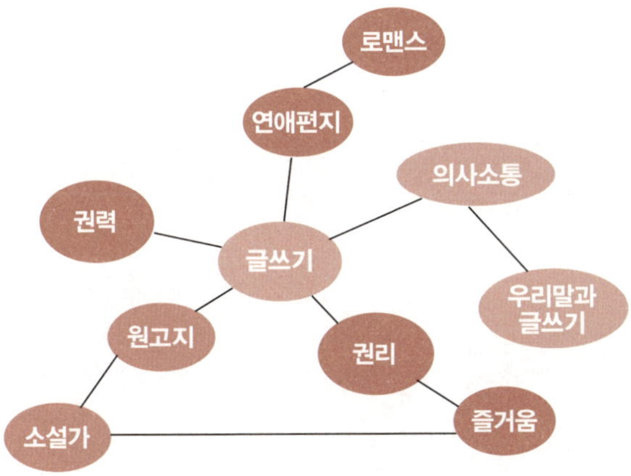

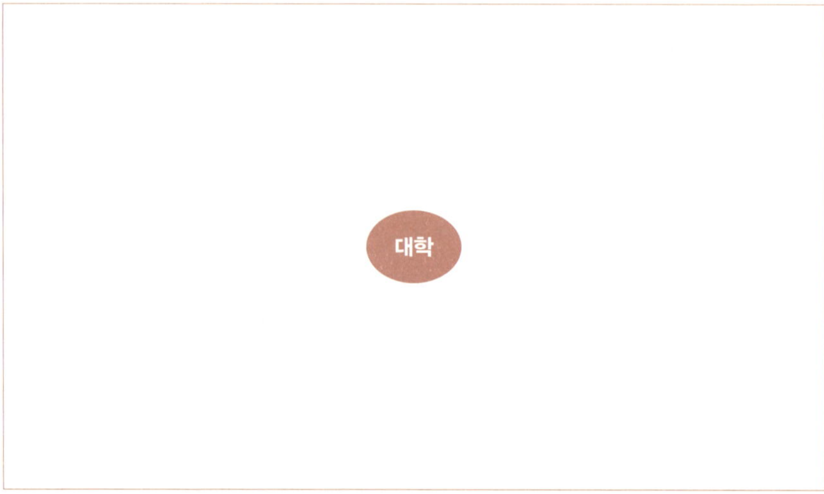

연 습 문 제 3

대학생이 되면서 새롭게 세운 목표를 떠올려 보자. 그리고 이를 성취했는지 여부도 점검해 보자.

	대학 생활의 목표 (Best 10)	성취 여부
1		
2		
3		
4		
5		
6		

7		
8		
9		
10		

※ '성취 여부' 해당 부분에 아래와 같이 표시해 보자.

항목	표시	개수
이미 이루었다고 생각되는 항목	◎	
현재 진행 중이라고 생각되는 항목	△	
아직 이루지는 못했지만, 곧 이룰 거라고 생각되는 항목	☆	
도저히 이룰 수 없을 거라고 생각되는 항목	√	

③ 자신이 추구하는 삶의 지향점을 찾아라

대학생으로서의 자기 자신을 성찰했다면, 지금부터는 대학생으로서의 '나'를 넘어서 보도록 한다. 프랑스의 소설가 폴 부르제는 "생각하는 대로 살지 않으면 사는 대로 생각하게 된다"는 말을 남긴 바 있다. 아침에 일어나서 학교에 오고, 주어진 과제를 하고, 잠자리에 드는 삶. 이것이 우리 생각의 전부가 되어서는 곤란하지 않을까? 앞으로 나는 어떤 삶을 살고자 하며 어떤 삶을 지향하는가에 대해 생각해 보자. 그리고 그러한 계획이 실현될 수 있도록 노력해 보자.

연습 문제 4 자신이 죽기 전에 반드시 해야 할 일들을 생각해 보자. 이는 자신이 지향하는 삶의 색깔을 드러내는 일이기도 하다. 해당 항목은 아래 예시와 같이 최대한 자세히 적도록 한다.

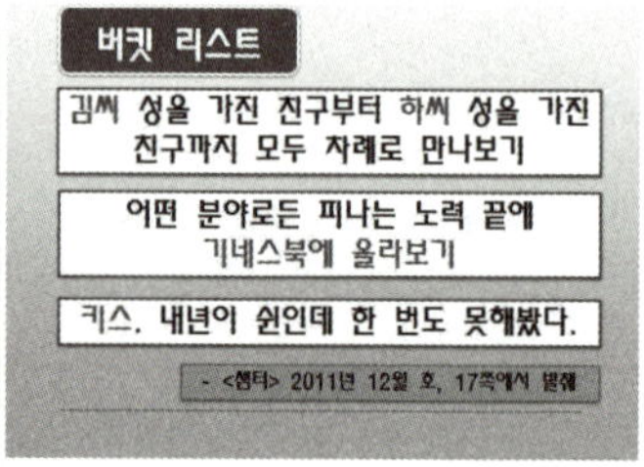

버킷 리스트(bucket list)	
1	
2	
3	
4	
5	
6	
7	
8	

9	
10	
11	
12	
13	
14	
15	
16	
17	
18	
19	
20	

전략적인 자기소개서

자기소개서는 일반적으로 입사나 구직을 목적으로 자신을 소개하는 글이다. 또한 대학원에 진학할 때, 장학금 신청이나 자원봉사 활동을 신청할 때에도 필수적으로 준비해야 할 서류 중 하나이다. 따라서 자신의 능력과 개성, 장점을 효과적으로 부각시키며 서술해야 한다. 이를 위해서는 우선 자기 자신이 가장 잘 할 수 있는 것이 무엇인지 파악해야 한다.

자기소개서에 들어갈 내용으로는 성장 환경, 학교 생활, 성격의 장단점, 교내외 활동 및 연수 경험, 인생관 및 직업관, 지원 동기 및 포부, 응시 직종과 관련된 특기 등이 포함된다. 또한 자기소개서를 통해 자신의 개성이나 특기, 일에의 적합성과 장래성뿐만 아니라 표현 능력까지도 평가되므로 지원처의 성격에 맞게 문체나 형식 등을 고려하여 써야만 한다. 자기소개서는 면접관이 지원자를 이해하는 데 필요한 자료이자, 면접 시 질문으로 활용되는 자료이기 때문이다. 그렇다면 지금부터 전략적인 자기소개서를 작성하기 위한 지침들을 살펴보자.

유의 사항

- **지원하려는 분야의 인재상을 파악하라.**
- **자신을 하나의 이미지로 구축하라.**
- **에피소드 중심으로 서술하라.**
- **단점에서 시작해서 장점으로 끝내라.**
- **이력서에 담을 수 없는 내용을 담아라.**
- **장래성과 포부, 미래를 담아라.**
- **독창성과 창의성을 담아라.**

① 지원하려는 분야의 인재상을 파악하라

상투적인 표현을 쓰지 않도록 한다. 면접관이 비슷한 수준의 많은 글을 동시에 읽는다는 상황을 고려할 때, 자기소개서는 다른 어떤 글보다 더 개성적이고 인상적일 필요가 있다. 자신의 성격이나 가족 관계를 서술할 때에도 "엄하시지만 속마음은 따뜻하신 아버지와 늘 묵묵히 희생하시는 어머니의 첫째 딸로 태어나 화목한 가정 분위기에서 행복하게 성장했습니다."와 같이 상투적인 문장으로 서술해서는 곤란하다. 마찬가지로 포부를 밝힐 때에도 "무슨 일이든 최선을 다하겠다."는 식으로 서술하기보다는 구체적으로 '어떤 일'을 '어떤 방식'으로 하겠다고 쓰는 것이 효과적이다. 이를 위해서 자신이 지원하는 회사의 창업 정신, 경영 이념, 업무 내용, 사회적 평판 등에 대한 정확한 정보를 미리 알아두어야 한다.

자기소개서를 요구하는 이유는 지원자의 성격 및 가치관이 자원처의 특성에 부합하는지를 파악하기 위함이다. 따라서 본인에게 의미 있는 일을 소개하는 것보다 지원하려는 회사 혹은 기관이 원하는 자신의 모습을 드러내는 것이 더 중요하다. 자기소개서를 작성할 때 가장 먼저 해야 할 일은 자신이 지원하고자 하는 곳의 인재상을 파악하는 일이다. 이를 위해서는 해당 기업의 홈페이지를 검색하고, 사보를 찾아보고, 먼저 진출한 선배들을 통해 정보를 얻도록 노력해야 한다. 다음은 졸업을 앞둔 한 4학년 학생의 능력과 경험을 정리한 표이다. 각각의 상황에서 자신의 어느 면을 부각시켜야 할지 생각해 보자.

항목	부각시켜야 할 사항
① 우수한 성적으로 장학금 획득 ② 교환학생 경험과 외국어 실력 ③ 꾸준한 봉사 활동 ④ 활발한 동아리 활동	• 대학원 진학을 목표로 삼는다면 ①번을 부각 • 글로벌한 역량을 중요하게 여기는 단체라면 ②번을 부각 • 나눔 역량을 중요하게 여기는 회사라면 ③번을 부각 • 활동적인 대인 관계를 강조하는 회사라면 ④번을 부각

위의 예시를 통해 확인할 수 있듯이, 지원하는 대상에 따라 자신의 강점을 개성 있게 부각시켜야 한다. 따라서 자기소개서는 매번 새로 작성할 수밖에 없다. 이는 단체마다 다른 인재상을 추구하기 때문이다. 한번 써 놓은 자기 소개서를 반복해서 사용하면 안 되는 이유가 바로 여기에 있다.

② 자신을 하나의 이미지로 구축하라

서류를 검토하는 담당자는 한꺼번에 수백 장의 원서를 읽는다는 것을 기억하자. 담당자가 처음부터 지원자의 글을 꼼꼼하게 읽어 나가기는 매우 어렵다. 따라서 제목만으로 지원자를 파악할 수 있도록 소제목을 달아 주는 것이 중요하다. 이때 소제목은 기사 헤드라인처럼 짧고 명료하게 다는 것이 핵심이다. 다음의 글은 'OO미디어'에 지원하려는 학생이 쓴 자기소개서이다. 다음에 나온 소제목만으로 지원자의 성격을 파악해 보자.

1. 625m 북한강 헤엄쳐 건너기: 성격
2. 방송 원고 제작하기: 인상적인 사건
3. 국제 워크캠프: 대학 생활
4. 즐거운 상상 OO미디어: 지원 동기
5. OO미디어 속의 나: 입사 후 희망과 포부

실제로 학생이 쓴 글을 읽어 보지는 못했지만, 이 소제목만으로도 지원자의 끈기와 도전 정신을 파악할 수 있을 것이다. 자기소개서의 소제목은 이와 같이 작성해야만 한다.

다음 글은 사회과학대학에 재학 중인 대학생이 자신의 대학 생활을 소개한 글이다. 자신이 글쓰기를 좋아하게 된 계기, 인문학이 아닌 사회과학을 전공으로 선택한 이유, 대학 생활 중에 인상 깊었던 강의와 활동, 앞으로의 포부와 계획을 제시했다. 전체 글의 제목도 본인의 개성이 잘 드러나도록 붙였다. 그리고 각 항목에 따라 구체적인 일화를 서술하고, 적절한 소제목을 활용한 점이 돋보이는 글이다.

문학소녀, 사회과학의 세계로 떠나다

1. 사막에서 꽃피운 이야기

내가 글을 쓰기 시작한 것은 2000년 8월, 사우디아라비아에 도착하고 나서부터이다. 그 이전에는 단지 일기장 검사를 받기 위해 글을 쓴 것이 전부였는데, 그로부터 3년 후 한국에 도착했을 때 나는 일기장뿐 아니라 여러 편의 자작소설 및 직접 만든 영문 잡지를 한가득 가지고 있었다. 내가 이렇게 글 쓰는 것을 좋아하게 된 데에는 사우디아라비아에서 3년간 다닌 국제학교의 영향이 크다.

내가 다니던 국제학교에서는 스토리텔링과 글을 쓰는 것을 중요시했기에 유난히 책 읽기 숙제와 행사 그리고 글쓰기 시간이 많았다. 처음에는 단지 칭찬을 받고 싶다는 마음에 영어 책을 읽기 시작했지만, 점차 영어 실력도 늘고 영어에 대한 자신감도 생기면서 책의 내용에 관심을 갖게 되었다. 어느 날 책을 읽고 있는데 문득, '내가 이 책을 읽고 재미있어 하는 것처럼 다른 사람도 내가 쓴 이야기를 읽고 재미있어 하면 좋겠다.'는 생각이 들었다. 그 후 나의 취미는 글을 쓰는 것이 되었다. 초반의 글은 그동안 흥미롭게 읽었던 소설을 모방한 것이 전부였지만, 점차 나만의 경험과 상상을 담은 이야기를 쓰기 시작했다. 4학년 때에는 영문 잡지를 만들어서 친한 친구들에게 보여주기도 했는데, 이에 대해 친구들은 "다음 이야기는 언제 읽을 수 있는 거니?", "재밌게 잘 썼다."고 말하곤 했다.

2003년, 한국에 돌아온 나의 꿈은 영어영문학과에 진학해 작가가 되는 것이었다. 세계 언어인 영어로 소설을 씀으로써 세계 무대에서 활약하고 싶었고, 나의 책을 통해 많은 청소년들의 삶에 좋은 영향을 주고 싶었다. 그런데, 고등학교 3학년 때 영어영문학과에서 행정학과로 희망 전공을 바꾼 것은 내 인생에서의 중대한 전환점이었다.

2. 감성(인문)과 이성(사회)의 사이

사실 고등학교 때에는 글 쓰는 시간이 부족했다. 심화된 학교 공부와 매일 참여해야 하는 학교의 야간 자율 학습 시간으로 인해 글을 쓰는 횟수도 자연스레 줄어들었다. 그러다 보니 글을 엮어내는 것이 버겁게 느껴지기도 했다. 그럼에도 불구하고 나는 대학에 진학한 후에는 원하는 공부를 하고 '내 꿈의 소설'을 쓸 수 있을 것이라는 막연한 기대감을 갖고 있었다. 그러던 고등학교 3학년 여름, 대학 진학용 자기소개서를 작성하기 위해 영문학계에서 상당히 권위 있으신 교수님의 저서를 읽게 되었다. 그러나 나는 그 책을 읽고 난 후 내가 그동안 꿈꿔오던 것과 실제의 현대 영문학이 다르다는 것을 알게 되었다. 모든 현대 문학이 그런 것은 아닐 테지만, 버지니아 울프 등 많은 작가들의 삶과 그들의 작품들이 대개 자살과 같이 우울하고 반사회적인 결말을 취하는 것을 보면서, 이와 같은 작가와 작품을 공부하는 것에 회의감을 느꼈다.

이런 와중에 사회에서는 교육감 선거로 인해 '핀란드식 교육'이나 '미국식 교육'이 이슈화되고 있었고, 이는 내가 교육 행정에 대해 관심을 갖는 계기가 되었다. 여름방학 과제로 마스다 유리다의 『핀란드 교사는 무엇이 다른가』와 같은 핀란드 교육에 관한 도서를 읽으면서 여기에 한국의 열악한 공교육 환경을 비추어 보았고 미국 국제학교에서 경험한 것과 비교해 보기도 했다. 이와 같은 과정을 통해 나는 교육 행정에 대해 더 공부하고 싶다는 생각을 가지게 되었다. 특히 행정학을 전공하시고 현재 공무원 생활을 하고 계신 아버지와 자주 나눈 대화는 내가 행정학과를 지망하는 데에 결정적인 영향을 주었다. 자신의 직업에 자부심을 가지고 일하시는 아버지의 모습을 보며, 공익을 위해 일하는 공무원의 길이 나의 가치관과 부합한다는 것을 알게 되었기 때문이다.

3. 새로운 이야기, 그 첫 장

그동안 영문학에 투자한 시간보다 행정학을 선택한 시간이 오래되지 않았기에 대학에 진학한 후에도 내가 과연 올바른 선택을 한 것인지 불안했다. 이러한 상황 속에서 1학년 1학기에 수강한 박통희 교수님의 〈사회과학의 이해〉 수업은 내가 온전히 사회과학 학도로 거듭나는 기반이 되었다. 문화, 교육, 그리고 정치와 행정 등 사회과학의 여러 분야를 다루는 〈사회과학의 이해〉를 수강하며 사회과학이 매우 역동적이고 실용적인 학문이라는 것을 알게 되었다. 주교재로 사용되던 Elgin F. Hunt와 David C. Colander의 *Social Science : An Introduction to the Study of Society*에서 제시되는 실제 사례와, 그와 관련해서 교수님께서 말씀해 주시던 교수님 개인의 경험을 통해 사회과학이라는 학문과 더 친근해질 수 있었다. 특히 수강 기간 중 '한국의 정부 신뢰'라는 주제로 보고서를 작성하면서 직접 사회 문제를 분석하고 그에 대한 해결책을 모색할 수 있었다. 그리고 이를 통해 정부에 대해 그동안 몰랐던 사실에 대해서도 알 수 있게 되고, 정부와 국민의 원활한 소통이 매우 중요함을 깨닫게 되었다. 그리하여 한 학기가 끝난 후 나는 사회과학에 대한 기본 지식뿐 아니라 사회과학을 공부하는 사람으로서 가져야 할 책임감과 자부심을 지니게 되었다.

이에 더하여 사회과학부 친구들과 이화행정학회 회원들은 행정가가 되고자 하는 나의 꿈에 일종의 자극이 되었다. 특히 사회과학부 친구들과 반값등록금이나 한미FTA와 같이 사회적으로 논쟁이 되고 있는 문제에 대해 논의하곤 했는데, 그 과정에서 바람직한 정부의 역할은 어떤 것인지에 대해서 생각해 볼 수 있었다. 이에 더하여 나와 비슷한 목표를 가지고 열심히 노력하는 행정학회의 언니들과 동기들의 모습은 내가 학업에 정진하는 데에 채찍이 되어 주었다.

4. 검은 머리 앤의 꿈

〈빨간 머리 앤〉의 두 번째 권에서 주인공 앤은 해리슨 아저씨께 "대학 수업을 최대한 활용하여 다른 사람들을 이해하고 도울 것"이라고 말한다. 나 또한 행정을 하는 데 있어 단지 행정방법론에 맞추어서 정책을 집행하는 것이 아니라 이를 통해 저소득층 학생들, 다문화 가정 아이들, 그리고 여성과 같은 사회적인 약자를 돕고 싶다. 이에 걸맞은 행정가가 되기 위해 대학교 2학년 때부터는 이화봉사단에도 적극적으로 참여할 것이며 행정학뿐 아니라 교육학이나 사회학 과목도 수강할 예정이다. 특히 내년에 해외 교환학교에서 'Issues in Educational Policy Analysis' 강의와 같이 교육행정 현황을 중점적으로 다루는 과목을 수강하면서 우리나라에 도움이 될 수 있는 외국의 교육 행정 사례를 많이 접할 수 있었으면 한다.

사실 사회과학대 학생이 된 지금도 나는 여전히 고전 문학을 좋아한다. 인문학은 가장 인간의 본질과 밀접한 학문이기 때문이다. 한편 사회과학은 상대적으로 차가운 학문이라고 할 수 있는데, 사회를 위해 보다 나은 대안을 모색하고 바람직한 정책을 내놓기 위해서는 인간에 대한 이해 또한 수반되어야 할 것이다. 이 점에서 내가 지난 9년간 문학에 투자했던 시간은 그 나름의 가치가 있다고 생각한다. 내가 지원하고자 하는 교육과학기술부나 여성가족부에서는 특히 인간관계와 관련된 정책을 다룬다는 점에서 내가 가진 인문학적 소양이 이에 중요한 영양분이 될 것이다.

– 학생의 글

이밖에 꽃이나 식물, 동물, 혹은 물건으로 자신을 비유하는 것도 효과적이다. 이때 하나의 이미지로 통일성을 부여하는 것이 핵심이다. 다음 글은 커피 관련 회사에 지원서를 내는 학생이 쓴 소제목이다. 수정 전과 후를 비교해 보자.

수정 전	수정 후
1. 성장 환경 2. 성격의 장단점 3. 학창 시절 및 경력 4. 입사 지원 및 포부	1. 에스프레소: 원액을 발견하다! 2. 카페 라떼: 부드러움을 유혹하다! 3. 카푸치노: 풍부한 아이디어를 만나다! 4. 아메리카노: 정직함으로 승부하라!

〈수정 전〉의 소제목은 지원자의 개성을 도무지 확인할 길이 없다. 이에 반해 〈수정 후〉의 소제목은 커피 관련 회사에 지원한다는 특성을 살려서 자신을 다양한 커피 메뉴로 이미지화한 점이 인상적이다. 무엇보다 중요한 것은 지원하려는 회사와 이미지가 일치한다는 점이다. 자동차 회사에 들어가고자 하는 지원자가 자신을 커피로 이미지화하는 것은 매력적이지 않다. 이럴 경우엔 자신을 엔진, 핸들, 타이어 등으로 비유하는 것이 훨씬 효과적이다.

한편 형식면에서도 통일성은 매우 중요하다. "원액을 발견하다."라는 문장 형태의 소제목을 "원액 발견"이라고 수정한다면, 그 아래 제목들도 "부드러운 유혹, 풍부한 아이디어, 정직한 승부"와 같이 명사형으로 통일성 있게 수정해 주어야 한다. 또한 '사자성어'로 제목을 달았다면 각 항목을 모두 사자성어로, 속담이나 격언으로 달았다면 모두 속담이나 격언으로 통일성 있게 달아 주는 것이 효과적이다. 더 구체적인 예를 들자면, 영화사에 들어가려는 지원자는 해당 회사가 추구하는 영화 색깔에 부합하는 감독들의 명언들을 모아 소제목을 구성할 수 있다. 이처럼 각 항목에서 본인을 특화시킬 수 있는 소제목을 붙이는 것이 중요하다. 그러나 지나치게 수필적인 표현이나 상투적인 말은 차라리 쓰지 않는 편이 낫다. 가능한 한 자신의 경험에서 우러나온 말을 조합해서 만드는 것이 중요하다.

③ 에피소드 중심으로 서술하라

평면적인 설명을 길게 하지 않도록 한다. 또한 '성실하다' 혹은 '끈기가 있다'라는 것은 자기를 소개하기 위한 표현으로 적절하지 않다. 이러한 표현은 지원서를 읽은 담당자들이 평가를 내릴 때 하는 표현이다. 그러므로 지원자는 스스로를 '끈기가 있다'고 쓰는 것이 아니라, 어떤 때에 그런 면을 발휘했었는지 구체적인 일화를 중심으로 작성해야 한다. 동아리 활동이나 봉사 활동 등에 관해 쓸 때에도 실제 있었던 일 중에서 가장 보람 있었거나 인상적이었던 일을 구체적으로 묘사하면서, 그때 느꼈던 감정이나 다짐을 함께 서술하여 독자들의 공감을 불러일으키도록 한다. 업무와 관련된 적성을 발견하게 된 계기도 당시의 일화를 묘사함으로써 효과적으로 보여줄 수 있다. 지원 동기와 관련하여 특별한 활동 경험, 적성, 가치관 등을 서술하면서 자신이 이 일을 위해 어떻게 준비해 왔는지, 앞으로 어떻게 일할 것인지를 구체적으로 서술해야 하는 것이다. 다음의 두 예문을 비교해 보자.

〈예문 1〉

학창 시절 동안 다양한 아르바이트를 하며 사회생활을 경험했습니다. 아르바이트로 번 돈을 모아 우리나라 각지를 여행하고 해외로 배낭여행을 다녀오기도 했습니다.

〈예문 2〉

충북 서천에 있는 국립생태원에서 일할 기회가 있었습니다. 그곳에서 제가 처음 한 일은 입구에서 손을 흔들며 "어서 오세요. 국립생태원입니다."라고 외치며 관람객들을 반갑게 맞이하는 것이었습니다. 처음에는 무척 어색했지만 1주일 후에는 **다른 사람들 앞에서 당당할 수 있는 자신감도 생겼고 돈으로도 살 수 없는 소중한 경험을 얻었다**는 생각에 뿌듯했습니다.

앞의 두 예문 가운데 어떤 글이 더욱 인상적으로 다가오는가? 아마도 〈예문 2〉가 더욱 선명하게 다가올 것이다. 〈예문 1〉의 학생이 실제로 더 많은 아르바이트와 여행을 했을지라도, 막연한 진술은 아무 것도 말하지 않은 것이나 다름없다. 반면 〈예문 2〉에 나온 학생은 하나의 예를 구체적으로 썼으며, 나아가 그 일에서 얻은 깨달음(교훈)을 언급하고 있다는 점에서 유의미하다. 중요한 것은 단순히 사건을 나열하는 것이 아니라, 경험을 통해 배운 것을 강조하는 것이기 때문이다.

④ 단점에서 시작해서 장점으로 끝내라

성격의 장점과 단점을 모두 기술해야 한다. 사람들은 대개 마지막에 한 말을 인상적으로 기억한다. 따라서 자기소개서는 단점으로부터 시작해서 장점으로 끝내는 것이 좋다. 또한 단점을 있는 그대로 적는 것보다는 단점이 갖는 다른 부분을 언급하고, 그것을 장점으로 평가 내릴 수 있도록 서술하는 것이 핵심이다. 이때 장점은 반드시 지원하려는 단체와 연관된 내용으로 구성하도록 한다. 특히 자신의 장점이 해당 조직에 어떤 긍정적인 영향력을 미칠 수 있을지를 서술하는 것이 중요하다.

연습 문제 1 **자신의 성격에서 단점이라고 생각되는 것을 모두 적어 보자. (예: 소심하다, 우유부단하다)**

☞ 자신이 단점으로 적은 어휘들과 비슷한 말들을 적어 보자.

[예시] 우유부단하다. 소심하다. 결정하는 데 오래 걸린다. 신중하다. 생각이 많다.
여러 번 생각한다. 다른 사람을 배려한다.
결정하는 데 시간이 오래 걸리지만 일단 결정한 것은 반드시 지킨다.

위의 예문처럼 단순히 본인의 소심함을 서술하기보다는 그것이 결과적으로 자신의 신중한 면모를 드러내는 통로가 됨을 강조할 필요가 있다. 이는 결정하는 데 시간이 오래 걸리지만 일단 결정한 것은 반드시 지킨다는 장점으로까지 확장될 수 있다. 물론 이때에도 해당 내용이 지원처의 성격과 연결되어야 함을 잊어서는 곤란하다. 또한 자신의 단점을 단순히 나열하는 것은 매력적이지 않으므로, 그것을 개선하기 위해 어떤 노력을 하고 있는가를 구체적으로 보여주어야 할 것이다.

⑤ 이력서에 담을 수 없는 내용을 담아라

단순한 나열은 감점의 요인이 될 수 있다. 이력서에 나온 내용을 굳이 언급하기보다는, 이력서에 담을 수 없는 경력을 쓰는 것이 효과적이다. 예를 들어 대학 4년 동안 과외를 한 것은 이력서에 쓰기 애매하다. 그러나 자기소개서를 통해 스스로 용돈을 벌고자 노력해 온 자신의 의지를 드러낼 수가 있다. 따라서 중요한 사항을 선별하여 집중적으로 서술하는 것이 효과적이다.

우선 지원처의 특성과 관련된 봉사 활동이나 동아리 활동 내용을 강조하는 것이 매우 중요하다. 그리고 관련 과목 성적이 우수하다면 이를 피력할 필요가 있다. 관련 대회나 공모전에 도전한 내용도 함께 작성이 가능하다. 공모전에서 입상하지 못한 경우, 실패 요인과 거기서 배운 교훈을 제시한다면 훨씬 많은 점수를 획득할 수 있다. 학업 성취가 높지 않은 경우에도 관심 있는 분야에 대한 고민을 서술한다면 보다 긍정적인 인상을 남길 수 있을 것이다. 다만 지나치게 과장하지 않도록 주의해야 한다. 자기 자랑 일변도로 서술하기보다는 자신의 단점을 솔직하게 이야기하고, 그것을 극복하려고 어떤 노력을 했으며, 이런 과정을 통해 무엇을 배웠는지 쓰는 것이 더 진실하게 다가온다.

⑥ 장래성과 포부, 미래를 담아라

'지원 동기와 계획'을 묻는 이유는 지원자의 장래성과 포부를 파악하기 위해서이다. 팸플릿, 홈페이지를 보는 것만으로는 모자라다. '학보' 나 '사보'와 같이 해당 단체에서 발행하는 신문이나 잡지를 살펴보는 것이 필수적이다. 이화여자대학교의 내부 문제는 '이대학보'에 가장 구체적으로 언급되어 있듯이 말이다. 사보는 회사의 당면 과제와 분위기, 문제점들을 스스로 제기하고 알리는 잡지이다. 따라서 회사가 처한 문제점과 해결 노력 등의 흐름을 파악할 수 있다. 사보 검토를 통해 회사가 어떠한 자구책을 실행 중인지 알아내고, 자신이 어떻게 기여할 것인지 서술해야 한다. 회사에서 하지 않은 일과 약점으로 가지고 있는 부분을 지적하고, 자신이 그것을 보완하는 것은 물론 새롭게 창조해 나갈 수 있음을 강조하는 것이 효과적이다. 한편 성장 환경과 학창 시절이 이미 지나간 과거라면, 지원 동기 및 포부는 앞으로 다가올 미래에 관한 서술이라는 것을 기억해야 한다.

⑦ 독창성과 창의성을 담아라

최근에는 특별히 창의력이 요구되는 직종에서뿐만 아니라, 일반 기업에서도 개성 넘치는 참신한 인재를 요구하고 있다. 이에 자기소개서를 독창적이고도 인상적으로 쓸 필요성이 제기된다. 다음은 자신을 제품에 비유해서 작성한 학생의 글이다. 잘 읽고 어떤 부분이 새롭게 다가오는지 생각해 보자.

최봄 사용 설명서

- 제품명: 최봄
- 제품유형: 인간(여자)
- 소속번호: 2011****
- 제조년월: 199*년 *월 *일
- 수원에서 만들어졌으며 같은 곳에서 3년 전에 만들어진 비슷한 유형의 제품이 하나 더 있다. 제품명의 유래는 제조 시기가 사계절 중 봄에 해당되어서 이에서 따왔다고 한다. 기본적으로 사고방식이 긍정적이고 낙천적이라 주변에 어두운 사람이 있다면 이 제품 때문이라도 조금은 밝아지거나 쾌활해지는 경우가 종종 있으니 같이 붙여두길 권장한다. (중략) 제품설명서에 모든 설명을 담는 것이 어려울 만큼 꾸준한 자체 개발이 이루어지고 있다. 이 제품을 선택하고 후회할 일은 없을 테니 망설이지 말고 이 제품을 차지하길 바란다.

연습문제 2 **다음의 글을 참고하여, 자기 자신을 가장 잘 표현할 수 있는 단어(구절)를 생각해 보자. 그리고 이를 중심으로 자신을 소개하는 글을 써 보자.**

목멱산 아래 어리석은 사람 하나가 살았다. 말씨는 어눌하고, 성품은 졸렬하고 게을러 세상일을 알지 못했으며, 바둑이나 장기 같은 잡기는 더더욱 알지 못했다. 남들이 욕을 하여도 변명하지 않았고, 칭찬을 하여도 잘난 척하지 않았으며, 오직 책 보는 일만을 즐거움으로 삼았기에 춥거나 덥거나 배고프거나 병드는 것에도 전혀 아랑곳하지 않았다.

어릴 때부터 스물한 살이 될 때까지 하루도 선인들의 책을 손에서 놓은 적이 없었다. 그의 방은 매우 작았지만, 그래도 동·서·남 삼면에 창이 있어 동에서 서쪽으로 해 가는 방향을 따라 빛을 받아가며 책을 읽었다. 행여 지금까지 보지 못했던 책을 대하게 되면 번번이 기뻐서 웃고는 했기에 집안사람들 누구나 그가 웃는 모습을 보면 기이한 책을 얻은 줄 알았다.

특히 두보의 오언율시를 좋아하던 그는 골똘히 시를 생각할 때면 앓는 사람처럼 읊조리기도 하였다. 그러다가 심오한 뜻을 깨치기라도 하면 매우 기뻐하며 일어나 이리저리 왔다갔다 하기도 했는데, 그 소리가 마치 갈까마귀가 우짖는 듯했다. 때로는 조용히 아무 소리 없이 눈을 휘둥그레 뜨고는 뚫어지게 바라보기만 하다가, 때로는 꿈꾸는 사람처럼 혼자 중얼거리기도 하였다. 이에 사람들이 그를 가리켜 '책에 미친 바보(看書痴)'라고 불렀지만 그 또한 기쁘게 받아들였다. 그의 전기를 지어주는 다른 이가 없기에 붓을 들어 그 일을 쓰고는 「간서치전(看書痴傳)」이라 하였다. 그의 이름과 성은 기록하지 않는다.

– 이덕무(2011), 『책에 미친 바보』, 권정원 역, 미다스북스, 23-24쪽.

연습문제 3

내가 잘하는 것은 무엇인가? 무엇을 할 때 행복한가? 무엇을 원하는가? 학창 시절의 일 중 가장 기억에 남는 일은 무엇인가? 가장 괴로웠을 때와 기뻤을 때는 언제였는가? 등의 물음에 답해 보자. 이 답변들을 토대로 하여 친구들에게 자기를 소개해 보자.

연습 2.
문제의 발견과 시론

시사적인 현안, 즉 사회 현상에 대해 논평하는 글로는 시론(時論), 시평(時評), 칼럼 등이 있다. 이들은 시사적인 현안이나 쟁점에 대한 글쓴이의 비판적인 시각을 분명히 드러내는 글이다. 따라서 현 시대에서 크게 화제가 되고 있는 사안을 통하여 독자와의 교감을 확보할 수 있어야 하며, 그 문제와 관련하여 독자들이 생각해 내기 어려운 깊이 있는 시각을 제시함으로써 사안을 다르게 바라볼 수 있도록 해야 한다. 또한 논평자가 보기에는 중요한 문제임에도 불구하고 아직 동시대인들이 주목하지 못하고 있다면 그것이 왜 중요하며 이 일이 어떤 파장을 불러올지 등을 충분히 서술하여 이에 대한 관심을 촉구할 필요가 있다.

따라서 시론을 작성하기 위해서는 우선 시사적인 현안과 관련된 자신만의 문제의식을 제기해야만 한다. 이어서 해당 문제에 관한 논의의 필요성을 제시하고, 쟁점의 원인을 분석함으로써 해당 문제가 전개되어 온 과정을 설명해야 한다. 그리고 이를 토대로 해당 문제로 인해 야기된 결과나 영향을 분석하고, 그에 대한 자신의 주장 및 평가를 제시하는 순서로 나아가야 한다. 이때 구체적인 대응 방안이나 해결책을 제시하는 것이 필수적이다. 결론에서는 지금까지 전개한 주장을 환기하고, 구체적인 전망을 제시해야 한다.

유의 사항

- 자신만의 비판적 사고를 가져라.
- 문제는 구체적으로 제기하라.
- 주장과 근거를 파악하라.
- 반론에 대비하라.

① 자신만의 비판적 사고를 가져라

시론을 작성하기 위해서는 다른 사람과 구별되는 나만의 시각이 있어야 한다. 그것은 바로 비판적 사고를 통해 이루어진다. 그렇다면 비판적 사고란 무엇일까? 비판적 사고란 참과 거짓, 선과 악, 옳고 그름을 가려내는 행위라고 볼 수 있다. 이때 판단의 기준은 바로 자기 자신이다. 자신의 판단에 대한 구체적인 근거를 갖춘 주장이 바로 비판적 사고의 핵심인 것이다. 비판이란 오랜 기간 정당한 근거도 없이 불변의 진리로 행세해 온 여론을 의심의 눈으로 바라보고, 그것의 타당성과 효력 여부를 자신의 힘으로 밝히는 인간 지성의 가장 능동적 행위이다.

이러한 비판적 사고를 추진하기 위해 필요한 것은 바로 '나'의 문제의식이다. 그러나 우리는 너무나 많은 정보 속에서, 평균적인 세상 사람들의 웅성거림 속에 자신의 목소리를 잃어 가고 있다. 비판적 사고가 결여되었을 때 나타날 수 있는 문제는 매우 심각하다. 다음의 글은 비판적 사고가 결여되었을 때 발생한 우리 사회의 구조적 악에 관한 사례를 담고 있다.

그가 유죄인 까닭은?

아돌프 아이히만은 제2차 세계대전 당시 히틀러의 지시에 따라 수많은 유대인을 학살하였다. 그는 독일이 패망한 뒤 아르헨티나로 도망쳐 15년간 숨어 지낸다. 그러다 1960년 5월 11일 밤, 이스라엘 비밀조직에 의해 체포되어 이스라엘로 압송된다. 1961년 4월 11일에 예루살렘 지방법원에서 재판을 받기 시작하였고, 1961년 12월 15일 금요일 아침 9시에 사형을 선고받았다.

아이히만에 대한 재판 소식을 접한 아렌트는 『뉴요커』 편집장인 윌리엄 숀에게 재판을 참관하겠다고 제안하였다. 그리고 아이히만이 수많은 유대인을 학살한 것은 그의 악마적인 성격 때문이 아니라, 주어진 임무에 무조건적으로 복종했던 '사유의 무능성'에 있음을 밝혀낸다. '악'이란 '존재의 결핍'이 아닌 '사유의 결핍'이며, 오늘날 현대인 누구에게나 열려 있는 문제임을 포착한 것이다. 실제로 아이히만은 유대인 학살에 관해 양심의 가책을 받은 적이 없느냐는 질문에 오히려 '명령받은 일(유대인 학살)'을 하지 않았다면 양심의 가책을 받았을 것이라고 대답하였다. 이처럼 아렌트가 말하는 '사유의 무능성'이란 '타자의 관점에서 생각할 수 있는 능력'의 결여를 의미한다. 다시 말해 '사유의 무능력'은 "자신의 행위가 옳고 그른가에 대한 반성을 포기한" 상태인 것이다.

– 관련 영상: http://www.youtube.com/watch?v=IaEl07220us

앞의 글은 비판적 사고의 결여가 가져온 비극을 소개하고 있다. 아렌트에 따르면 인간은 악하기 때문이 아니라, 자신이 하는 행위에 대한 사유를 거부할 때 악한 행동을 하게 된다. 이러한 비판적 사고의 결여는 우리 사회 곳곳에서 반복되고 있다.

② 문제는 구체적으로 제기하라

우리는 비판적 사고를 통해 우리 사회의 문제점을 발견하게 된다. 따라서 비판적 사고란 좋은 시론을 쓰기 위한 원동력이다. 그러나 막연한 문제 제기만으로는 좋은 글을 쓸 수 없다. 논평의 대상이 되는 사안을 바라보는 자신만의 시각을 정립하고 이 관점에 입각해 현실적 상황을 참조하면서 자신의 생각을 구체적으로 서술해 나가는 자세가 요구된다. 글쓴이의 생각이나 의견이 분명하게 드러나지 않고 사안을 단순히 반복하여 언급하는 데에 그친다면 기사문과 다를 바가 없게 되기 때문이다.

문제를 구체적으로 제기하기 위해서는 글을 쓰기 전에 충분한 정보와 지식을 갖추고, 자신이 쓰려는 주제와 같은 내용을 다룬 신문 기사나 사설 등을 찾아 각각의 입장과 주장을 정리하는 일이 필요하다. 아울러 독자가 생각해 볼 만한 질문을 던지거나 의문을 제시할 수 있어야 하는데, 이때에 독자의 관심을 유발할 수 있는 통계 자료나 역사적 사건, 명언이나 격언 등을 제시함으로써 시선을 집중시킬 수 있다. 또한 시론에서는 합당한 근거나 판단을 바탕으로 논지를 신중하게 전개해야 하며, 자신의 생각을 공정한 태도로 설득력 있게 주장해야 한다. 도입부나 본문에서 언급하지 않은 비약적인 주장이 종결부에서 돌출되어서는 안 되며, 비판을 위한 비판을 한다거나 문제만 지적하는 수준에 머물러서는 안 된다. 맹점만 지적하지 말고 문제 해결의 방향을 제시할 수 있는 생산적인 충고까지도 포함해야 하는 것이다.

연습 문제 1

다음은 『이대학보』의 '여론 광장'에 실린 글이다. 아래의 글에서처럼 학교 생활을 하면서 다른 학생들과 공유하고 싶은 일이 있었는지 이야기해 보자. 그리고 이와 관련하여 학교 생활에 관한 구체적인 문제를 제기해 보자.

시작할 때는 끝이 보이지 않을 만큼 아득했던 겨울방학이 끝이 났다. 추위는 꽃샘이라는 이름으로 3월에도 우리를 찾아올 예정이지만, 개강을 하는 이화인들의 마음에는 따뜻한 봄이 찾아왔으리라 믿는다. 방학이 끝난 것은 아쉬울지 몰라도 새로운 학기를 맞이하는 것은 언제나 설레는 일이기 때문이다.

대학생으로서 첫 발을 내딛는 신입생들은 개강을 누구보다 학수고대했을 것이다. 그러나 예상치 못한 문제들이 새내기들의 발목을 잡는다. 강의실은 어디에 있는지, 학생식당은 어떤 건물에 있는지, 인쇄는 어디에서 하는지 등의 모르는 정보가 쏟아지기 시작한다.

실제로 3월에는 길을 헤매는 새내기의 모습을 자주 발견할 수 있는데, 필자는 이화인들의 성숙한 배려가 빛을 발할 수 있는 순간은 이때가 아닐까 생각한다. 어찌할 줄 몰라 하는 새내기에게 다가가 먼저 말을 걸어보는 것이다. 당신의 작은 배려로 새내기의 대학 생활 첫 단추가 잘 꿰어질 수도 있다.

필자는 새내기 때 받았던 선배의 배려가 아직도 잊혀지지 않는다. 컴퓨터실에서 인쇄하는 방법을 몰라 헤매고 있을 때, 한 선배가 다가와 "이 프린터는 전용카드가 필요해요. 매점에서 살 수 있는데 우선 이걸로 인쇄할래요?"라며 친절을 베풀어 준 것이다. 프린터를 쓰려는 사람들이 뒤에서 기다리고 있어 당황하던 차에 뻗친 구원의 손길이었다.

배려는 전염된다. 누군가로부터 배려를 받은 사람은 자연스레 배려를 할 수 있는 사람이 된다. 올 봄에는 교내에 이러한 '배려 바이러스'가 유행했으면 좋겠다. 신입생들이 이화의 봄을 더 따뜻하게 느낄 수 있도록 말이다.

– 전지원, 「새내기에게 전하고 싶은 이야기」, 『이대학보』, 2012. 3. 6.

〈투고란〉

③ 주장과 근거를 파악하라

다음은 일전에 논란이 되었던 '안락사 여행'에 관한 기사이다. 쟁점과 이에 대한 자신의 주장을 정리해 보자. 또한 주장에 대한 납득할 만한 근거를 제시함으로써 설득력 있는 글을 쓸 수 있도록 하자.

영국인 밥 콜(68)은 지난 14일(현지시간) 오후 2시, 스위스 취리히의 안락사 전문병원 디그니타스 병원에서 친구들이 지켜보는 가운데 안락사로 생을 마감했다. 폐에 생긴 악성종양인 중피종(中皮腫)으로 고통받아 온 그는 사망하기 전 영국 매체 '더 선'과의 인터뷰에서 "그동안 암 때문에 동물처럼 웅크리고 살아 왔다. 이건 삶이라고 할 수 없다"고 말했다. 치매의 한 종류인 핵상마비 환자였던 그의 아내도 지난해 2월 같은 병원에서 안락사했다. 콜은 "조국에서, 내 집 침대에서 품위 있게 죽을 수 있어야 한다"면서 "영국에서도 안락사가 허용돼야 한다"고 주장했다.

지난달 21일에는 호스피스 전문 간호사였던 영국인 질 패러우(75·여)가 "늙는다는 것은 암울하고 슬프다"면서 "보행기로 길을 막는 늙은이로 기억되고 싶지 않다"면서 역시 스위스에서 안락사했다.

유럽인들이 스위스로 '자살여행'을 떠나는 이유는 아직 안락사를 법적으로 허용하는 나라가 많지 않기 때문이다. 1998년 설립된 디그니타스 병원에서는 지난해까지 1905명이 안락사했고 그중 1749명이 외국인이다. 스위스에서는 1942년부터 안락사와 이를 지원하는 행위가 허용됐다. 현재 안락사가 허용된 곳은 스위스 네덜란드 벨기에 룩셈부르크와 미국 뉴멕시코·몬태나·버몬트·오리건·워싱턴 등 5개주, 캐나다 퀘벡 정도다.

최근 유럽에서 60, 70대 노인들이 잇달아 안락사를 선택하면서 안락사 허용에 대한 찬반 논란이 다시 거세지고 있다고 '더 선'과 '가디언' 등이 16일(현지시간) 보도했다. '품위 있는 죽음'을 맞을 권리를 더 많은 나라에서 허용해야 한다는 입장이 있는가 하면 안락사가 법적으로 허용될 경우 생명경시 풍조가 더욱 만연할 것이란 우려도 만만찮다.

하지만 근래 들어 견딜 수 없는 고통 속에 놓인 사람들에게 '죽을 권리'를 허용해야 한다는 목소리가 더욱 높아지면서 안락사를 허용하는 국가는 계속 늘 것으로 보인다. 프랑스 하원은 지난 3월 삶이 얼마 남지 않은 환자가 진정제 투입과 함께 인공호흡기 등 연명치료, 음식 및 수분 공급을 모두 중단해 생명을 끊을 수 있도록 하는 법안을 통과시켰다. 유럽인권재판소(ECHR)는 지난 6월 식물인간 상태인 프랑스인 뱅상 랑베르(38)에게 인위적인 영양과 수분 공급을 중단하는 것이 유럽 인권법에 어긋나지 않는다고 판결했다.

'조력자살' 허용에 대한 논의가 진행 중인 영국에서는 최근 성공회 수장이었던 조지 캐리 전 캔터베리 대주교가 "고통을 주는 것은 전혀 고귀하지 않으므로 사람들에게 자신의 운명을 결정할 권리를 주는 나라가 돼야 한다"고 말해 논란에 불을 지폈다.

하지만 살아 있는 생명을 의사의 처방 등에 따라 끊는 것은 생명의 존엄성에 위배된다는 반대 목소리도 여전히 크다. 영국의 안락사 반대 단체인 '케어낫킬링(Care Not Killing)'은 15일 "안락사를 허용하지 않는 현재의 법은 빈곤층, 장애인, 노인, 질병을 앓는 사람들이 죽음을 강요당하지 않도록 보호하는 장치"라고 강조했다.

– 임세정, 「스위스로 안락사 여행… 국제사회 '생명 윤리' 논란」, 『국민일보』, 2015. 8. 18.

쟁점 사안	

⇩

주장	근거 1	근거 2

④ 반론에 대비하라

다음은 사형 폐지를 주장하는 칼럼이다. 이 글이 담고 있는 핵심 쟁점을 설명하고, 주장과 근거를 파악해 보자. 그리고 이를 토대로 제기할 수 있는 다양한 문제들을 떠올려 보자.

며칠 전 대법원에서 사형 판결이 내려졌습니다. 헤어진 여자친구의 부모를 치밀한 계획 아래 잔혹하게 살해하고는 현장에서 그녀를 성폭행까지 한 흉악범에 대해 극형의 선고는 당연합니다. 대법원에서 사형 확정판결이 2년7개월 만의 일이라니 우리 법원도 신중에 신중을 거듭하는 것으로 여겨집니다. 쟁점은 우리의 극형, 최고형이 반드시 '사형'이란 형벌이어야 할까 하는 것입니다.

살인자에게는 사형, 이는 누구나 있는 원초적 감정입니다. 그러나 오늘날의 문명 단계에서 어느 나라도 그렇게 처형을 하지 않습니다. 사형은 극히 예외적으로만 실행될 최후의 수단으로 물러섰습니다. 우리는 사형제를 유지하고 있지만, 점차 처형의 빈도를 줄여오다가, 1998년부터는 사형 집행을 멈추었습니다. 18년에 걸친 우리의 체험은 사형에 집착하지 않고도 정상적인 형집행이 가능함을 보여줍니다.

사형 폐지는 세계적인 추세입니다. 법률로 사형을 폐지한 나라가 100개국이고, 10년 이상 사형을 집행하지 않아 '실질적인 사형폐지국'으로 분류되는 나라가 40개국입니다. 유엔 기구들도 사형 폐지 결의를 거듭하고 있습니다. 모든 유럽국가들이 사형을 폐지했습니다. 사형을 두고 있는 미국에서도 20개주는 사형을 폐지했고, 사형 폐지 주는 늘어가고 있습니다. 사형을 기본형벌로서 집착하는 나라는 중국, 북한, 베트남 등 사회주의권입니다. 이슬람 국가들은 대개 사형을 두고 있는데, 그중 몇몇은 잔혹한 집행으로 악명이 높습니다.

사형을 폐지한다고 흉악범을 풀어주는 게 아닙니다. 흉악범은 종신형이나 무기형으로 복역하게 될 것입니다. 교도소는 흉악범의 재범 방지를 위한 안전장치로서 충분한 기능을 발휘합니다.

사형을 폐지하면 장래의 흉악범죄를 막을 수 없지 않을까 하는 우려도 있습니다. 그러나 흉악범들은 적발될까, 체포될까에 신경을 곤두세우지만, 먼 훗날에 올지 모를 사형의 가능성을 고려하여 범죄를 억제하겠다는 장기적 비전을 갖지 못합니다. 눈앞의 범죄 목표를 달성하겠다는 것 이외에는 딴생각을 하지 못하는 심리적 터널 속에 갇혀 있습니다. 체포될 때는 인간이기를 포기한 야수처럼 거친 자도 수형생활을 통해 나약한 인간의 모습으로 돌아오는 사례도 적지 않습니다.

피해자의 법감정에 비추어 사형을 유지해야 한다는 입장도 있습니다. 피해자와 가족의 상실감과 아픔은 이루 말할 수 없을 정도이며, 범죄자에 대한 분노는 당연한 것입니다. 우리 사회는 흉악범행을 막지 못한 데 대해 책임감을 느끼고, 아픔에 대한 공감과 위로를 함께 나누고, 피해회복을 위한 정신적·물질적 지원에도 앞장서야 합니다. 피해자와 가족들에게 우선 필요한 것은 그 아픔을 함께하고, 함께 치유에 나서는 이웃공동체입니다. 정의로운 처벌은 치유의 한 과정으로서도 필수적이지만, 그 정의가 반드시 사형이어야 하는 것은 아닐 것입니다.

혹 사형을 폐지하면 테러범죄에 대처할 수단을 포기하는 게 아니냐는 우려도 있습니다다. 그러나 정치적 목적이 뚜렷한 테러범에게 사형이란 순교자 심리를 유발할 뿐으로, 사형이 후속 테러의 억제요인이 될 리가 없습니다.

대법원이 지적했듯이 사형의 존폐 여부는 "입법자의 결단"입니다. 우리 국회는 사형을 폐지하는 대신 종신형을 도입하자는 법안을 지난 십여 년 동안 일곱 차례나 제출했으며, 올해에는 여야 의원 172명이 폐지법안을 제출해놓은 상태입니다. 이 문제는 정치적 포퓰리즘으로 접근하지 말고, 냉철한 숙고와 정밀한 토의를 거쳐 정치적 결단으로 풀어낼 필요가 있습니다. 이미 '실질적 폐지국'의 단계에 있는 한국은 이제 사형제도 자체의 폐지에 이를 만한 시기가 되었다고 봅니다.

한국의 사형 폐지는 주변 국가에도 긍정적 영향을 줄 수 있을 것입니다. 특히 공개처형이란 잔혹한 방법을 일상화하고 비법률적 처형까지 서슴지 않는 북한 체제를 인권적으로 압박·견인하는 촉매가 될 수 있을 것입니다. 과거와 현재의 여러 인권쟁점이 얽혀 있는 동아시아에서 인권국가로서의 한국의 위상을 일신하는 계기가 될 수 있을 것입니다.

– 한인섭, 「그래도 사형은 아니다」, 『한겨레』, 2015. 8. 30.

이 글은 사형이 곧 정의 실현으로 이어지는 것이 아닐뿐더러, 테러를 억제하는 필수 방책이 될 수 없음을 지적한다. 한편 사형 폐지가 실현되었을 때 예상할 수 있는 긍정적인 영향도 언급한다. 사형 폐지가 인권국가로서의 위상을 제고할 수 있는 계기를 마련해 줄 것이라는 전망이 그것이다. 그러나 사형 폐지를 둘러싼 우리 사회의 시각은 단일하지 않다. 필자도 의식하고 있듯이 교도소의 기능과 죄수의 교화 가능성, 그리고 흉악범죄의 발생 가능성 등에 대해 반대 의견을 가지고 있는 논자들도 적지 않다. 또한 국민 정서를 감안한다면 사형 폐지는 섣부른 주장이라는 입장도 있다. 이와 같이 논쟁적인 주제들에 대한 자신의 입장을 밝힐 경우 반론의 가능성을 염두에 두어야 한다. 이는 설득력 있는 시론을 구성하기 위해 필요한 준비 과정이다.

연습 문제 2

최근 우리 사회에서 발생한 다양한 이슈들을 정리해 보자.

⇨ 토론을 위한 조를 구성하고, 앞의 사례 가운데 하나를 선택하여 다음 표를 작성해 보자.

선정 주제		
쟁점		
본인 입장	주장	
	근거	

반대 입장 (예상)	주장	
	근거	
반론에 대한 재반론		
해결 방안(전망)		

☞ 아래 조건에 맞춰 자신만의 시론을 작성해 보자.

- ◆ 시사적인 현안과 관련된 문제 제기
- ◆ 논의의 필요성 제시
- ◆ 쟁점의 원인 분석
- ◆ 전개되어 온 과정 설명
- ◆ 문제로 인해 야기된 결과나 영향 분석
- ◆ 문제에 대한 주장 및 평가
- ◆ 대응 방안이나 해결책 제시
- ◆ 주장 환기와 전망 제시

2장 인문 계열을 위한 성찰적 글쓰기

이 장은 인문 계열 학생들을 위한 글쓰기 활동을 담고 있다. 과거의 문화 콘텐츠가 새로운 영감의 원천이 되는 오늘날, 어떻게 하면 효과적인 '다시 쓰기'가 가능할지 함께 생각해 보도록 하자. 빛나는 개성과 날카로운 통찰력이 돋보이는 문화 비평과 관람평 쓰기를 통해 비평가로서의 나를 발견하는 것도 재미있는 활동이 될 것이다.

연습 1.
문화 콘텐츠와 스토리텔링

2000년대에는 유난히 기존의 역사소설과는 차별화되는 문학 작품들이 많이 등장했다. 가령, 김훈은『칼의 노래』와『남한산성』에서 임진왜란과 병자호란이라는 역사적 사건을 사실적으로 그리는 대신 개별 인물들의 진실에 초점을 맞추었다. 또한 김탁환의『리심』과 신경숙의『리진』은 불과 A4 용지 1장 반 분량의 기록으로 남아 있던 조선의 한 궁녀를 생생히 되살려 냈다. 이 밖에도 역사 속에 묻혀 있던 수많은 인물들이 시간과 공간을 거슬러 문학과 영화, 웹툰, 뮤지컬 등 현대적 장르 속으로 호출되고 있다. 널리 알려진 고전문학 다시 쓰기나 패러디도 활발히 진행되는 중이다.

고전 작품에 대한 패러디는 독자들이 익숙해져 있는 모델을 바탕으로 창작된다. 따라서 '보다 쉽게' 독자를 확보할 수 있다는 장점을 지닌다. 또한 원작과의 차이를 통해 낡은 인상과 새로운 인상 사이에서 공백을 만들어 낸다. 이 때문에 독자들은 보다 역동적으로 독서 활동에 참여하게 된다. 패러디는 사람들이 지금까지 지녀 왔던 믿음과 가치를 뒤집는 상황을 제시함으로써 사회적인 편견과 고정관념에 대항하도록 이끈다는 점에서 의의를 갖는다.

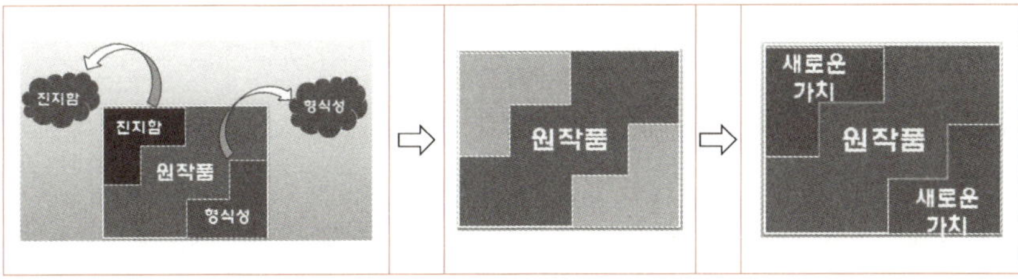

유 의 사 항

- **서사의 원형을 탐색하라.**
- **관점의 변화를 시도하라.**
- **새로운 서사를 구축하라.**

① 서사의 원형을 탐색하라

최근에는 하나의 원형 콘텐츠를 영화, 게임, 음반, 애니메이션, 캐릭터 상품, 장난감, 출판 등 다양한 장르로 변용하여 판매하는 'OSMU(one source multi use)'가 각광을 받고 있다. 〈정보통신 용어사전〉에 따르면 OSMU란 우수한 기획을 통해 제작된 1차 콘텐츠를 시장에 성공시킨 후 재투자 및 라이센스를 통해 2차, 3차 콘텐츠로 발전시키는 전략으로서 하나의 콘텐츠를 여러 매체로 이용하거나 2차 제작물을 통해 부가가치를 극대화하는 방식을 의미한다.

매체의 발달은 보다 다양한 방식의 서사를 가능하게 하는 원동력이 되었다. 이때 중요한 것은 서사의 근원이 되는 원형에 대한 탐색이다. 최근에는 한국콘텐츠진흥원의 문화콘텐츠닷컴을 통해 다양한 문화 원형이 디지털콘텐츠화되어 제공되는 등, 보다 다양한 분야에서 문화 원형이 지속적으로 재해석·재생산되고 있다. 이 역시 넓은 의미로 '이야기 다시 쓰기'의 연장선 속에서 논의될 수 있다.

예를 들면 다음의 그림에서 살펴볼 수 있듯이 '구미호'는 〈여우 구슬 설화〉에

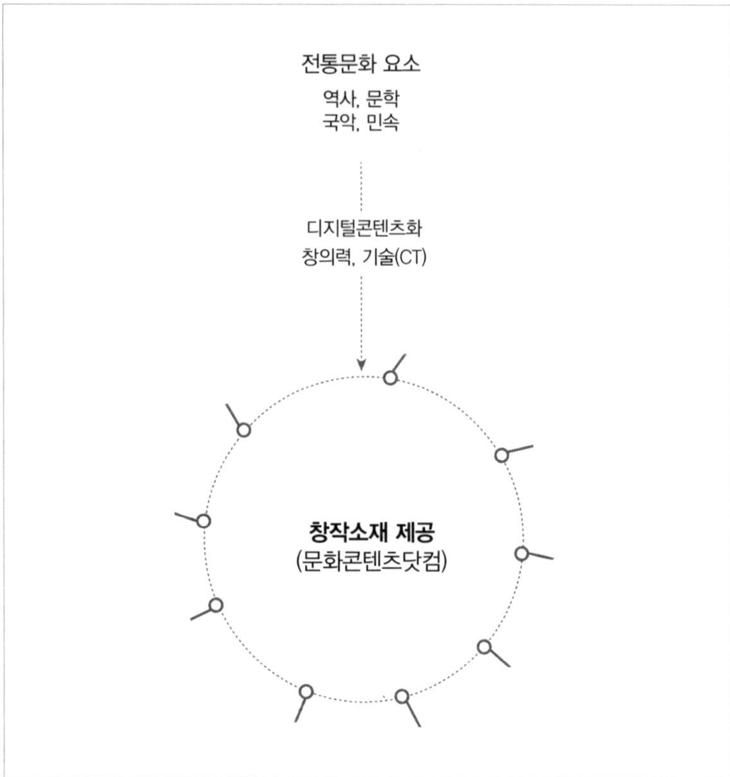

등장하는 상상의 동물로서 〈전설의 고향〉 시리즈 등 현대 드라마나 영화에서도 빈번히 다루어졌다. 그러나 시대가 변화하면서 해당 캐릭터를 바라보는 관점에도 변화가 빚어지게 되었다. 과거에는 사람을 미혹시키는 악마적 존재로 등장했는데 이제는 오히려 인간보다 더욱 인간적인 인물로 재해석되고 있는 것이다. 이외에도 '구미호' 관련 소재가 드라마, 영화는 물론 게임 서사에서도 활용되고 있음이 눈에 띈다.

최근에는 한국 고전소설 〈장화홍련〉이 국내뿐만 아니라 해외에서도 영화로 제작되어 상영되었다. 이 점으로 미루어 볼 때, 스토리의 원형성이 갖는 힘은 더욱 커질 것으로 예상된다.

② 관점의 변화를 시도하라

익숙한 소재를 달리 활용함으로써 새로운 주제 의식이 창출된 사례를 현대의 동화나 애니메이션에서 발견할 수 있다. 미국의 여성학자 바바라 G. 워커는 「미녀와 야수」를 「못난이와 야수」로 다시 썼다. 「못난이와 야수」에 등장하는 못난이는 「미녀와 야수」의 설정과는 달리 가족들 중 유일하게 외모가 뒤처지는 존재로 등장한다. 또한 야수는 마법에 걸린 왕자가 아니라 그냥 야수 그 자체이다.

이와 같은 변화는 바바라 G. 워커가 「미녀와 야수」를 읽고 느낀 문제의식으로부터 비롯되었다. 그녀는 야수에게 사랑을 베풀어서 온전한 인간으로 변신시켜 주는 미녀에게서 헌신적인 양육자이자 조력자인 어머니와 아내들의 모습을 발견한다. 그러나 보다 개성 있는 여성상을 제시해 볼 수 있지 않을까? 또한 마법의 기적만이 행복한 결말을 위한 필수 조건인가? 이와 같은 질문을 바탕으로 새로 쓴 「못난이와 야수」에서 바바라 G. 워커는 있는 그대로의 모습을 사랑하는 것이야말로 진정한 사랑임을 강조하고 있다.

「미녀와 야수」를 변주한 또 다른 사례로 드림웍스의 애니메이션 〈슈렉〉 시리즈를 빼놓을 수 없다. 늪지에 사는 괴물인 슈렉은 외모는 물론 성격도 전형적인 왕자 캐릭터와는 상당히 거리가 멀다. 한편 당차고 씩씩한 피오나 공주 캐릭터는 당시로선 꽤 신선한 충격을 안겨 주었다. 무엇보다 초록색 거구의 모습으로 돌아간 피오나 공주에게 슈렉이 "당신은 이미 아름다워."라고 말하는 장면은 두고두고 회자되는 명장면이다. 이처럼 과거의 통념이나 상식과 거리를 두고 그 의미를 성찰하는 작업을 통해 새로운 이야기가 시작될 수 있다.

③ 새로운 서사를 구축하라

〈춘향전〉은 이몽룡과 성춘향의 변하지 않는 사랑이야기로 오랜 시간 사랑을 받아왔다. 그러나 그 이면에는 춘향이의 신분상승의 욕망이 내재되어 있음을 간과할 수 없다. 이는 춘향이 모진 고문을 겪는 가운데, 자신이 죽으면 이씨(氏) 가문의 선산 끝자락에라도 묻어달라는 주장을 통해 뒷받침된다. 기생의 딸이라는 신분적 한계를 극복하고, 죽어서라도 정실부인이 되고자 하는 강력한 욕망의 표현이기 때문이다. 이러한 점들을 염두에 두며 다음의 질문에 답해 보자. 그리고 춘향전 다시 쓰기를 시도해 보자.

연습 문제 1

만일 이몽룡이 지체 높은 양반이 아닌 평민이었다면, 춘향은 끝까지 수절을 했을까?

연습 문제 2

이몽룡은 옥에 갇힌 춘향에게 자신의 과거급제 소식을 숨긴다. 오로지 자신만을 믿고 기다린 춘향에게 집안이 몰락했다고 거짓말을 한 것이다. 이러한 이몽룡의 태도에 대해 어떤 평가를 내릴 수 있는지 자신의 생각을 자유롭게 적어 보자.

연 습

문 제

3

자신만의 새로운 〈춘향전〉 이야기를 완성해 보자.

⇨ 변형된 이야기가 전달하는 주제 의식을 소개한다면?

연 습 문 제 4 **앞서 작성한 이야기를 바탕으로, 변화하는 디지털 매체에 맞는 새로운 서사를 구축해 보자.**

<table>
<tr><td rowspan="4">1</td><td rowspan="2">원본 작품</td><td colspan="2">(변하지 않는)
핵심 요소</td><td></td></tr>
<tr><td colspan="2">(변형 가능한)
주변 요소</td><td></td></tr>
<tr><td>미디어 선택</td><td colspan="3"></td></tr>
<tr><td>장르 선택</td><td colspan="3"></td></tr>
<tr><td rowspan="6">2</td><td rowspan="6">인물
구성하기</td><td rowspan="3">외적
조건</td><td>성별, 나이,
가족 사항</td><td></td></tr>
<tr><td>경제 및
교육 수준</td><td></td></tr>
<tr><td>외모, 체형</td><td></td></tr>
<tr><td rowspan="3">내적
조건</td><td>성격의 강점</td><td></td></tr>
<tr><td>성격의 약점</td><td></td></tr>
<tr><td>(목표)
최대 관심사</td><td></td></tr>
</table>

<table>
<tr><td rowspan="4">3</td><td rowspan="4">사건
구성하기</td><td rowspan="2">갈등
구축</td><td>(목표 성취)
방해하는 이유</td><td></td></tr>
<tr><td>(목표 성취)
방해하는 방법</td><td></td></tr>
<tr><td rowspan="2">갈등
해결</td><td>방해물을
이겨 내는 방법</td><td></td></tr>
<tr><td>승리를 통해 얻게
될 결과</td><td></td></tr>
<tr><td rowspan="2">4</td><td rowspan="2">배경
구성하기</td><td>시간</td><td colspan="2"></td></tr>
<tr><td>공간</td><td colspan="2"></td></tr>
</table>

연습 2.
독창적 해석과 문화 비평

문화 비평문은 문화 텍스트를 감상하고 이해한 후 해석하고 평가한 글이다. 문화 텍스트라고 하면 영화나 연극뿐만 아니라 드라마, 스포츠, 대중가요, 신문이나 방송, 텔레비전과 라디오 프로그램, 만화 등과 함께 컴퓨터 게임, 놀이 문화, 패션, 유행어, 오페라와 발레, 광고, 출판, 축제 등에 이르기까지 다양하다. 아울러 특정한 이데올로기나 생활 방식, 문화 현상 등도 비평의 대상, 즉 문화 텍스트가 될 수 있다.

문화 비평문은 눈앞에서 변화하고 있는 문화 현상을 대상으로 하는 것이기에 유행을 감지하는 감수성이나 시대의 흐름을 읽어 내는 통찰력을 필요로 한다. 좋은 문화 비평문은 현재 문화를 비판적으로 해석하면서 새로운 문화 텍스트를 생산하는 동력이 된다. 그러므로 좋은 문화 비평문을 쓰기 위해서는 텍스트를 요약하고 정리하는 데에서 멈추면 안 되고, 전문가의 견해 위주로 구성하거나 현학적인 말을 찾기만 해서도 안 된다. 자신의 시각으로 변화하는 문화 현상을 새롭게 보고자 노력하면서 논리적으로 이를 설명하는 것이 필요하다.

유의 사항

- **화제와 주제를 정하라.**
- **대상을 정확하게 이해하라.**
- **대상의 의의와 한계를 검토하라.**
- **논리적으로 구성하라.**

① 화제와 주제를 정하라

문화 비평문의 대상 텍스트는 다양하다. 영화나 드라마와 같은 영상 서사물일 수도 있고, 모바일 게임과 같은 SNS 놀이 문화일 수도 있으며, 유행어나 패션과 같이 다양한 형태로 접하게 되는 현상일 수도 있다. 대상 텍스트가 다양한 만큼 문화 비평문의 형태 역시 다양해져야 한다. 그러므로 우선 비평할 대상을 정한 후, 각각의 매체가 지닌 특성에 맞추어서 문화 텍스트를 이해하고 분석해야 한다. 평론가의 입장에서 비평 대상을 통해 독자에게 전하고자 하는 메시지에 대해 생각해 보자.

대상 텍스트	
화제	
매체	
주제문	

전문가가 아니라도 누구나 비평문을 쓸 수 있다. '나의 시각을 강조하기보다 누구나 거부하지 않을 정도로 평범하고 일반적인 글을 쓰는 것이 더 좋을까?' 혹은 '전문가의 견해를 바탕으로 쓰는 것이 좋을까?' 고민하기도 한다. 그러나 비평의 대상 자체가 대중 속에서 소비되고 향유되는 것이므로 감상자도 다양하고 자유로운 방식으로 비평하는 것이 좋다. 문제를 바라보는 시각에서부터 글의 제목이나 소제목, 글의 구성, 문체 등에서 비평자의 독창성을 드러내도록 노력해 보자.

연습 문제 1 **다음은 가수 '아이유'의 앨범을 화제로 삼고 있는 문화비평이다. 이 글의 주제를 정리한 후, 해당 화제 및 주제에 대한 자신의 생각을 이야기해 보자.**

[Last Fantasy]나 [Modern Times] 같은 아이유의 지난 정규 앨범들이 '앨범'으로서는 그다지 좋다고 생각하지 않는다. 그 앨범들이란 '삼촌'은 있지만 '조카'는 없는 이상한 '판타지'의 세계였고, 여러 프로듀서들이 만든 노래는 아이유라는 개인과 분리되어 말 그대로 나열된다. 그래서 아이유는 여러 프로듀서들의 뮤즈처럼 보이지만, 동시에 그가 이 노래들로 활동한 결과는 무대 위에서 '판타지'를 보여주는 아이돌에 가까웠다. 결국 신곡이 나올 때마다 타이틀곡으로는 귀여운 소녀에 가까운 모습을 보이고, KBS [유희열의 스케치북]에서는 기타치고 노래 잘하는, 선배 음악가들도 열광하는 기특한 음악 소녀가 남았다.

그 소녀가 '봄 사랑 벚꽃 말고', '마음', MBC [무한도전] 가요제에서 박명수와 함께 한 '레옹' 등을 거쳐 지금의 아이유가 된 것은 경이로운 일이다. '레옹'은 자신이 직접 프로듀싱했고, 그 안에는 "눈에 띄게 흰 피부에 입술은 피빨강"의 모습으로 "못된 걸음으로 또 어디를 가나"라고 묘사했던 만만치 않은 여자가 있었다. 그 사이에 KBS [프로듀사]에서 영악하되 순수한 인기 가수 신디를 연기하기도 했지만, [Modern Time]으로부터 불과 몇

년 사이에 '조카'의 모습을 말끔히 지운 채 차트에서 가장 강력한 스타가 된 것은 여전히 놀라운 일이다. 그리고 새 앨범 [CHAT-SHIRE]에서는 보다 직접적으로 자신의 이야기를 펼쳐 놓는다. 앨범을 직접 프로듀싱하고, '마음'과 '레옹' 등에서 호흡을 맞춘 이종훈을 중심으로 몇몇 뮤지션과 팀을 이뤄서 곡들을 만들었다. 그 중 세 곡은 직접 작곡했고, 모든 곡을 작사했다.

앨범의 몇 곡에 참여 했는지가 '자기 음악'을 결정하는 척도는 아닐 것이다. 하지만 이 곡들에서 아이유는 누구나 쉽게 접근할 수 있는 이야기 대신 주변의 넓지 않은 범위에 관해 말한다. 자신의 머리카락 위로 하나의 세계가 펼쳐 있는 앨범 재킷은 이 앨범의 지향점이기도 하다. 그러나 [CHAT-SHIRE]에서 돋보이는 것은 아이유가 자신에 대해 말한다가 아니라, 그것을 들어줄 대중과의 관계 설정이다. [프로듀사]의 신디보다 더 대중적으로 강력한 영향력을 가진 그는 자신의 이야기를 하면서도 'CHAT'이라는 수식으로 그 말들을 덮는다. 말마따나 "믿거나 말거나 한 가벼운 얘기죠."('Red Queen')

자신, 그리고 대중이 바라보는 자신에 대한 이야기가 복잡하게 얽힌 '스물셋'은 물론 자신을 대하는 사람의 보이지 않는 부분까지 보게 되는 것에 관한 '안경'의 가사는 중학교 시절부터 활동해온 아이유라는 맥락 안에서 제법 얼얼한 한 방이다. 하지만 동시에 '스물셋'은 그의 또래들에게 스물도 아니고 스물다섯도 아닌 스물셋의 혼란에 관한 이야기가 될 수 있을 것이고, '안경'은 좀 더 다양한 상황의 사람들을 저마다의 사정에도 불구하고 공감할 것이다. 아이유는 자의식 과잉에 빠지지도 않고, 모든 곡에서 정성스럽게 골라낸 말들로 자신의 이야기에서 보편성을 획득한다. 그리고 이것은 그가 이번 앨범에서는 함께 작업하지 않은, 그를 기특한 음악 소녀로 만든 제작자, 프로듀서, 비주얼 디렉터에게 배운 것이기도 하다. '스물셋'의 재즈를 비롯한 [CHAT-SHIRE]의 복고적인 느낌은 '좋은 날'에서 '분홍신'에 이르는 결과물의 연장선상이고, '새 신발'의 소울풍 선샤인 팝, 'Zeze'의 힙합 비트를 얹는 감각적인 팝, 스물셋의 훵키 등에 이르는 사운드는 아이유가 그 때부터 들었을 음악적 취향이다. 동화에서 가져온 앨범의 콘셉트 역시 '분홍신'을 비롯한 그의 옛 작품들의 연장선상에 있다. 그는 자신의 이야기를 자신이 들어왔던 음악으로 만들면서도,

자신의 지난 7년을 완전히 분리하지 않고 받아들인다. 스물셋이라기엔 놀라울 만큼 현명하다.

그래서 때때로 이 앨범은 앨범 수록 순서대로 음원 차트를 지배할 수 있는 '성공한 덕후'의 작품처럼 보인다. 자신이 듣는 음악, 그리고 아이유가 아니면 대중이 들었을까 싶은 스타일의 음악을, 그는 자기 이야기를 하면서 차트를 지배한다. 물론 'Red Queen'은 너무 많은 표현이 주제에 앞서고, '푸르던'은 "너는 조용히 내려 나의 가물은 곳에 고이고 / 나는 한참을 서서 가만히 머금은 채로 그대로" 이후로는 담백한 표현을 남기는 것이 더 나았을 것이다. '마음'과 '레옹' 등 싱글과 비교하면 [CHAT-SHIRE]는 종종 과한 순간들이 있다. 그러나 이것이야말로 어떤 의미에서는 스물셋답다 보아야 할지도 모르겠다. 아이유는 엔터테인먼트 업계의 가장 중요한 인물 중 하나이면서, 인디 뮤지션에 가깝게 자신을 드러내는 위치에 서게 됐다. 이제 현실뿐만 아니라 음악 속의 환상에서도, 더 이상 '삼촌'은 없다. [CHAT-SHIRE] 이후의 아이유가 무엇이 될지는 알 수 없지만, 그 결과가 그에게 속한 것이 되리라 기대할 수는 있을 것이다.

– 서성덕, 「아이유, '삼촌' 없는 세상에 선 여왕」, 『ize』, 2015. 11. 2.

제목	
대상 텍스트	
매체	
화제	
주제문	

② 대상을 정확하게 이해하라

좋은 문화 비평문을 쓰기 위해서는 무엇보다 먼저 작품을 꼼꼼히 읽고 정확하게 이해해야 한다. 작품 창작자의 작품 경향이나 창작 당시의 사회·문화적 배경 등에 대한 정보를 파악해야 하며, 전달 매체의 특성도 충분히 고려해야 한다. 지면에 발표되었는지, 영상 매체로 전달되었는지, 인터넷 영상으로 전달되었는지에 따라 작품 이해에 차이가 생기기 때문이다. 영화를 분석할 때에는 소설을 분석할 때와는 달리 연출이나 영상의 측면을 함께 지적해야 하며, 노래 가사를 분석할 때에는 노래로 불리는 상황을 고려하지 않으면 안 된다.

문화 비평문은 감상문과 다르다. 문화 텍스트를 요약하고 정리하면서 내 생각을 마지막에 조금 추가하면 되는 것이 아니다. 문화 비평문 쓰기가 중요한 이유는 대학 과제가 대부분 이러한 비평문 쓰기에서 출발하기 때문이다. 비평문을 쓰는 과정에서 습득하는 감상과 이해, 분석과 평가 작업은 학술적인 글쓰기의 기초가 된다. 또한 문화 비평은 그 자체로 문화 현상의 일부가 되며 새로운 문화의 창조로 이어지기도 하므로, 대학에서는 문화 비평문 쓰기를 과제로 제시한다.

③ 대상의 의의와 한계를 검토하라

다음으로는 작품이 놓인 사회·문화적 맥락에 근거하여 작품의 의의를 검토해 나가야 한다. 특히 문화 텍스트들은 그것이 창조되고 소통되는 특수한 사회·문화적 맥락이 있기 때문에, 그것을 살펴보지 않고서는 작품 특유의 생동하는 의미와 시사적 의의를 포착할 수 없다. 따라서 작품에 지나치게 몰입하여 일방적인 감상이나 비판으로 흘러 자신이 전달하고자 하는 바를 놓치지 않도록 해야 한다.

연습 문제 2

다음 두 예문은 각각 한 편의 영화와 TV 예능 프로그램의 경향에 대해 비평한 글이다. 이 글의 문제의식과 주제를 검토해 보고, 필자의 시각에 대한 견해를 제시해 보자. 그런 다음 광고, 가요, 프로그램, 게임 등 다양한 문화 텍스트 중 하나를 골라 그 텍스트의 의미를 사회·문화적 맥락에서 진단해 나가는 비평문을 써 보자.

〈베테랑〉은 각자의 직장을 위해 일하는 실무자들의 싸움이다. 죄를 지은 것은 재벌 그룹 총수의 아들 조태오(유아인)지만, 덮기 위해 사방으로 뛰는 것은 최상무(유해진)다. 반대편에는 광역수사대 형사 서도철(황정민)이 상관들을 설득하고, 관계자들을 수없이 설득하며 사건을 수사한다. 어느 쪽이든 상사 눈치를 봐야 하고, 둘 다 직장에서 잘리면 생계가 막막해진다. 서도철에게 자신의 직장이 '회사'고, 수갑과 총은 '장비'인 이유다. 공권력을 가졌을 뿐, 그의 생활은 직장인과 다를 바 없다. 오히려 다른 직장인보다 더 위험하기까지 하다. 유혹은 필연적이다. 조태오는 최상무를 통해 서도철의 전세 대출금은 물론 아이 학자금을 대주겠다고 한다. 최상무는 조태오 대신 자수하면 회사에서 한 자리 차지할 수 있다. 조태오가 주변 사람들에게 "쫄지 마!"를 외치는 이유다. 쫄아서 무너지면, 이 돈 없는 직장인들의 '가오'는 무너질 수밖에 없다.

영화 〈공공의 적〉은 어떤 상황이든 돌진해서 해결하는 형사 강철중(설경구)을 보여줬다. 류승완 감독의 〈부당거래〉는 공권력을 개인적 영달을 위한 거래 수단으로 삼는 경찰들의 이야기였다. 〈베테랑〉은 그 중간쯤에 있다. 영화 개봉 후 실제 모델이 누구냐는 말이 나올 만큼, 재벌 총수 아들들이 저지른 사건들은 많다. 인간이 유혹과 압력 앞에 흔들리지 않기란 어렵다. 하지만 서도철은 우직하게 "쫄지 마!"를 반복한다. 평범한 직장인들이라면 누구나 공감할 법한 상황을 제시하고, 그것을 누구나 바랄 법한 방식으로 해결한다. 서도철이 작품 안에서 처음으로 범인들을 검거하는 과정은 〈베테랑〉이 어떤 영화인가에 대해 명확하게 보여준다. 적당한 긴장 뒤에는 호쾌한 액션이 등장하고, 사건이 사실상 해결된 뒤에도 다시 심문 과정을 집어넣어 유머와 함께 상황을 보다 구체적으로 설명한다. 각각의 신은 다소 느슨해 보일 만큼 늘이면서 보다 친절하고 유쾌하며, 배우들의 연기는 언제든 코미디가 나올 수 있을 만큼 의도적으로 조금씩 과장돼 있다. 관객에게 공감을 일으키면서도 오락적인 재미와 통쾌한 결말까지 주니 안 볼 도리가 없다. 류승완 감독은 관객의 현실과 꿈을 기막히게 조율해 낸다.

다만 서도철의 "쫄지 마!"가 쾌감을 주는 것은 그의 발언이 평범한 직장인으로서는 좀처럼 하기 힘든 발언이기 때문이다. 매일이 힘든 직장인에게 서도철과 최상무에게 오는 유혹은 거부하기 어려운 것일 수도 있다. 그러나 〈베테랑〉은 서도철이 결심할 수 있는 근거를 "남자니까"라는 말로 슬쩍 넘어간다. 그가 영화 초반 아들에게 "남자니까" 어때야 한다는 식으로 말하는 것은 그가 '가오' 잃지 않고 살아가는 삶의 자세이기도 하다. 수사물에서 남자 주인공의 삶의 자세를 남성성의 특징으로 설명하는 것은 전형적인 방식일 뿐, 큰 문제는 아니다. 그러나 "쫄지 마!"라는 말이 주는 무게감은 가벼워진다. 서도철의 상관들이 조태오의 사건에 몸을 사리면서도 결국은 팀원들에 대한 의리 때문에 마음을 바꾸는 것도 마찬가지다. 현실을 극복하는 고민의 과정을 남자다움, 의리 같은 장르의 전형적인 요소로 생략하면서 현실이 던지는 고민에 대한 부담은 줄어든다.

천만 관객을 동원하는 데는 좋은 선택이다. 〈부당거래〉처럼 검찰과 경찰이 공모하는 암울한 현실은 관객의 마음을 답답하게 만든다. 〈베테랑〉은 영화 속 캐릭터에게 현실과 이상의 고민을 던지되, 그 질문이 관객에게 향하는 것은 막는다. 대신 잘 짜인 유머와 액션으로 오락적 재미를 만족시키고, 마지막에는 형사가 재벌 그룹의 후계자와 1:1로 싸우는 쾌감을 던진다. 이것은 류승완 감독과 관객 사이의 안전한 거래다. 류승완 감독은 뛰어난 연출로 관객이 현실에 분노할 명분과 오락적인 재미와 "쫄지 마!"라는 단순하지만 선명한 메시지를 준다. 관객은 "쫄지 마!"라는 외침에 큰 고민 없이 동조하고, 쉽고 재밌게 자신의 정의감까지 확인하며 자기 위안을 얻을 수 있다. 그 대가는 〈부당거래〉와 〈베를린〉을 훨씬 넘어서는 상업적 성공이다.

나쁠 것은 없다. 오히려 좋은 것일 수도 있다. 감독의 연출은 뛰어나고, 천만 명쯤 되는 관객이 조금이라도 정의에 대해 생각할 수 있다면, 그것도 나름의 역할이라 할 수 있겠다.

상업성을 고민해야 하는 많은 영화 관계자에게는 현실과 판타지, 명분과 실리를 모두 획득할 수 있는 새로운 발명품의 탄생이라고 할 수도 있겠다. 다만 그럼에도 가시지 않는 문제. 그렇다면, 굳이 왜 "쫄지 마!"라고까지 외쳐야 했을까. 그것도 〈부당거래〉를 만들었던 감독이. 혹시 스스로 "쫄지 마!"를 외치며 절충과 타협의 선을 정한 것은 그 자신은 아니었을까. 아마도 그 속마음은 다음 작품에서 확인할 수 있겠지만. 그는 이제 기록적인 데뷔작 〈죽거나 혹은 나쁘거나〉와 걸작 〈부당거래〉와 천만 관객을 돌파한 〈베테랑〉을 모두 찍은 감독이 됐으니.

– 강명석, 「〈베테랑〉, 류승완과 천만 관객의 거래」, 『ize』, 2015. 8. 31.

제목	〈베테랑〉, 류승완과 천만 관객의 거래
대상 텍스트	류승완 감독의 영화 〈베테랑〉(2015)
영화 속 갈등과 해법	
영화의 사회, 문화적 의의	

'먹방'의 인기와 더불어 생긴 '쿡방'은 '먹방'의 변주다. '먹방'이 음식을 먹는 상황 자체에 초점을 맞춘다면, '쿡방'은 그 음식을 만드는 상황에 집중한다. 예전에도 '요리 프로그램'은 고정적으로 편성되었다. 요리연구가들이 나와 조용히 음식을 만들고 영양을 설명하는 그런 프로그램들. 지금의 '쿡방'은 과거의 요리 프로그램과 다르다. '요리연구가'라는 어정쩡한 명칭은 '셰프'라는 전문가적 명칭으로 바뀌었다. 요리연구가가 대체로 40~60대의 여성이었다면, 셰프는 대개 30~40대의 젊은 남성이다. 요리 프로그램이 음식의 조리 과정과 영양과 식단에 집중되는 일종의 '교양'이었다면, 쿡방은 연예인 엠시(MC)의 사회와 흥겨운 음악과 토크와 웃음과 게임이 모두 버무려진 '엔터테인먼트'이다.

요리 프로그램을 대체한 쿡방의 인기는 요리라는 문화적 영역에서의 변화들과 맞물려 있다. 과거의 요리는 여성들의 '살림' 영역이었다. 요리연구가가 '엄마'를 환기시키는 여성이었던 것은 이를 보여준다. 쿡방에 등장하는 젊은 남자 셰프는 이제 요리가 사적 영역을 넘어 전문지식이 필요한 영역으로 변모했음을 보여준다. 과거의 요리연구가들이 한식 전통을 이어받는 '승계자'였다면, 현재의 '셰프'는 유럽과 아메리카의 유명 요리학교에서 유학을 마치고 한국에서 자신의 이름을 딴 레스토랑 체인을 가지고 있는 '전문가'이자 '사업가'이다. 쿡방에서의 인기는 셰프의 레스토랑 매출로 이어진다. 요리는 이제 지식-비즈니스가 되었다.

쿡방의 인기는 요리연구가에서 셰프로의 변화로 설명할 수는 없다. 무엇보다 쿡방의 인기는 그것이 사실은 '요리' 프로그램이 아니라는 점에 기인한다. 이 엔터테인먼트의 기본 성격은 판타지다. 가지 않아도 가 있는 것처럼, 놀지 않아도 노는 것처럼, 먹지 않아도 먹는 것처럼 느끼게 해주는 판타지. 〈꽃보다 할배〉에서는 노동해야 하는 노인들 대신 배우 출신의 연예인 '할배'들이 아름다운 그리스를 여행하고, 〈무한도전〉에서는 학업과 알바에 쫓겨 많은 것을 포기하고 있는 청년들 대신 연예인들이 다양한 '도전'을 즐긴다. 신자유주의 노동사회의 '서바이벌'은 필연적으로 '힐링'을 짝패로 삼을 수밖에 없으며, 대부분의 예능은 우리 대신 경쟁하고 놀고 여행하고 위로받는 일을 직업으로 삼는 연예인들을 통해서 이 두 임무를 동시에 수행한다. 쿡방은 이 둘의 결합이다. 그것은 '서바이벌 경쟁'이면서 동시에 스트레스를 푸는 '힐링'이다.

〈냉장고를 부탁해〉가 그리듯, 셰프들은 편을 짜서 연예인의 냉장고 안에 있는 음식을 가지고 15분 동안 요리를 만들어낸다. 핵심은 요리를 하는 것이 아니며, 짧은 시간 동안 그럴듯한 요리를 뚝딱 만들어내는 속도감과 그 결과에 대한 평가와 승패에 있다. 15분 동안의 요리 경쟁이라는 '서바이벌'은 냉장고 속 별것 아닌 재료가 한 편의 '디시'로 재탄생하는 것을 지켜보는 데서 오는 '힐링'과 결합한다. 이 쿡방은 출연자들이 요리를 먹으며 감탄사를 내지르는 먹방으로 이어지며 완결된다.

먹방과 쿡방의 인기는 대중의 삶의 질이 더 나아졌음을, 시간과 여유와 취향이 풍부해졌음을 뜻하지 않는다. 그것은 오히려 신자유주의적 노동사회를 무너지지 않게 지지하는 대중문화가 '식욕'이라는 가장 일차원적인 감각의 영역마저 판타지로 장악했음을 의미한다. 우리는 요리에 쏟을 시간이 없기에 쿡방을 본다. 이 역설의 근거는 '배달앱'이다. 먹방과 쿡방이 많아질수록 배달앱 광고는 미디어의 광고판을 도배한다. 쿡방을 보면서 배달앱을 누르는 역설, 이것은 '요리'로 표상되는 일상의 실천이 이제는 미디어 재현과 상품의 세계, 곧 비즈니스의 세계에 의해 지배되고 있음을 말해준다.

– 문강형준, 「'쿡방'은 무엇을 요리하는가」, 『한겨레』, 2015. 5. 22.

제목	'쿡방'은 무엇을 요리하는가
대상 텍스트	'쿡방' 프로그램(〈냉장고를 부탁해〉(JTBC) 등)
프로그램의 인기 요인	
프로그램의 사회/문화/시대적 의의	

④ 논리적으로 구성하라

문화 비평문을 쓸 때는 글 전체를 논리적으로 구성해야 한다. 비평문이라는 것은 자신의 견해를 논리적으로 전개해서 읽는 사람의 공감을 불러일으키거나 자신의 평가에 동의하게 하는 글이다. 그러므로 명료하고도 안정된 논리를 통한 설득이 필요하다. 따라서 자신이 중요하다고 생각한 부분을 정리해서 개요를 만든 후 논의를 진행시키면 중요한 것과 부차적인 것의 위치가 결정되면서 글의 구성을 확정할 수 있다. 작품의 이해를 돕기 위해 내용에 대한 소개와 요약이 필요할 경우에도 단순히 사건이나 줄거리를 나열하는 것보다는 작품의 주제와 관련하여 핵심적인 내용을 소개하거나 자신의 논점에 맞춰 기술하는 방식으로 쓰는 것이 좋다.

문화 비평문은 비평자의 독창성을 드러내는 것이 중요한데, 연습하는 과정에서는 다음을 참고하면서 구성해 보자. 다음의 항목들 중에서 몇 가지를 택하여 비평문을 작성할 수 있다.

도입부	텍스트를 선택한 동기 및 문제 제기
본문	텍스트의 이해에 필요한 사회적 문화적 맥락 제시
	텍스트에 대한 전반적인 소개
	비평 시각과 방법론 적용
	작품의 매체적 특성 설명
	사회·문화적 맥락에서의 의의
	인상적이었던 부분 환기
종결부	비평 대상의 의의와 한계
	관련 분야에 대한 전망

연습문제 3 최근에 재미있게 본 영화 중에서 하나를 선택하여 다음에 제시한 물음들에 답한 후, 이들을 적절히 재구성하여 영화 비평문을 완성해 보자.

(1) 영화를 보기 전에 이 영화에 대한 사전 지식은 어느 정도 있었는가?

이 영화의 기본적인 창작 의도는 무엇이라 생각하는가?

음향 효과, 촬영 기법, 구조, 상징 등이 주제를 부각시키는 데 어떻게 기여했는가?

(2) 이 영화는 혁신적인 방법을 수용했는가, 창조된 효과는 무엇인가?

이 영화는 기술적으로 탁월한가, 그렇지 못한가?

가장 사실적으로 묘사된 부분은 어디였으며, 개연성이 적은 부분은 어디였는가?

가장 인상적인 장면은 어느 장면이며, 어떤 점에서 그러했는가?

(3) 연기자들의 연기 능력은 어떠했는가?

연기자가 역할을 소화해 내는 데에 어떤 어려움이 있었을 것 같은가?

영화에서 나타난 감독의 스타일, 인생 철학은 무엇인가?

독특하고도 창조적인 감독의 개성이나 지성이 특히 돋보였던 부분은 어디인가?

(4) 이 영화의 새로움은 무엇이라고 생각하는가?

이 영화는 영화사에서 어떤 의미를 지닌다고 보는가?

이 영화는 나의 세계관이나 인생관에 변화를 야기했는가?

제목	
대상 텍스트	
영화 속 갈등과 해법	

영화의 사회, 문화적 의의	
구성	서론 본론 결론

연습 3.
인식 확장과 관람평

관람평은 공연, 전시회, 스포츠 등을 관람한 후 감상을 풀어놓은 글로, 분석 대상이 문화 텍스트라는 점에서 문화 비평문의 일종이다. 그러므로 전체적인 구성 방식은 문화 비평문을 참고할 수 있다. 다만 연극이나 음악회와 같은 무대 공연이나 미술전과 같은 전시회, 축제나 스포츠 경기와 같은 역동적인 문화 현상에 대한 관람평을 쓴다면, 독자에게 현장에서만 느낄 수 있는 분위기를 생생하게 전달하기 위해 노력해야 한다.

인터넷과 SNS가 발달하면서 누구나 공연 예술에 대해 관람평을 쓰고 나누면서 소통한다. 때로 한두 줄 짧은 글로 감상을 정리해 버리기도 하지만, 텍스트를 깊이 있게 이해하고 공연의 벅찬 느낌을 생생히 전달하면서 나와 사회에 대한 인식을 넓히게 하는 관람평은 지적인 놀이로서의 감동과 즐거움을 준다. 좋은 관람평은 아직 작품을 못 본 사람들에게 작품의 감상을 전달할 뿐만 아니라, 텍스트와의 전방위적 대화를 통해 인생을 성찰하는 즐거움과 현실에 내포된 진실을 보여주는 것이다. 이와 같은 관람평은 경험에 대한 다양한 글쓰기로 확장될 수 있다. 대중문화와 관련한 다양한 경험을 쌓고 이를 글로 풀어 가면서 독자와의 소통을 시도해 보자.

유의 사항

- 사전 조사를 통해 경험을 풍성하게 하라.
- 눈길을 끄는 제목을 지어라.
- 작품의 기본 정보를 요약하라.
- 글의 의도를 선명하게 하라.
- 현장성을 감안하라.

① 사전 조사를 통해 경험을 풍성하게 하라

비평할 대상 텍스트를 정한 후, 개성 있는 관람평을 쓰기 위해서는 준비가 필요하다. 공연이나 행사는 시간 제약이 있으므로 사전에 정보를 미리 조사하고 계획을 세워 관람하면서 객관적인 사항을 확인하고, 새롭게 발견한 내용이나 감상, 현장 분위기를 메모하도록 한다. 미리 준비를 하고 문제의식을 가져야 현장에서의 체험을 더욱 다채롭게 의미화하게 된다. 또한 자신의 풍부한 경험과 탄탄한 분석이 있어야 독자에게 울림을 주는 좋은 관람평이 된다.

사전 조사	(책, 인터넷, 경험자로부터 정보를 얻는다)
새로운 내용	(현장에서 새롭게 발견한 내용이 있는가?)
관람을 통해 얻게 된 생각	

관람 과정에서의 특별한 경험	
현장감을 살릴 자료	(사진, 지도, 그림 등 적절한 자료)

② 눈길을 끄는 제목을 지어라

독자를 가장 먼저 유혹하는 것은 제목이다. 글의 내용을 함축하고 있으면서도 독자들의 이목을 집중시키거나 호기심을 유발할 수 있도록 제목을 붙여야 한다. 독자를 유혹하는 제목을 붙이기 위해서는 최근 베스트셀러의 제목 특징을 살펴볼 수 있다.

연습 문제 1 **책이나 영화, 공연 등의 제목 중에서 가장 기억에 남는 것은 어떤 것인가? 그 이유는 무엇인가? 아래에서 제시된 조건을 고려하여 다음의 제목을 다시 붙여 보자.**

	춘향전	스파이더맨	레미제라블	겨울왕국	백조의 호수
내용 제시	열녀춘향 분투기				
문제의식 강조	누가 나를 노류장화라고 부르느냐				
비유적 표현	강철 그네				

③ 작품의 기본 정보를 요약하라

관람평은 작품의 기본 정보를 요약해 주는 것이 중요하다. 공연의 경우 관람한 시간과 장소, 공연 제목의 의미, 작품의 탄생이나 시대적 배경 및 문제의식 등을 설명하여 작품의 이해를 돕는다. 주최측에서 제작한 공연 안내 자료를 삽입하기도 하지만, 비평가의 시각으로 이야기를 새롭게 요약하는 것이 바람직하다. 각자의 시각에 따라 중요한 부분이 다르게 인식되기 때문이다.

④ 글의 의도를 선명하게 하라

관람평은 감상에 치우치거나 정보 나열에 그치면 안 된다. 왜 이 공연을 보는지 글의 목적 의식을 갖는 것이 중요하며, 단순한 감상 차원이 아니라 사회 문화적인 맥락에서 비평 대상의 의미를 파악할 수 있어야 한다. 주제가 명확한 글이 되도록 사전 조사 과정과 관람 후에 각각 질문을 던지고 답을 생각해 보자.

문제의식을 발전시킬 질문들	질문에 대한 나의 답
주제문 :	

⑤ 현장성을 감안하라

관람평을 쓸 때는 작가나 연출가의 의도가 실제 현장에서 얼마나 성취되었는지 평가해야 한다. 이때 공연과 같이 현장성이 중요한 예술은 실연의 분위기와 상황에 따라 얼마든지 다르게 공연되고 감상될 수 있으므로, 살아 있는 예술로서의 현장성에 주목해야 한다. 그렇다면 관람평 작성시 작품의 모든 요소를 언급해야 할까? 예를 들어 뮤지컬의 경우 무대, 음악, 미술, 의상, 조명, 연기, 서사 구성 등을 모두 비평해야만 성실한 관람평이 될까? 공연의 모든 요소를 망라하는 백화점식 서술이 좋은 것만은 아니다. 현장에서 인상적이었으며 글의 목적의식을 선명히 부각시킬 요소들을 꼽아 보자. 연극이라면 공연 대본뿐만 아니라 무대와 배우, 관객의 상호작용을 종합적으로 살펴보고, 전시라면 주변 환경과 관람객의 동선 등을 고려할 수 있다.

연습 문제 2 **다음은 전통을 소재로 창극 공연을 소개하는 신문 기사이다. 이 기사를 읽고 좋은 관람평의 요건에 대해 생각해 보자.**

'변강쇠'라는 이름에서 음탕함을 즉각 떠올린다면, 아서라.

국립극장(극장장 안호상)의 국립창극단이 연극 연출가인 고선웅(46) 경기도립극단 예술단장과 손잡고 선보인 창극 '변강쇠 점 찍고 옹녀'가 '18금' 창극인 이유는 따로 있다.

물론 변강쇠와 '옹녀'가 서로의 '중요 부위'을 바라보며 노래하는 '기물가(己物歌)' 등 야릇함은 공연 내내 이어진다. 하지만 변강쇠가 아닌 옹녀를 내세우며 반전을 꾀한다. 주로 값싸고 음란한 인물로 묘사된 옹녀가 살림꾼에다가, 변강쇠를 위해 살아가는 순정녀로 탈

바꿈한다.

가뜩이나 살기에 힘이 든데, 병자호란·임진왜란까지 겹치면서 백성의 삶은 말 그대로 팍팍하다. 색은 이런 생에서 백성의 유일한 유희였다. 건강한 성기는 삶을 꾸려나가는 원동력이었다.

변강쇠는 유희를 위해 시도 때도 없이 떡방아를 찧었다. 그러나 남편이 죽게끔 돼 있는 살이 낀, 즉 상부살(喪夫煞)로 앞서 수많은 남편을 잃은 옹녀에게 사지, 아니 성기를 더해 오지가 튼튼한 변강쇠는 천상배필이다.

이런 삶의 지난함과 야속한 운명을 파릇파릇한 아이들이 어떻게 온전히 이해할 수 있을까. 작품 관람에 삶에 대한 이해가 동반돼야 한다면 '변강쇠 점 찍고 옹녀'는 충분히 '28금' 이상이 돼야 한다.

'변강쇠의 시대에 종지부를 찍고 옹녀의 시대를 연다'는 의미를 담은 제목 '변강쇠 점 찍고 옹녀'는 관람 뒤에 머리가 아닌 마음에 와닿는다.

원작에서 옹녀는 자신과 결혼한 변강쇠가 장승을 패어 불을 때다 결국 죽음을 맞이하자 아무 남자에게 장사만 치러 주면 같이 살겠다고 덤비다가 폭사한다. '변강쇠 점 찍고 옹녀'에서는 변강쇠가 죽은 뒤 복수를 위해 나라 곳곳에 있는 장승을 불살라 버리는 적극적인 여성상으로 묘사된다. 아직까지 선진국에 한참 떨어지지만 최근 부쩍 신장한 적극적인 여성상의 새로운 모델인 셈이다.

그럼에도 작품 자체는 섹시하다. 특히 흐드러지면서 절절한 여자 판소리꾼의 창법이 이렇게 섹시할 수 있다는 것을 절감할 수 있다. 옹녀 역에는 국립창극단 단원 김지숙(41)과 이소연(30)이 더블캐스팅됐다. 춘향, 심청, 숙영낭자 등 아리따운 여주인공을 도맡은 김지숙은 판소리 스타다. 역시 노련미를 뽐내며 이름값을 한다. 젊음을 내세운 이소연은 좀 더 활기차며 건강한 옹녀를 만들었다.

5·18 민주화운동을 희비극으로 승화시킨 고 연출의 기량은 '변강쇠 점 찍고 옹녀'에서도 유감없이 발휘된다. 변강쇠가 패어 불을 때다 결국 그를 죽음에 이르게 하는 장승들의 의인화 등 만화적인 상상력에 기반한 유머가 재치 있다. 보는 내내 유쾌하다. 창극이라면

지루할 것이라는 선입견을 말끔히 지운다.

국악그룹 '푸리'의 멤버이자 안숙선(65) 명창의 제자이기도 한 한승석 교수(46·중앙대 국악)의 작창·작곡도 빼놓을 수 없는 극의 묘미다. 한 교수는 판소리뿐 아니라 민요, 트로트 등 다채로운 소리를 작품 곳곳에 배치한다. 평생 '나그네'인 변강쇠와 옹녀의 삶을 상징하는 듯한 최희준의 '하숙생' 등 대중가요도 나온다. 가야금, 장구 등 국악악기뿐 아니라 극의 리듬을 살리는 드럼 등의 악기는 판소리가 구수하기만 한 것이 아니라 신나고 흥겨울 수 있다는 걸 새삼 증명한다.

원작과 달리 '변강쇠 점 찍고 옹녀'는 둘 사이의 2세로 희망을 남긴다. 작품 역시 창극의 새로운 희망을 품에 안는다. 뮤지컬 못지않게 신나고 즐거우면서도 감동을 주는 창극은 드물다. 창극의 대중화가 눈앞에 왔다. 변강쇠전뿐 아니라 창극의 명예회복을 위한 신호탄이다.

국립창극단의 김성녀 예술감독은 '변강쇠 점 찍고 옹녀'의 대중성을 믿고 26일간 23회 공연을 결정했다. 국립창극단 사상 가장 긴 기간, 가장 많은 공연이다. 창극의 공연 기간은 보통 3~5일이었다.

국립창극단이 잊혀져가는 콘텐츠를 재조명하는 '판소리 일곱바탕 복원시리즈'의 세 번째 작품이다. 국립창극단 역사상 처음으로 미성년자 관람불가 작품이기도 하다.

영화배우 조승우(34)의 데뷔작이자 김성녀 예술감독이 월매 역으로 출연했던 임권택(78) 감독의 영화 '춘향뎐'에서 방자 역을 연기한 김학용이 변강쇠를 맡았다. 지난해 국립창극단에 입단한 신예 최호성이 변강쇠를 나눠 연기한다. '대방여장승' 역의 유수정을 비롯해 우지용, 서정금 등 감칠맛 나는 조연들도 주목할 만하다.

7월 6일까지 서울 장충동 국립극장 달오름극장에서 볼 수 있다.

– 이재훈, 「명분 잘 만들면 외설도 작품된다, 창극 '변강쇠 점 찍고 옹녀'」, 『뉴시스』, 2014. 6. 18.

연 습 문 제 3 **다음은 동화를 각색한 뮤지컬 〈신데렐라〉에 대한 관람평이다. 독자에게 공연 현장에 대한 생생한 감상을 전달하기 위한 방안에 대해 고민해 보자.**

셰익스피어의 소설을 원작으로 한 〈로미오 앤 줄리엣〉, 빅토르 위고의 역작을 무대화한 〈노트르담 드 파리〉, 메리 셸리의 호러 소설을 바탕으로 한 〈프랑켄슈타인〉까지. 〈명성황후〉 〈영웅〉 〈덕혜옹주〉 〈잃어버린 얼굴 1895〉 등으로 올 여름 뜨거운 '역사전쟁'을 펼쳤던 뮤지컬 무대는 가을이 되자 어느새 이렇듯 소설책과 동화책을 펼쳐 들고 관객을 유혹한다.

소설과 동화를 소재로 한 올 하반기 뮤지컬 열전에 한국 초연 라이선스 뮤지컬 〈신데렐라〉도 가세했다. 13일 중구 충무아트홀에서 막이 오른 뮤지컬 〈신데렐라〉는 개막 전부터 관객들의 큰 관심을 불러 모았다. 텔레비전 시리즈, 실사 영화, 애니메이션 등 다양한 장르로 만들어진 동화가 어떻게 변형되고 재해석됐을지, 다른 장르와 달리 씨지(CG)를 전혀 쓸 수 없는 뮤지컬 무대에서 요정의 마법이 어떻게 구현됐을지가 궁금증의 핵심이다.

관객들에게 첫 선을 뵌 〈신데렐라〉는 한마디로 말해 다소 유치하긴 하지만 온 가족이 함께 보기엔 부족함이 없는 가족 뮤지컬이다. 원작 동화에 기반을 두면서도 기존에 없던 캐릭터를 더하고, 주인공의 성격도 현대적으로 변형했다. 모든 것을 갖춘 완벽한 존재였던 '크리스토퍼 왕자'는 "내가 누구인지조차 잘 모르겠다"며 존재론적 고민에 빠지는 철없는 인물로 그려진다. 신데렐라를 괴롭히는 못된 두 언니 중 첫째인 '가브리엘'은 의붓동생의 처지를 이해하는 정 많고 마음 약한 존재다. 새롭게 창조된 캐릭터인 '장 미셸'은 국무총리 세바스찬의 폭정에 맞서 '혁명'을 부르짖는 지식인이다. 주인공 신데렐라 역시 '신데렐라 콤플렉스'에 찌든 된장녀와는 거리가 먼 '신 여성'이다. 왕자가 자신을 찾을 수 있도록 '유리구두'를 남겨놓고 올 정도로 적극적이며, 장 미셸을 왕자에게 데려가 정치적 조언을 할 만큼 영특하다. 고전 스토리를 그대로 고수한 채 올해 초 개봉한 디즈니의 첫 실사판 영화 〈신데렐라〉와 뮤지컬이 가장 차별화된 지점으로, '똑 부러진 수퍼우먼'을 자처하는 30~40대 젊은 엄마들이 딸아이 손을 잡고 공연장 나들이를 하게 만들 가장 강력한 '유인책'이 될 듯 하다.

호박을 황금마차로, 쥐를 마부로, 누더기를 화려한 파티복으로 변신시키는 요정의 마법은 고전적인 방법을 썼지만 참으로 놀랍다. 신데렐라가 빙그르 한 바퀴를 돌면 재투성이에서 아름다운 공주님으로 변하는 이 순간의 '트릭'에는 조명도, 레이저 기술도 없다. 그저 마술 연출의 '기발하고 영리한' 아이디어만 있을 뿐이다. 바로 관객들의 코앞에서 벌어지는 변신 장면에 환호와 박수가 절로 나온다.

대사에 견줘 양이 적고 다소 단조로운 넘버들이 조금 아쉽다. 하지만 백아연·양요섭(비스트)·산들(비원에이포), 켄(빅스) 등 아이돌이 소화하기엔 큰 무리가 없어 어떤 캐스팅을 선택하든 작품의 질에는 큰 영향을 미치지 않을 듯하다.

다만, 극적인 현실성에서 몇 가지 의문은 여전히 남는다. 왕자가 사랑하는 여자의 말만 듣고 '왕정'을 '시민 참여 공화정'으로 바꾸고, 폭정을 일삼던 국무총리가 저항 없이 정권을 내놓는 설정은 어떤 마법보다 더 동화적인 판타지가 아닌지. 좀 더 설득력 있는 결말을 기대하기엔 디즈니가 심어놓은 〈신데렐라〉의 해피엔딩 이미지가 너무 큰 것일까?

– 유선희, 「신데렐라 콤플렉스 버린 신데렐라」, 『한겨레』, 2015. 9. 14.

3장 사회 계열을 위한 비판적 글쓰기

이 장에서는 사회 계열 학생들이 나 자신과 사회의 관계를 이해하고 성찰하는 데 도움이 되는 글쓰기에 대해서 살펴보자. 우선 우리 주변의 쟁점을 포착하여 객관적으로 전달하는 기사문을 써보는 시간을 갖자. 또한 광고문을 쓰면서 독자의 시선을 사로잡는 효과적인 의사 전달 방법이 무엇인지 생각해 보자. 한편 통찰력이 돋보이는 서평 쓰기를 통해 감상과 논평이 어떻게 다른가를 배워 보고, 이와 같은 활동을 하면서 각자의 전공 영역에서 필요한 의사소통 능력을 생각해 보자.

연습 1.

공정한 시각과 기사문

기사문은 사실이나 사건을 객관적으로 보고하는 글이다. 기사문은 사건을 직접 알리거나 해설하는 보도 기사, 사설이나 칼럼·문예 평론과 같은 논평 기사, 생활 정보나 취미 등을 다루는 피처(feature) 기사 등으로 나누어 볼 수 있다. 기사문은 기사가 될 만한 사건을 발견하고 이를 필자의 시각을 통해 명확히 전달하는 데에 목적을 둔다. 그러므로 기사문 쓰기를 연습하면 개인이 경험한 현장이나 생각을 보다 일목요연하고 객관적으로 설명할 수 있게 된다. 더불어 글 구성의 논리성과 설득력을 훈련할 수 있다.

유의 사항

- **기삿거리를 찾아라.**
- **정확하고 객관적으로 써라.**
- **간결하고 명료하게, 쉽고 친절한 문장으로 써라.**
- **사건의 중요성과 의미를 충분히 설명하라.**
- **글의 구성은 역피라미드형으로 하라.**
- **여론의 동향 파악에 독자 투고를 활용하라.**

① 기삿거리를 찾아라

'개가 사람을 물면 뉴스가 아니지만 사람이 개를 물면 뉴스가 된다.'는 명언이 있다. 모든 이야기들이 기사가 될 수는 있지만, 무엇보다 시의적절하고 많은 사람들이 흥미를 갖는 사건이야말로 기사로서 가치가 있다. 대중매체가 발달하면서 사람들의 본능적인 호기심만 자극하는 제목과 저질 기사들이 넘치고 있다. 우리의 삶과 사회, 문화에 영향을 미칠 생명력 있는 사건과 현장을 발견하여 기사문을 작성해 보자.

② 정확하고 객관적으로 써라

정확하게 보도하기 위해 육하원칙에 충실하자. 사실 관계를 서술할 때에는 '누가, 언제, 어디서, 무엇을, 어떻게, 왜'라는 기본 요소를 고려해야 복잡한 내용도 효과적이고 간단명료하게 전할 수 있다. 또한 선입견이나 외부의 압력을 벗어나 일반적인 상식과 전문가적 지식을 바탕으로 써야 한다. 관형어나 부사어 등 수식어는 가능한 한 사용하지 않는 것이 좋다.

③ 간결하고 명료하게, 쉽고 친절한 문장으로 써라

사실 관계를 중심으로 쉽게 써야 한다. 접속어나 수식어를 되도록 쓰지 말고 짧고 분명한 문장으로 쓴다. 또한 독자가 아무것도 알지 못한다는 사실을 전제로 작성하되, 전문 용어는 독자들이 이해할 수 있도록 비유를 적절히 활용하며 해설해야 한다. 어렵고 난해한 기사는 환영받지 못한다. 대중에게 전문 분야에 대한 관심을 불러일으키고 미래를 예상하게 하는 것이 기자의 역할이자 기사문을 쓰는 자세이다. 이와 함께 예상되는 독자의 지적 수준과 감수성에 맞는 문체를 사용하며, 글쓰는 이의 도덕적 판단 및 매체의 보도 윤리를 염두에 두면서 기사를 작성하도록 한다.

기타 주의할 사항	잘못된 사례
외래어, 한자어보다 우리말을 사용한다.	한국 여자 파죽의 4연승 초보자에게 주는 어드바이스 조직화된 농민 파워가 어떤 영향을 미칠지 주목된다.
존대어는 쓰지 않으며, 인명은 한글로 쓴다.	이런 점이 극복되어야 합니다. 학교에 책임이 있습니다. Smith 교수님은 이렇게 말씀하셨다.
약칭은 두 번째 언급부터 사용한다.	U.R. 문제를 여하히 대처하느냐에 달려 있다.

④ 사건의 중요성과 의미를 충분히 설명하라

객관적인 보도라고 하여 현상만 전달한다고 생각하면 안 된다. 많은 기사들이 독자에게 전달되지만 정작 독자는 이 사건들이 왜 중요한지, 혹은 어떤 근본적인 이유로 발생했는지 잘 모르는 경우도 많다. 좋은 기사문은 사건과 현상의 본질에 대한 충분한 설명을 담고 있다. 이를 통해 자연스럽게 해당 매체 및 글쓴이의 가치관과 사고가 드러난다. 각 언론사 기사문에서 시각의 차이가 드러나는 것은 이 때문이다.

⑤ 글의 구성은 역피라미드형으로 하라

기사문은 일반적으로 기사의 핵심을 요약해 서두에 제시하고, 이후 중요한 보충 사항과 추가 사항을 연이어 기술하는 '역피라미드형' 구성을 취한다. 물론 피라미드형이나 혼합형을 취하기도 하지만, 글의 핵심을 서두에 배치하는 구성이 가장 전형적인 방식이다. 표제(headline)는 기사의 제목이자 핵심으로 독자가 본문을 읽도록 유도하는 역할을 한다. 표제는 기사의 핵심을 간단 명료하게 드러낼 수 있도록 명확하면서도 독자의 호기심을 자극할 수 있어야 한다.

다음으로 머리글(lead)은 기사의 핵심 내용을 약술해 독자로 하여금 기사의 내용을 대략 파악하게 하는 도입부의 기능을 한다. 본문(body)은 머리글에서 요약한 내용 가운데 중요하거나 흥미 있는 사실을 상술하거나 부연하는 부분이다. 이때 서술 순서는 기사 가치의 중요도에 따른다.

⑥ 여론의 동향 파악에 독자 투고를 활용하라

독자 투고를 통해 독자의 여론과 동향을 읽을 수 있다. 언론사나 매체의 정치적 성향이나 지향점이 있기 때문에 독자 투고에 실린 내용을 모두 객관적이라 보기는 어렵지만, 독자란을 통해 사회의 현안에 대해 구성원들이 생각하고 주장하는 바를 파악할 수 있다. 독자 투고에는 사회 문제에 대한 독자들의 주장과 의견, 신문 기사에 대한 독자의 의견, 주변의 미담이나 개인적인 일화, 독자가 보내온 사진 등 다양한 유형이 있다.

연습 문제 1

다음의 사진은 학생들이 관심을 보이지 않아 텅 비어 있는 총학생회 보궐선거 투표소의 모습을 담고 있다. 이와 같은 상황을 바탕으로 기사를 쓴다고 전제한 후, 적절한 제목을 붙여 보자.

『이대학보』, 2015. 03. 30.

연습 문제 2 **다음은 『이대학보』의 '여론 광장'에 실린 글이다. 이 글에서처럼 학교생활을 하면서 다른 학생들과 공유하고 싶은 일이 있었는지 이야기해 보자. 그리고 이에 대해 문제를 제기하거나 자신의 견해를 주장하는 독자 투고문을 써 보자.**

오늘날 우리는 나눔을 상하적인 관계로 생각한다. 나눔을 실천하는 것은 불우이웃을 돕는 것이고, 도움을 받는 것은 부끄럽고 숨겨야 하는 것으로 여겨지는 것이다. 하지만 이런 나눔은 건강하지 못하다. 만인을 대상으로 서로의 필요를 충족시켜 주는 순환적 나눔이 진정한 나눔이다.

필자는 얼마 전 한 다큐멘터리에서 한 음식점에서 주민들이 서로 '어린아이와 함께 한 분 드세요.'라고 남긴 쪽지와 함께 다른 이웃 분들의 몫을 미리 사두고 가는 장면을 보았다. 이는 이탈리아 나폴리에서 시작되어 우리나라에서는 '미리내 운동'이라고 알려진 상대적으로 경제적 여유가 없는 이를 위해 커피를 미리 사두는 '서스펜디드 커피(Suspended Coffee/착한 커피 운동)'와 비슷하다. 하지만 다큐멘터리에서 나온 운동은 불쌍한 누군가를 도와주고자 함이 아닌 이웃공동체의 사람들과 서로 나누고자 하는 것이었다.

작년부터 나눔리더십 수업이 필수 교양 과목이 되어 신입생들은 이제 곧 다양한 나눔의 활동을 실천할 것이다. 필자는 학생들이 나눔을 불쌍한 이를 도와주는 것만이 아닌 어려움을 겪는 바로 옆에 있는 친구를 돕기 위해 밥을 한 끼 사두거나 중고품을 나누는 등의 활동도 많이 실천하여 진정한 순환적 나눔이 활발해지기를 바란다. 서로 돕는 순환적 나눔을 통해서 익명이지만 마음으로 모든 학생과 교류하고 연결되어 있는 따뜻한 이화가 되었으면 한다.

– 정해주, 「순환하는 도움, 진정한 나눔」, 『이대학보』, 2014. 3. 25

연습문제 3 **대학가 시험 부정행위에 대하여 기사문을 작성하고자 한다. 다음과 같이 소주제를 나누어 보았을 때, 어떤 제목과 내용이 들어갈 수 있을지 문단을 구성해 보자. 그리고 이를 다룬 이대학보의 기사와 비교해 보자.**

제 목		
문 단	소주제	내 용
	1) 대학가 부정행위 현황	
	2) 본교 부정행위에 대한 교수와 학생들의 의견	
	3) 부정행위에 대한 학칙	
	4) 학교의 입장	
	5) 부정행위의 결과	

ㄱ씨는 지난달 중간고사 시험을 보던 중 대각선에 앉은 학생이 거의 무릎에 닿을 정도로 고개를 숙이고 있는 모습을 보고 수상하다고 생각했다. ㄱ씨가 시험 중간중간 그 학생을 유심히 살펴보니, 그 학생은 스마트폰을 숨겨 검색을 하고 있었다. ㄱ씨는 이를 시험 감독인 ㄴ교수에게 말했지만, ㄴ교수는 별다른 제재를 가하지 않았다. 시험이 끝날 때까지 교실 뒤편에 서서 더 이상의 커닝이 발생하지 않도록 감시할 뿐이었다.

대학가에서 시험 부정행위 논란이 거세게 일고 있다. 지난달 서울대는 중간고사 부정행위가 잇따라 제기되며 여론의 뭇매를 맞기도 했다. 철학과 교양과목에 대한 집단커닝 의혹이 불거진 데 이어, 통계학과 한 전공과목에서는 재시험까지 치르는 사태가 벌어진 것이다. '확률의 개념 및 응용' 과목 담당 교수는 시험 채점 후 학생들에게 시험지를 나눠주고 문제가 없는지 확인하는 과정에서 일부 학생이 답안지를 수정해 제출했다는 제보를 받았다. 결국 해당 과목 수강생 전원은 재시험을 치러야 했다. 잇따른 부정행위 논란에 대해 서울대 측은 "철저히 조사하여 엄중히 문책하겠다"고 밝혔다.

본지 취재 결과, 부정행위에 관한 윤리적 잣대는 본교도 피할 수 없었다. 시험 중 부정행위를 발견·제보한 ㄱ씨는 "정직하게 공부해서 시험에 임했는데 부정행위 장면을 직접 목격하니 화가 났다"며 "교수님도 애초에 시험 감독을 철저히 하지 않았고 제재를 하지 않은 것에 실망스러웠다"고 말했다. ㄱ씨에 따르면 부정행위를 하는 학생이 있다는 사실을 밝히기 전까지 ㄴ교수는 교탁에서 자료를 보는 등 시험 감독을 철저히 하지 않았다.

옆자리 학생에게 답을 물어보는 학생도 있었다. 며칠 전 ㄷ씨는 쪽지시험을 보던 와중 뒷자리에서 부정행위를 하는 학생을 발견했다. ㄷ씨는 쪽지시험을 보던 A학생이 B학생에게 "1번에 답이 뭐냐"고 물어보자 B학생이 "모르겠다"고 답하는 것을 들었다. A학생의 시험지는 ㄷ씨가 빠르게 걷어 제출했지만, B학생과 쪽지시험이 시작된 후에 들어온 C학생은 시험지를 늦게 제출했다. 그러다 ㄷ씨는 황당한 이야기를 들었다. ㄷ씨에 따르면 A학생이 B학생과 C학생에게 '아, 나도 프린트물을 보고 쓸 걸. 순진하게 냈네'라고 말한 것이다. ㄷ씨는 "수업에 늦게 들어온 것도 모자라 옆자리 학생에게 답을 물어보고 몰래 프린트물을 보고 쪽지시험을 치른 비양심적인 태도에 화가 났다"고 말했다.

본교 학칙에는 부정행위에 따른 징계 내용이 명시돼 있다. 학생 징계 규정 제3조에 따르면 부정행위를 한 학생에게 ▲견책(10시간 이내의 교내 근로 봉사와 반성문 제출) ▲근신(30시간 이내의 교내 근로 봉사와 반성문 제출) ▲유기정학(10일 이상 20일 이내의 학생 자격 정지) ▲무기정학(21일 이상의 학생 자격 정지) ▲퇴학(일체의 학생 자격 박탈) 처분을 내릴 수 있다. 학생 징계 규정 제4조 2항에 따르면 부정행위 정도에 따라 처하는 징계의 기준이 다르다. 견책은 다른 학생의 답안지를 보려고 시도하거나 감독자의 지시를 어긴 경우, 근신은 부정행위를 하려고 의도적으로 준비한 명백한 증거가 있는 경우에 처한다. 유기정학은 부정행위를 하다가 감독자에게 적발되거나 이에 준하는 부정행위의 증거가 있는 경우, 무기정학은 대리시험을 의뢰했거나 대리시험을 행한 경우 혹은 기타 타인과 공모해 부정행위를 한 경우에 처한다. 부정행위의 상황으로 보아 그 정도가 학생의 본분에서 크게 벗어나 지도할 수 없다고 판단되는 경우에는 퇴학을 당할 수 있다.

처벌을 받기 위한 절차는 다소 까다롭다. 부정행위를 한 학생에게 징계를 내리기 위해선 ▲사건 경위서 또는 시험 부정행위자 신고서 ▲본인의 진술서 ▲지도교수의 의견서 등 증빙서류를 첨부해 해당 학생의 소속 대학(원)장에게 신고해야 한다.

학생처 학생지원팀 관계자는 "부정행위 신고가 접수되어 징계가 발의되면 징계 심의가 이루어진다"며 "학교에서 발생한 모든 부정행위를 파악하기는 어려운 상황이지만, 부정행위가 확인되면 그에 상응하는 징계를 내릴 수 있다"고 말했다.

학생처 학생지원팀에 따르면 본교에서 부정행위로 인해 최근 5년간 징계를 받은 사례는 2009년, 작년에 각각 1건씩 있었다. 작년 2학기 일반교양 '인간심리학의 이해'(인심이)수강생들은 부정행위 제보로 인해 재시험을 치른 바 있다. 교양 시험 기간이었던 작년 12월 18일 목요일 4교시, 인심이 기말고사가 치러졌다. ㄹ교수가 기존 수업 시간에 시험을 보겠다고 공지한 대로 기존의 강의실에서 진행된 것이다. 그러나 시험 시작 30분이 지나자 "기말고사 시험을 보기 위해 이 강의실을 예약했다"며 타 강의 교수와 학생이 들어왔다. ㅁ조교가 강의실 예약하는 것을 깜빡했고 ㄹ교수도 이 사실을 알아채지 못했다. 인심이 수강생들은 시험을 보다가 강의실을 옮겨야 했다. 그 과정에서 일부 학생이 프린트물을 꺼내서 보거나 시험 교실에서 가장 늦게 나간 ㄹ교수보다 늦게 들어와 커닝 의혹이 불거졌다. 이미 출제된 시험문제를 토대로 프린트물로 공부하다가 뒤늦게 들어온 것이 아니냐는 이유에서였다.

– 남미래, 박지은, 「대학가 부정행위, 본교도 예외 아냐」, 『이대학보』, 2015. 05. 18.

연습 2.
광고와 커뮤니케이션

광고문은 상품이나 기업, 기관, 단체 등의 정보를 여러 가지 매체를 통해 상업적 또는 공익적 목적으로 알리기 위해 작성한 글이다. 광고문은 상품을 판매하기 위해 해당 상품에 대한 정보를 알리는 광고문, 기업이나 기관, 단체 등의 이미지를 제고하기 위한 기업 홍보문, 공공의 이익을 목적으로 하여 사회적 메시지를 전달하는 공익 광고문 등으로 구분할 수 있다.

유의 사항

- **하나의 주제에 초점을 맞추라.**
- **소비자 스스로 생각하도록 하라.**
- **소비자의 마음을 움직여라.**
- **정보와 메시지를 전략적으로 배치하라.**

① 하나의 주제에 초점을 맞추라

– 출처 : http://blog.flyingbee.co.kr/121

청량감 있는 초록색 배경에 시원한 맥주 한 잔이 놓여 있다. 그리고 그 옆에는 피자 박스와 CD를 쌓아 만든 맥주 캔이 있다. 포스터의 왼쪽 하단에는 "made to entertain"이라는 문구가 적혀 있다. 피자와 함께 즐길 수 있는 맥주, 음악과 잘 어울리는 맥주라는 주제를 담은 광고물이다.

한편 다음의 광고에는 흰색 배경을 바탕으로 우리가 잘 알고 있는 SNS 로고들이 차례대로 나열되어 있다. 그리고 마지막에 맥주 아이콘이 마치 로고처럼 등장한다. 이와 같은 구성은 어떤 주제를 전달하기 위함일까? 하단에 적힌 "Heineken Social Networking since 1873"이라는 문구를 통해 그 뜻을 확실히 파악할 수 있다.

이 광고는 SNS가 생기기 이전부터 맥주가 사회 관계망 형성의 역할을 해 왔다고 강조한다. 맥주를 마시면서 함께 이야기를 나누고 친목을 다지는 소셜 네트워

– 출처 : http://blog.naver.com/113xoum?Redirect=Log&logNo=20162067954

킹이 하이네켄이 생겨난 1873년부터 이루어져 왔다는 메시지를 함축적으로 전달하고 있는 것이다.

페이스북이나 트위터, 블로그와 카카오톡, 인스타그램 등 다양한 매체의 등장으로 온라인을 통한 교류가 활발해진 반면, 직접 대화를 통해 서로 이해하고 소통하는 관계가 아쉬운 오늘날의 대중에게 생각할 거리를 던져 주는 광고이기도 하다.

광고에서 제공할 수 있는 정보의 종류와 주제는 매우 다양하다. 그러나 여러 가지 정보를 하나의 광고에 모두 담으려 욕심을 내기보다는 가장 강조하고 싶은 것에 초점을 맞추어야 한다. 하나의 주제에 집중한 광고야말로 사람들의 관심과 흥미를 끄는 것은 물론, 오래 기억될 수 있을 것이다.

② 소비자 스스로 생각하도록 하라

광고 대상에 대한 정보나 메시지를 직접적으로 제공하는 것보다는 광고를 통해 전달하고자 하는 메시지를 함축적으로 표현한 광고 문구가 더 오래 기억될 수 있다. 광고의 메시지와 주제를 독자 스스로 생각하게 하는 효과가 있기 때문이다. 다음은 '재활용'과 '낙태'를 주제로 제작된 공익 광고이다. 같은 주제의 메시지라도 그것을 어떻게 전달하느냐에 따라 설득력에 차이가 있음을 다음 광고들을 통해 확인할 수 있다.

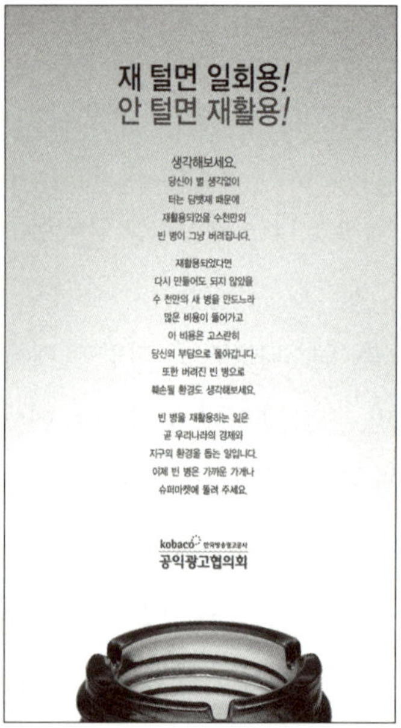

재 털면 일회용! 안 털면 재활용!

생각해 보세요
당신이 별 생각 없이
터는 담뱃재 때문에
재활용되었을 수천만의
빈 병이 그냥 버려집니다.
재활용되었다면
다시 만들어도 되지 않았을
수천만의 새 병을 만드느라
많은 비용이 들어가고
이 비용은 고스란히
당신의 부담으로 돌아갑니다.
원가 비용의 상승은 곧
구매 비용 상승으로 이어지니까요.
또한 버려진 빈 병으로
훼손될 환경도 생각해보세요.
빈 병을 재활용하는 일은
곧 우리나라의 경제와
지구의 환경을 돕는 일입니다.
이제 빈 병은 가까운 가게나
슈퍼마켓에 돌려주세요.

– 출처 : 2007 대한민국 공익광고대상 수상작, 한국방송광고진흥공사 홈페이지–공익광고 역대 수상작

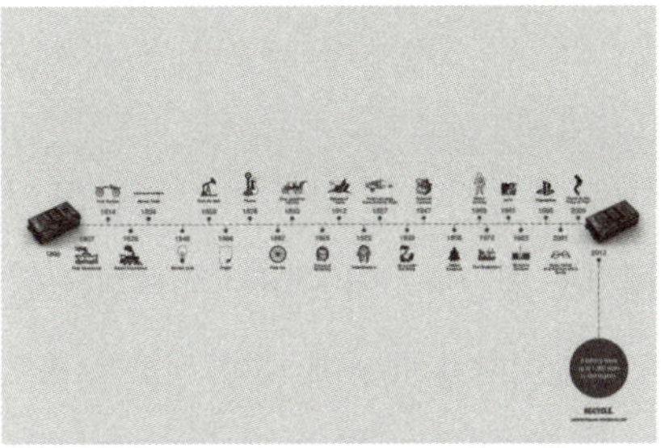
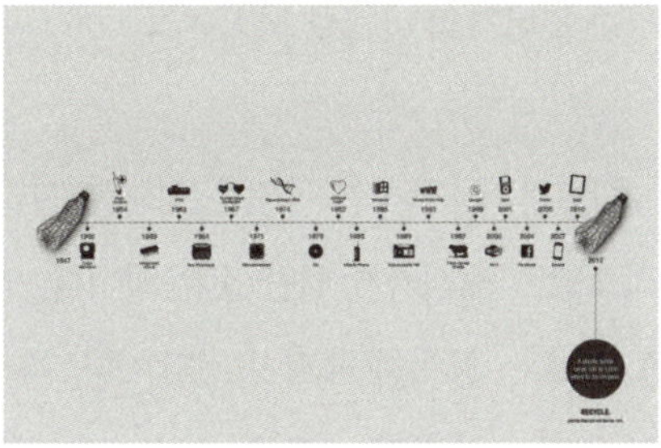

A Battery takes up to 1,000 years to disintegrate. A Plastic bottle take 100 to 1,000 years to decompose.

– 출처: http://blog.naver.com/jahwai0216?Redirect=Log&logNo=120168014197

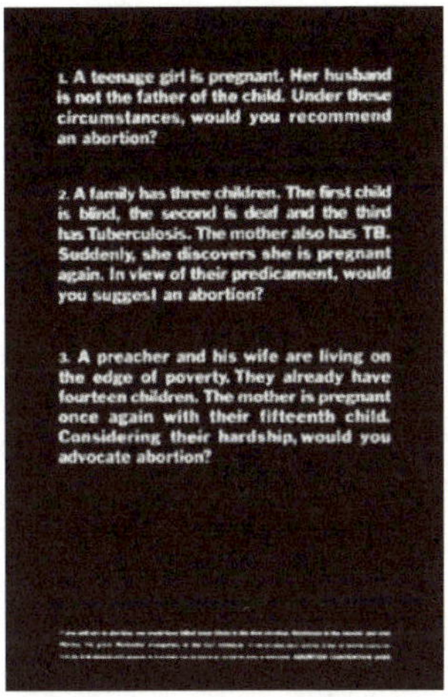

1. 10대 소녀가 임신을 했는데
   그녀의 남편은 아이 아빠가 아닙니다.
2. 세 아이가 있는 가족이 있는데, 첫째 아이는 시각 장애아, 둘째는 청각 장애아, 셋째는 결핵 환자입니다.
   엄마 역시 결핵 환자인데 넷째 아이를 가졌습니다.
3. 아주 가난하게 사는 가족이 있는데 아이가 열넷, 엄마는 열다섯 번째 아이를 임신했습니다.
   '당신은 이 경우 낙태를 권하시겠습니까?'
   '1은 예수 그리스도요, 2는 베토벤이며,
   3은 유명한 성서학자 존 웨슬리입니다'

– 출처: http://blog.naver.com/shins2027?Redirect=Log&logNo=20003685548

안녕, 엄마…

한 해 34만 건의 낙태 시술,
34만 명의 새 생명이 빛도 보지 못한 채 사라집니다.
처음 나온 세상 나들이,
우리 손으로 지켜줘야 합니다.

– 출처 : 보건복지부 낙태 방지 캠페인 자료

③ 소비자의 마음을 움직여라

광고문의 1차적인 목적은 정보를 전달하는 데 있지만, 그것이 읽는 사람을 지적으로 이해시키기 위한 것은 아니다. 앞에서도 언급했듯이 광고문의 핵심은 '상업적 또는 공익적 메시지 전달'이다. 다시 말해 어떠한 대상에 대한 정보를 줌으로써 읽는 사람의 마음을 움직이고 상품을 구매하거나 사회적 행동을 하도록 하기 위해 광고문을 쓰는 것이다.

프랑스의 상징주의 화가 모리스 드니는 세잔의 그림에 대해 "평범한 사과는 먹고 싶지만, 세잔이 그린 사과는 껍질을 벗기고 싶지 않다. 또 그저 잘 그리기만 한 사과는 입에 군침을 돌게 할 뿐이지만 세잔의 사과는 마음에 말을 건넨다."고 말했다. '잘 그린 사과'는 아니지만 세잔의 사과가 보는 이의 마음을 움직이고 오랫동안 기억된다는 것이다. 광고문을 쓸 때도 '무슨 정보를 담을 것인가' 못지않게 '정보를 어떻게 표현할 것인가'가 중요하다. 때로는 많은 양의 정보를 논리적으로 제시하는 것보다, 정보의 양은 적을지라도 읽는 이의 감성을 자극하고 마음을 끄는 표현을 사용하는 것이 효과적일 수 있다.

나는 나라를 지킬 수 없습니다. 좌절에 빠진 사람을 도울 수도 없습니다. 지혜를 줄 수도 아픔을 대신할 수도 없습니다. 그러나, 그 사람들과 마음을 함께 하는 다른 누군가가 있다는 사실 하나는 전해줄 수 있습니다. 그래서, 나는 위로가 됩니다. 때론 용기가 되고 때론 감사가 되기도 합니다. 오늘도 누군가가 다시 미소 짓고 힘낼 수 있도록 이 땅의 모든 사람들과 마음을 나누는 나는 당신의 情입니다. – 오리온 초코파이 광고	당신도 몰랐던 당신의 모습을 몹시도 두근거렸고 아팠지만 아름다웠던 사랑을 나는 당신과 함께 했습니다. 나는 당신의 자동차입니다. 당신의 빛나는 인생입니다. live brilliant – 2012년 현대자동차 광고 내래이션

④ 정보와 메시지를 전략적으로 배치하라

광고문은 일반적으로 표제와 부표제, 본문, 그리고 슬로건으로 구성된다. 표제는 소비자의 이목을 집중시키고 흥미를 끌 수 있도록 제품의 이미지를 짧고 정확하며 인상적인 문구로 표현하는 것이 좋다. 부표제는 표제의 내용을 보충하면서도 해당 제품의 특성을 담는 소제목형의 문안이다. 부표제는 소비자로 하여금 본문의 상세 문구를 읽을 수 있도록 유도하는 역할을 담당한다. 본문은 해당 제품의 기능과 특성, 강점 등을 구체적으로 설명하는 부분으로, 소비자의 구매 행동을 자극하는 역할을 하고(상품 광고) 기업이나 단체의 이미지를 재형성하며(기업 홍보문) 공공의 이익 도모를 위한 참여를 유도한다(공익 광고문). 슬로건은 광고에서 전달하고자 하는 핵심 메시지를 나타낸 짧은 표어로, 해당 기업이나 단체의 지향점을 드러내는 경우가 많다.

연습 문제 1

최근 배달앱 서비스 업체의 광고물이 소비자들의 마음을 사로잡으면서 공감대를 형성하고 있다. 해당 광고의 마케팅 효과에 대한 논의가 활발할 뿐만 아니라 수많은 패러디물까지 나올 정도다. 이 광고문을 '구성'의 측면에서 분석해 보고 광고의 핵심 콘셉트와 광고 문구가 조화를 이루는지, 그리고 광고에서 전달하고자 하는 메시지가 잘 전달되고 있는지 생각해 보자.

구 분	내 용
표제 head copy	
부표제 sub-head copy	

본문 body copy	
슬로건 slogan	"우리가 어떤 민족입니까?"

연습 문제 2 **다음은 〈배달의 민족〉 잡지 광고 시리즈이다. 잡지라는 매체의 특성을 적절히 활용함으로써 소비자들의 욕구를 자극하고, 패러디를 통해 유머의 효과를 극대화한 기발한 광고이다. 만약 이화여대 학보나 블로그에 광고물을 게시한다면 어떤 문구를 사용할 수 있을지 생각해 보자.**

– 출처: 우아한형제들 홈페이지–홍보실–잡지테러
http://www.woowahan.com/?page_id=5444&paged=5 (보그걸 광고)
http://www.woowahan.com/?page_id=5444&paged=7 (소프트웨어 광고)
http://www.woowahan.com/?page_id=5444&paged=4 (월간윤종신 광고)

구 분	내 용
광고 문구(표제 또는 슬로건)	
소비자 특성	
매체 특성	
패러디의 초점	
기대하는 광고 효과	

연 습 문 제 3 **공익 광고는 광고라는 설득 커뮤니케이션을 통해 다양한 사회 문제에 대한 국민의 태도를 변화시키고, 공공의 이익을 지향하는 것을 목적으로 한다. 다음의 광고를 보고 공익 광고의 기능에 대해 이야기해 보자.**

– 출처: https://www.kobaco.co.kr/websquare/websquare.jsp?w2xPath=/kobaco/businessintro/about/print_ad_list_view.xml&nowPage=1&Subject=&Matter=&searchG=&searchT=&seqNo=356

연 습 문 제 4 **다음은 혈액 부족 현상에 대해 알리고 헌혈을 독려하기 위한 캠페인 자료와, 이를 소개하는 기사문이다. 이를 읽고 동일한 메시지를 전달하기 위한 다양한 방법과 그 효과를 이야기해 보자. 그리고 자신만의 광고 문구를 만들어 보자.**

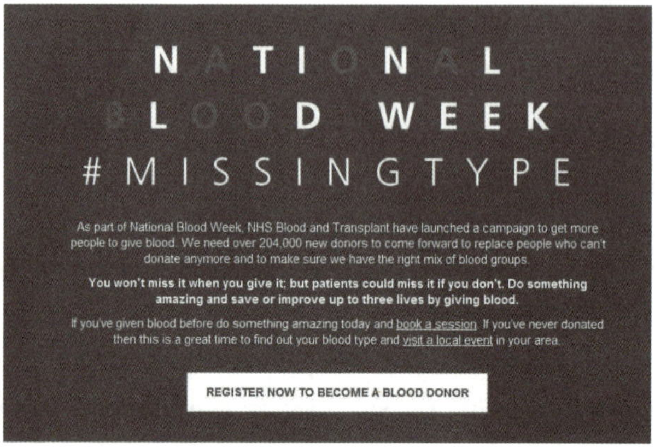

– 출처: http://www.blood.co.uk/news–media/campaigns/national–blood–week/

영국에서 알파벳 A, B, O가 하나둘씩 사라지고 있습니다. 누가 지운 걸까요? 영국 국민건강보험 NHS에서 진행하는 '사라진 종류 (Missing Type)' 캠페인에 참여하고 있는 사람들이 지운 겁니다. 이 캠페인은 지금도 계속되고 있습니다. 일간지 미러(Mirror), 병원 관계자, 유명 상표 관계자 등 많은 사람들이 A, B, O 글자를 지우고 있습니다. 왜 하필 A, B, O만 지우는 걸까요? 혈액 부족 현상 때문입니다. 사라진 알파벳 A, B, O는 새로운 헌혈 기증자가 나타나지 않으면 사라지는 혈액입니다. 문장을 읽기 위해 알파벳 A, B, O를 채워 넣어야 하듯이 부족한 혈액을 충당하기 위해서는 헌혈 참여가 절실함을 의미합니다. "지난 10년간 헌혈자 수가 40%, 약 12만 명이 감소했습니다(존 라탄/NHS 대표)." 최근 영국 내에서 헌혈하는 사람이 급감하고 있습니다. 이 상황이 지속된다면 심각한 혈액 부족 현상에 시달리게 될 것이라고 합니다. 혈액은 아직 인공적으로 만들 수 있거나 대체할 물질이 존재하지 않습니다. 이 때문에 헌혈은 수혈이 필요한 환자의 생명을 구하는 유일한 수단입니다. 헌혈이 절실한 건 우리나라도 마찬가지입니다. 우리나라의 경우, 외국으로부터 수입하지 않고 혈액을 자급자족하기 위해서는 연간 약 300만 명의 헌혈자가 헌혈에 참여해야 합니다.

— 권혜정·신정희, 「글자가 사라지고 있다」, SBS 뉴스, 2015. 6. 14.

http://news.sbs.co.kr/news/endPage.do?news_id=N1003020485&plink=ORI&cooper=NAVER

연습문제 5 **다음은 2015년 이화여대 재학생 홍보 아이디어 공모전에서 수상한 작품과 제안서이다. 주어진 자료를 참고하여 이화여대를 홍보할 수 있는 아이디어를 생각해 보자. 그리고 광고 문구, 광고 포스터 등 새로운 홍보 작품을 만들어 보자.**

① 광고 포스터 예시 자료

대학 가서
CC를 하고 싶다구?
요즘 그거 힘든 거 알지?
과제나 팀플 남자한테
떠넘기고 싶다구?
그럼 쓰나~

이대 가서 대학생활 하자!

과제로 실력 쌓기!
잠은 여성
미팅은 원하는 만큼!

대한민국 여고생이라면
한번은 고려하는 건 어때? 생각해 봐

이화여자대학교
EWHA WOMANS UNIVERSITY

작품내용	작품 제목	이대 한번 생각해 봐
	기획 의도	대학 진학을 목표로 공부하는 여고생들을 청중으로 생각하여 구체적으로 이대의 장점을 언급하되 강요는 하지 않는 광고물을 만들고 싶었습니다.
	작품 설명	홍보 대상을 여성으로 제한할 수 있다는 효과가 있습니다. 그 중에서도 여고생을 대상으로 한다는 것을 누구나 알 수 있으므로 다른 사람들의 시간을 뺏지 않는다는 부분에서도 모두에게 효율적이라고 생각합니다. 색상은 학교 로고를 제외하고는 블랙과 화이트만을 사용했습니다. 간단하지만 대조되는 색을 통해 시선을 사로잡는 효과가 있습니다. 구조는 이화여자대학교의 약자로 일상생활에서 자주 언급되는 '이대'를 틀로만 사용했습니다. 문자로 이대라는 word collage(문자 콜라주)를 만들어서 보다 쉽게 읽을거리를 제공하고자 했습니다. 또한 평범한 구조의 문단 또는 기존 포스터 형태의 틀을 버리고 신선한 느낌을 주고자 했습니다.

② 광고 이미지 및 기획서 예시 자료

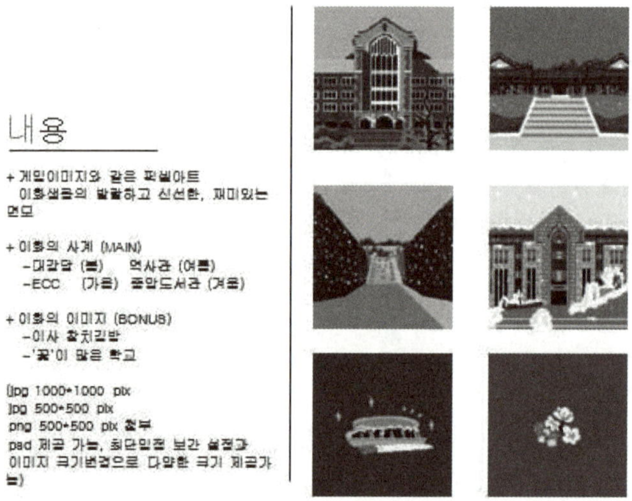

작품 내용	작품 제목	〈EWHA THE CAMPUS LIFE〉 Game Start!
	기획 의도	이화의 홍보 자료들은 '전문적'이고 '고급스러운' 이미지가 많습니다. 그런 이미지도 좋지만, 중고등학생과 20대 초중반 사람들에게는 가볍게 그리고 재밌게 읽힐 수 있는 이미지가 더 친근하고 호감이 갑니다. 많은 대학교들이 '고품질', '고급'의 디자인에 치중합니다. 따라서 좀 더 재밌고, '고급'에 연연하지 않는 디자인이 오히려 새롭고 친근하게 받아들여질 것입니다. 디자인을 생활용품에 적용해 친근하고 재밌고 새로운 느낌을 주고 싶었습니다.
	작품 설명	이화의 사계 속의 건물들(대강당, 이화역사관, ECC, 중앙도서관)과 이화 하면 떠오르는 화려한 꽃들, 그리고 이화사랑 참치김밥을 게임 속 이미지처럼 만들어 보았습니다. 게임 속 주인공이 되어 대학 생활을 하는 듯한 분위기를 연출하고, '고화질'의 홍수 속 '저화질, 저픽셀'을 채택하여 재밌고 친근하게 만들어 보았습니다. 이화 텀블러나 포스트잇, 기념품샵과 생협에서 팔 만한 일상 용품에 적용해서 이화는 '재밌다', 그리고 '나와 친근하다'라는 이미지를 줄 수 있습니다.

③ 광고 문구 예시 자료

작품내용	작품 제목	1. 네가 와서 이화에 꽃(배꽃)이 폈고, 이화가 있어 세상이 열매(배)를 맺었다 2. 이화, 네 뒤의 찬란한 그 이름
작품내용	기획 의도	캐치프레이즈를 통해 이대생들이 더욱 더 학교에 자부심을 갖고 애교심을 키울 수 있길 바란다.
	작품 설명	1. 학생들이 이화에 와서 공부하며 각자의 자리에서 성장하는 모습이 마치 꽃이 피는 것과 같다. 그들이 졸업해서 세상에 나가서는 이화의 이름을 자랑스럽게 하는 존재, 열매와 같은 존재가 된다는 뜻이다. 꽃은 이화의 상징인 배꽃의 이미지, 열매는 배꽃이 지고 난 뒤에 열리는 배의 이미지를 가진다. 2. 입학 후 재학 중에도, 졸업 후에도 언제나 이화라는 이름은 학생들을 뒤에서 든든하게 받쳐주고 응원해주는 존재라는 뜻이다.

연습
문제
6

자기 자신을 홍보하는 글을 써 보자.

연습
문제
7

신입생 연주회 또는 동아리 공연을 홍보하는 공연 팸플릿을 써 보자.

연습 3. 객관적 분석과 서평

서평은 책을 읽고 난 후에 그 내용과 의미를 분석하고 그 가치와 의의를 비평하는 글이다. 책의 내용을 단순히 요약하는 요약문이나 책을 읽은 후의 주관적 느낌을 정리한 독후감과는 달리, 서평은 책에 대한 객관적이고 정확한 해석과 필자의 평가와 진단이 주가 되는 글이다. 책의 감상을 객관화하여 사회, 문화적 맥락에서 공론화하는 글이 곧 서평인 것이다.

유 의 사 항

- **1차 텍스트를 꼼꼼하게 읽어라.**
- **글의 구조를 견고하게 만들어라.**
- **저자의 견해와 서평자의 의견을 명확하게 구분하라.**
- **객관적으로 감상하고 사회·문화적인 맥락에서 공론화하라.**

① 1차 텍스트를 꼼꼼하게 읽어라

서평을 잘 쓰기 위해서는 우선 책을 꼼꼼하게 읽어야 한다. 중심 줄기를 놓치지 않으면서 부분적인 의미들도 파악하며 읽어야 하는데, 이 과정에서 책의 전체적인 구성과 핵심적인 내용, 저자의 견해 등을 추출해 낼 수 있다. 우선 책 전체를 통독하면서 중요하다고 생각되거나 인상적인 부분을 표시해 두고, 다시 이 부분들을 좀 더 자세히 여러 번 읽고 분석하면서 저자가 하고자 하는 말이 무엇인지 정확하게 파악하는 것이 좋다. 이 과정에서 저자의 문제의식을 찾아보고, 이를 더 심화할 수 있는 질문도 떠올려 보고, 그 답을 생각해 보는 과정이 효과적이다.

다음 질문에 대답하면서 1차 텍스트를 꼼꼼하게 읽어 보자.

- 저자가 이 책을 쓴 의도와 목적이 무엇인가?
- 이 책이 나오게 된 역사적, 사회적 배경은 무엇인가?
- 저자의 문제의식이 이 책에서 어떻게 전개되고 있는가?
- 저자의 다른 책, 비슷한 분야의 다른 책과 어떤 점에서 같거나 다른가?
- 가장 인상 깊은 부분은 어디이며 그 이유는 무엇인가?
- 공감할 수 없었던 부분은 어디이며 그 이유는 무엇인가?
- 책의 내용이 오늘날 현실 상황과 어떠한 관련이 있는가?
- 책이 현재의 독자에게 전달하는 의미는 무엇인가?
- 구성이나 문체상의 특성이 있는가?
- 이 책을 읽고 어떤 인식의 변화를 경험했는가?

② 글의 구조를 견고하게 만들어라

서평을 쓸 때는 글 전체의 구조에 대해서도 고민해야 한다. 서평은 단순한 요약이나 주관적 감상이 아니라, 책에 대해 분석하고 평가하여 이를 논리적으로 전개하는 글이다. 읽는 이의 공감을 얻으려면 평가자의 분석과 진단을 통해 글의 구조를 견고하게 하여 설득력을 확보할 필요가 있다. 책의 내용을 소개할 때에도 단편적으로 나열하거나 요약해서는 안 된다. 책의 내용 중에서 중요하게 여겨졌거나 인상적이었던 구절들을 언급하거나, 평가자가 중요하다고 생각하는 부분들을 강조하면서 저자의 논리를 파악해 가는 방식으로 서술해야 한다.

서평을 쓸 때에는 '책 소개(도입부)–책의 주요 내용과 의미(본문)–서평자의 평가와 전망(종결부)'의 세 부분으로 나누어 구성할 수 있다. 각 부분에서 다룰 수 있는 내용을 항목별로 정리하면 다음과 같다.

도입부

- 작가 소개
- 책이 나오게 된 역사적, 사회적 배경
- 책의 주제 및 내용
- 저자의 핵심 주장 또는 주요한 문제의식
- 책에 대한 일반적인 평가
- 서평자가 그 책을 평가하는 기준

본문

- 책의 구성과 핵심 내용
- 책의 내용 분석과 재해석
- 주요 내용 발췌와 배치, 선택적 강조
- 기존의 다른 책들과 비교(동일 저자의 다른 책 또는 비슷한 분야의 다른 책)
- 저자가 해당 분야에서 이룬 성과에 대한 가치 판단

종결부

- 저자의 문제의식과 주장에 대한 평가
- 가장 인상적인 부분, 또는 주목해야 할 부분에 대한 환기

- 책의 의의와 한계
- 사회, 문화적 맥락에서의 평가(오늘날의 우리 사회에 던져 주는 의미)

③ 저자의 견해와 서평을 쓰는 필자의 의견을 명확하게 구분하라

책의 내용 즉, 저자의 견해와 서평자의 의견을 명확하게 구분해서 서술해야 한다. 서평은 책의 내용 분석과 평가자의 평가가 어우러진 글이기 때문에 이 두 가지를 잘 구분해서 전개해야 한다. 사실과 의견이 뒤섞이면 책의 내용이 왜곡될 수도 있고 서평의 신뢰성을 해칠 수도 있다. 또한 책에 무조건 종속되거나 저자를 무작정 비난하지 말고 설득력 있는 의견을 제시하는 주체적인 시각과 태도를 지녀야 한다. 따라서 서평을 쓸 때에 참고로 하게 되는 해설이나 기존의 서평들에 지나치게 의존하지 말고, 자신의 생각과 견해를 충분히 반영하도록 한다.

④ 객관적으로 감상하고 사회 · 문화적인 맥락에서 공론화하라

서평은 책을 대상으로 한다는 면에서 독후감과 비슷하지만, 그에 비해 객관적 가치 평가와 사회·문화적인 맥락에서의 공론화가 더 깊이 있게 고려되어야 한다. 물론 서평을 쓸 때에도 책을 읽고 난 뒤의 느낌이나 주관적인 견해 등을 포함시킬 수 있지만, 지나치게 주관적인 문장으로 서술해서는 안 되며 논거 없는 개인적인 비난이나 감정적인 서술은 삼가야 한다. 이를 위해서는 책의 어떤 한 부분만을 확대 해석하거나 왜곡해서는 안 되며, 균형 있게 책을 읽고 비평해야 한다.

연습 문제 1 **다음 두 편의 서평을 읽고, 두 서평의 구성적 측면을 비교해 보자.**

(1) '전통'이라는 말 앞에는 흔히 '유구한', '고래의' 같은 수식어가 따라 붙는다. 시간의 안개 저 너머 까마득한 옛날의 선조들로부터 면면히 이어져 내려온 것이 전통이라고 우리는 생각한다. 그러니까 전통이야말로 문화적 혈통의 부정할 수 없는 보증서이며, 공동체 역사의 갖가지 이변을 이겨낸 끈질긴 생명의 유전자다. 그러나 그런 상식적 믿음과는 달리 전통의 상당수는 극히 최근에 형성된 것이거나 어떤 정치적 목적 아래 주도면밀하게 만들어진 창작물이다. 요컨대, 오늘날 우리가 보는 전통의 다수는 전통사회의 유산이 아닌 근대의 산물인 것이다.

『만들어진 전통』(원제: 전통의 창조)은 전통이라는 이름으로 보존되고 경배받는 것들이 근대의 특정 시기에 구성된 발명품임을 역사적 자료를 들어 입증하고 있다. 영국의 저명한 역사학자 에릭 홉스봄(Eric John Ernest Hobsbawm, 1917~)이 동료 역사학자들과 함께 쓴 이 책은 1983년 출간된 뒤 곧바로 고전의 지위에 올라, 비슷한 시기에 나온 베네딕트 앤더슨의 근대 민족주의 형성 연구서 『상상의 공동체』와 함께 빈번히 인용되는 책이 됐다. 두 책이 함께 거론되는 것은 전통의 창조가 대개 민족주의의 발흥 및 민족국가 성립과 내적으로 연결돼 있기 때문이다.

『만들어진 전통』은 근·현대 영국의 사례를 주로 다루면서 같은 시기 유럽 다른 나라들의 사정을 함께 검토하고 그것들이 유럽의 식민지였던 인도와 아프리카에서 어떤 방식으로 재생산됐는지를 살핀다.

이 책에서 홉스봄은 영국을 포함한 서유럽의 많은 정치적·문화적 전통들이 기껏해야 100~200년 전에 세상에 처음 등장했으며, 특히 1차 세계대전 전의 30~40년 동안에 집중적으로 창작됐다고 말한다. 그렇다면 왜 그 시기에 전통이 그토록 맹렬하게 창조된 것일까? 그 이유는 정치·사회의 거대한 변화와 깊은 연관이 있다. 산업혁명과 시민혁명이 말 그대로 '전통사회'를 파괴하고 '근대사회'를 창출해가는 과정에서 '국민통합'의 중요한 장치로서 새로운 전통이 만들어졌다는 것이다. 과거의 삶의 양식이 사회의 격변을 감당할 수 없을 때, 시대의 요구에 맞는 전통을 창조해 부여함으로써 안정을 찾는 전략이었다는 말이다.

대중 민주주의의 발전은 전통 발명의 직접적인 이유를 제공했다. 특히, 군주제가 유지된 영국에서 사태는 더 분명했다. 과거의 신민이 국가의 주체로 등장하자 군주는 이들의 복종과 충성과 협력을 얻어내야 하는 새로운 과제에 직면했다. 낡은 유물이 된 군주제를 유지하려면 존립의 정당성을 확보해주는 장치가 필요했는데, 그것이 1870년대 이래 왕궁의 공식 기념행사가 점점 화려해지고 엄격해지는 이유를 설명해준다. 그런 엄숙한 의례를 전통의 이름으로 연출함으로써 체제를 무너뜨릴 수도 있는 반역적 힘을 제어하려 한 것이다. 오늘날 영국의 아나운서나 기자들은 장대한 왕실 기념식을 묘사하며, '천 년 전통의 장관과 웅대함'이니 '수세기 동안의 선례로부터 비롯된 정밀함'이니 하는 말로 그 유구성을 강조하지만, 그 전통이란 게 실은 100년 남짓 된 최근세사의 산물인 셈이다.

더 극적인 사례는 스코틀랜드 '전통의상' 킬트의 역사다. 스코틀랜드 사람들과 그들을 선조로 모시는 각국의 스코틀랜드인들은 자신들의 기나긴 역사와 문화를 응축한 상징물로 이 격자무늬 치마를 주저 없이 내세운다. 하지만 그 남성용 짧은 치마의 역사는 최대로 잡아도 300년이 되지 않는다. 게다가 그것을 만들어낸 사람은 스코틀랜드인이 아니라 잉글랜드인이었다.

1707년 스코틀랜드가 잉글랜드에 병합되고 수십 년이 지난 뒤 잉글랜드 랭커셔 출신 제철업자 토머스 로린슨이 연료용 목재를 얻기 위해 스코틀랜드 고지대 삼림에서 스코틀랜드인들을 인부로 고용하면서 일하기 편한 옷으로 만든 것이 킬트였다. 그러니까 이 치마는 벌목 노동자들에게 입히려는 '근대적 사고'의 산물이었던 것인데, 이게 19세기 이후 민족의 원형을 찾는 낭만주의 바람이 불면서 고래의 전통의상으로 날조되고, 거기에 방직업자들의 농간이 끼어들어 스코틀랜드의 민족의상이 되고 만 것이다. 전통이야말로 근대의 발명품이라는 역설을 확인하게 해주는 이 책이 국민통합과 같은 근대적 정치이념에 대한 도전이 되는 것은 그 전통에 내장된 지배층의 허구적 논리를 폭로하기 때문이다.

– 고명섭(2006), 「전통, 근대의 발명품」, 『담론의 발견』, 한길사, 293–296쪽.

도입부	
본문	
종결부	

(2) 똑같은 음악을 반복해서 듣는 건 우울증 초기 증상이라고 누가 그랬는데, 내게는 음악뿐 아니라 틈이 날 때마다 몇 번씩 읽고 또 읽는 책들이 있다. 그중에서도 가장 많이 읽은 책은 단연 샬럿 브론테의 〈제인 에어〉다. 이유는 나도 정확히 모른다. 하여튼 페이지마다 어떤 묘사가 나오는지를 외울 정도로 읽었어도 〈제인 에어〉에는 늘 새로운 구석이 있다.

언젠가 〈제인 에어〉를 좋아하는 친구들과 '제인 에어 콤플렉스'에 대해 이야기를 나눈 적이 있다. 일단 외적으로는 잘생긴 남자를 멀리하고 까칠한 외모의 남자만 골라서 점찍는 것이며, 내적으로는 자신이 예쁘거나 화려하지는 않아도 누군가 진정한 내 모습을 알아봐줄 것이라는 기대를 갖는 것이다. 이렇게 근검소박한 자세도 환상이라면 환상이지만, 그래도 '신데렐라 콤플렉스' 쪽보다는 훨씬 정신 건강에 좋지 않은가.

나는 가끔 지인들에게 〈제인 에어〉와 〈폭풍의 언덕〉 중 어느 쪽이 더 좋으냐고 물어보곤 했는데, 대답은 거의 반반이었던 것 같다. 응답자들의 성향은 뭐라 딱히 꼬집어 말할

순 없어도 각자 고른 책과 잘 어울렸다. 대개 겉으로는 현실주의자로 보이지만 자의식이 강하고 남몰래 꼬인 타입들은 〈제인 에어〉를 선호했고, 와일드하고 불안정해 보여도 알고 보면 중심이 확실히 잡힌 친구들은 〈폭풍의 언덕〉을 더 좋아했다.

〈폭풍의 언덕〉을 좋아하는 이유는 간단하다. 천지를 찢는 폭풍보다 강한 열정, 바로 그것이다. 그것 없이는 살아도 사는 것 같지 않은 인생. 그런데 〈제인 에어〉에 그런 열정이 전혀 없느냐? 그렇지는 않다. 로체스터의 제인에 대한 미친 열정, 로체스터의 아내 버사 메이슨의 귀기에 찬 열정, 제인의 친구 헬렌의 조용한 종교적 열정까지.

두 작품의 가장 큰 차이는, 제정신 아닌 두 일가의 연대기 〈폭풍의 언덕〉 쪽보다 얌전한 고딕풍 로맨스 〈제인 에어〉 쪽이 훨씬 은밀하고 '변태적'이며 분석적이라는 데 있다. 〈폭풍의 언덕〉의 열정이 정면으로 부딪치는 것이라면, 〈제인 에어〉 속의 애정은 '되새겨보기'나 '훔쳐보기'에 가깝다. 그리고 로맨스가 절정에 치닫는 순간에야 두 주인공은 서로 감정을 털어놓고 그간의 상황을 서로의 시선으로 '복기'해보는 것이다.

예를 들어, 제인은 로체스터를 사모하는 자기 마음을 다스리기 위해, 아주 못생기고 사실적인 흑백의 자화상을 그린다. 그러고 난 뒤엔 로체스터의 공공연한 결혼상대로 소문난 미녀 잉그램의 화려한 원색 초상화를 그린다. 두 그림을 나란히 놓고 스스로 '정신 차리라'고 말하며 튼튼한 방어벽을 쌓아올리는 그녀는 지금까지 내가 소설 속에서 보았던 그 어떤 여주인공보다도 특이했다. 또 로체스터는 어떤가? 그는 사랑하는 여자를 끊임없이 훔쳐보고, 시험한다. 심지어 점쟁이 노파로 변장해—사실 여간 황당한 설정이 아니다—그녀의 마음속 비밀을 엿보려 하기까지 한다. 미친 아내 버사 메이슨 몰래 중혼하려 했다는 점은 제쳐두고 제인을 향한 관심의 표출 방식만 봐도, 이 남자 확실히 일반적인 것과는 거리가 멀다.

어쨌든 〈제인 에어〉가 이렇게 기이한 인물들의 특이한 로맨스로만 끝나지 않는 것은 생존과 물질적 기반이라는 문제를 결코 잊지 않았던 작가의 현실성이다. 제인 에어와 샬럿 브론테가 살았던 19세기는 여자 혼자 몸으로 독립해 살기에 지금보다 훨씬 더 팍팍했다. 그리고 '혼자 된다는 것'에 대한 두려움은 작품 여기저기에 고통스러울 정도로 진하게 배어 있다. 그럼에도 제인 에어는 내가 본 모든 소설 속 여주인공 중에서 가장 강하다. 그리고 그녀의 강함은 자신의 약점과 강점, 한계와 능력을 냉철하고 정확하게 인식하는 데서 나온다.

인간은 마냥 착하게 살 수도 없고, 사회가 그를 그렇게 내버려두지도 않는다. '제인 에어파'인 우리는 그녀가 마냥 착하고 정직하기 때문이 아니라, 제인의 숙적인 리드 부인의 말대로 그녀가 '엉큼하고 반항적'이기 때문에 그녀를 사랑하는 것이다.

– 태풍클럽 출판 편집자, 「은밀한 변태 소설 '제인 에어'」, 『한겨레 21』 664호, 2007. 6. 14.

구분	내용
도입부	
본문	
종결부	

연습 문제 2 **다음의 글은 셔먼 영의 『책은 죽었다』에 대한 장정일의 서평이다. 책의 내용과 서평자의 견해를 구분하면서 읽어 보자. 그리고 '책의 죽음'과 '책 문화의 기진(氣盡)'이라는 핵심 주제를 중심으로 새로운 서평을 써 보자.**

'책의 죽음'을 놓고 벌이는 허다한 논쟁에 또 한 사람의 필자가 가담했다. 호주의 한 대학에서 미디어학과 교수로 재직하고 있는 셔먼 영이 바로 그 사람이다.

저자는 책을 '책 문화'에 속한 책과 '인쇄 문화'에 속한 책으로 나누고, 언제부터인가 '책의 죽음'을 이야기할 때, 운위되는 것은 인쇄 문화에 속한 책이라고 한다. 그렇다면 책 문화에 속한 책과 인쇄 문화에 속한 책은 어떻게 다른가? 먼저 '인쇄 문화'에 속한 책은, 말 그대로 종이에 잉크를 묻혀 제본을 한 구텐베르크 이후의 발명품으로서의 책이다. 셔먼 영은 이런 책은 인터넷이나 영상과 같은 새로운 미디어에 의해 점차 사라져 갈 것이라고 말하는데, 이건 하등 새로울 얘기가 없는 현대의 상식이다.

그렇다면 '책 문화'에 속한 책이란 어떤 것일까? "책 문화는 책을 특징짓는 그 무엇이다. 책은 인쇄 문화의 산물이지만 실질적으로 책인 인쇄 문화보다 한층 더 정교한 세계관을 이끌어 왔다. 책의 본질은 구텐베르크와 이동식 활자에 들어 있는 것이 아니다. 그보다는 대중들이 다양한 사상을 접하고 깊이 있는 사고를 하며 다른 이들의 생각이나 의견을 배우고 익히고 자기만의 고유한 생각을 창조하게 하는 것, 즉 공적인 대화와 담론의 대중화 같은 이상적인 목표에 책의 본질이 있다."

저자의 논리를 요약하면, 종이에 잉크를 묻힌 결과물은 인쇄 문화이지만, 그것이 곧바로 책 문화 속에 편입되지는 않는다. "인쇄 기술은 책을 만드는 기술의 전부가 아니다. 책은 단순히 종이에 무언가를 인쇄한 것이 아니라 그 이상의 존재이기 때문이다." 다시 말해 신문지 속에 끼어 나오는 아파트 광고 전단지는 인쇄 문화의 결과물이긴 하지만, 사상과는 상관없으며, 인간의 내적 활동(마음의 대화)을 촉발시키지도 않는다. 다시 강조하면 책이란 "깊은 사고를 통해 깊은 대화에 이르게 하는 것"이며, "책 문화의 가장 큰 특징은 책 속에 담긴 사상과 깊은 사고 과정을 거쳐 충분히 고찰되고 기술적으로 다듬어진다는 점이다."

그렇다면 새로운 미디어에 의해 죽어 가는 것은, 인쇄 문화이지 책 문화에 속한 책은 아니라는 뜻일까? 사태가 그처럼 낙관적이라면 좋겠지만, 사정은 그렇지 않다. 새로운 미디어라고 말하는 인터넷은 인쇄 문화를 죽일 뿐 아니라, 생각이 숙성될 시간을 빼앗음으로써 궁극에는 사고와 내적 활동의 특징을 이루는 책 문화조차 파괴한다. 이런 결론 역시도, '책의 죽음'에 귀 기울여 온 경험이 흔한 독자들에겐 낯설지 않다.

인터넷이 조성한 새로운 문화 환경이 종이책은 물론이고, 인간 고유의 사고 능력까지 부박하게 만들 것이란 진단은 어디서나 듣는 말이다. 그보다는 '책 문화'가 외부 환경이 아니라, 그 문화 안에서부터 썩어 들어가고 있다는 게 문제다. 저자는 책을 '기능적인 책'과 '안티 책(ante book=나쁜 책)', '책'으로 나눈다. 먼저 기능적인 책이란 교과서나 여행안내서와 같은 책을 가리킨다. 그렇다면 '안티 책'이란? 안티 책은 "저자가 누군지도 모르는 운동선수의 자서전, 유명 인사의 요리책이나 영화 개봉에 맞추어 곁다리로 끼워 파는 책"과 같은 상업적인 책으로 사상이 담겨 있지도, 사고를 촉발하지도 못하는 책이다. 저자는 이런 안티 책을 '책 문화'가 아닌 '인쇄 문화' 속에 끼워 넣는다. "패리스 힐튼이 쓴 『당신의 상속녀 이야기』(your heiress Diaries)는 인쇄 기술의 산물이겠지만 좀 더 넓게 보자면 인쇄 문화의 단면이라 하겠다. 그러나 이것은 책이 아니라 안티 책이라서 책 문화에 들어가지 못한다."

요컨대, 안티 책은 인쇄 문화의 막장인 '찌라시'로, 그것은 책 문화에 들지 못한다. 여기까지 얘기하면 저자가 세 개로 분류한 '기능적인 책·안티 책·책' 가운데 책이 무엇을 뜻하는지 두루 짐작이 갈 것이다. 저자에게 '책'이란, 동어반복을 하는 것처럼 보이는 '좋은 책'을 의미한다.

'책의 죽음'은 책 외부의 미디어 변화 때문에 벌어지기도 하지만, "책은 출판계가 사상이 아닌 물건을 파는 데 열을 올리기 때문에 죽은 것이다"고 말하는 애서가의 내부

고발에도 귀 기울일 필요가 있다. 또 물건으로서의 '책의 죽음'보다, 인간을 사고하게 이끌었던 '책 문화'의 기진(氣盡)이 더 심각한 것이란 경고도 절실히 귀담아 들을 필요가 있다.

– 장정일(2010), 『빌린 책/산 책/버린 책』, 마티, 45–47쪽.

저자의 견해 (책의 내용)	
서평자의 견해 (비평적 문제 제기)	
자신의 의견	

연습 문제 3 **최근에 가장 흥미롭게 읽은 책은 무엇인가? 또는 자신의 사고와 생활 방식에 영향을 준 책은 무엇이었는가를 생각해 보고 하나를 골라 이를 소개하는 방식의 서평을 써 보자.**

우리말과 글쓰기: 인간과 통찰력

펴낸날 초판 1쇄 2016년 2월 15일
3쇄 2019년 8월 6일
엮은이 이화여자대학교 교양국어 편찬위원회
펴낸이 김헌민
펴낸곳 이화여자대학교출판문화원
주소 서울특별시 서대문구 이화여대길 52(우03760)
등록 1954년 7월 6일 제9-61호
전화 02) 3277-2965(편집), 02) 362-6076(마케팅)
팩스 02) 312-4312
전자우편 press@ewha.ac.kr
홈페이지 www.ewhapress.com
책임편집 민지영
표지 및 본문 디자인 김리영
찍은곳 (주)현문자현

ISBN 979-11-5890-141-7 03710
값 21,000원

이 도서의 국립중앙도서관 출판시도서목록(CIP)은 서지정보유통지원시스템 홈페이지 (http://seoji.nl.go.kr)와 국가자료공동목록시스템(http://www.nl.go.kr/kolisnet)에서 이용하실 수 있습니다.(CIP제어번호: CIP2016000804)